Lyon
1874

Chevalier, Ulysse (éd.)

Visites pastorales et ordinations des *vêques de Grenoble de la maison de Chissé (XIV-XVe siècles)

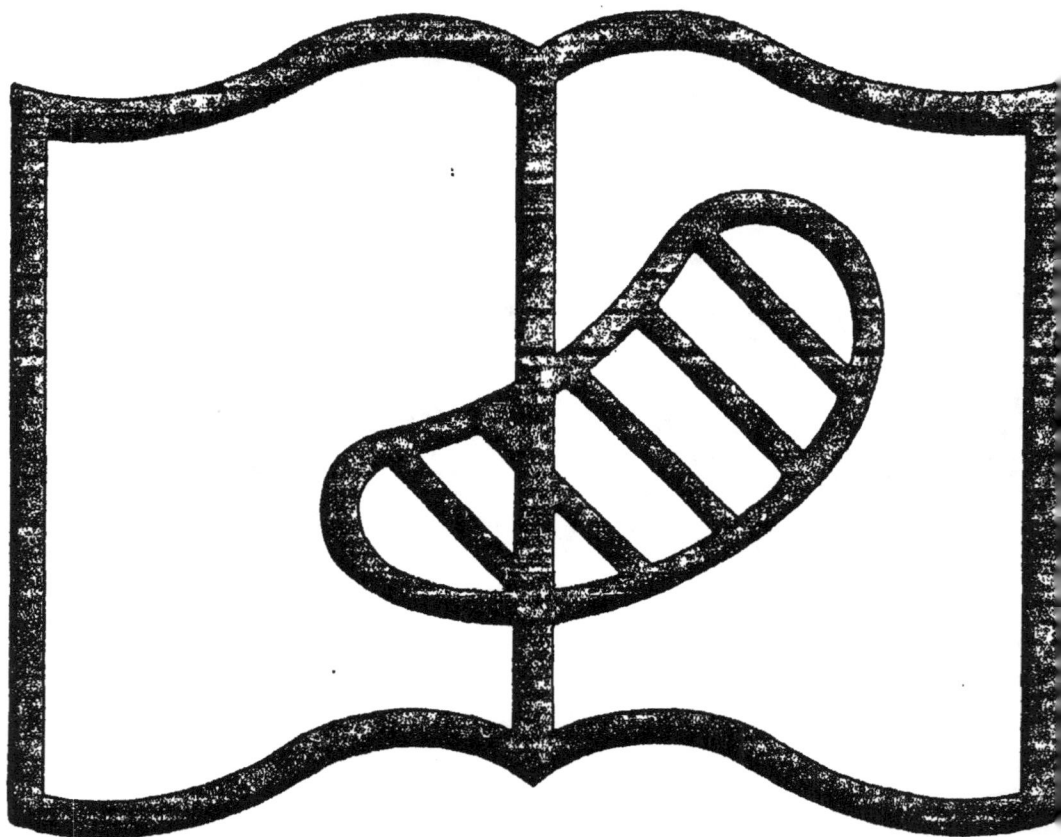

Symbole applicable
pour tout, ou partie
des documents microfilmés

Original illisible

NF Z 43-120-10

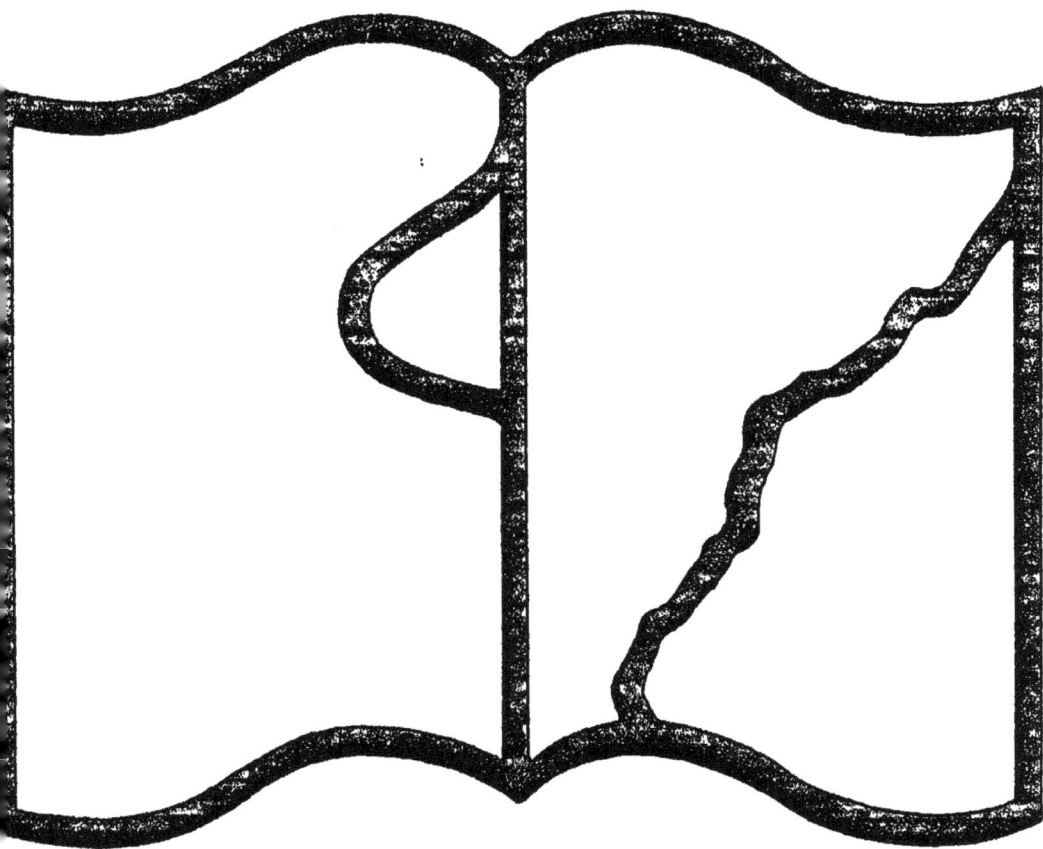

**Symbole applicable
pour tout, ou partie
des documents microfilmés**

Texte détérioré — reliure défectueuse

NF Z 43-120-11

DOCUMENTS HISTORIQUES INÉDITS SUR LE DAUPHINÉ
Quatrième livraison

VISITES PASTORALES

ET

ORDINATIONS

DES ÉVÊQUES DE GRENOBLE

DE LA MAISON DE CHISSÉ

14ᵉ 15ᵉ SIÈCLES

PUBLIÉES

D'APRÈS LES REGISTRES ORIGINAUX

par l'Abbé C.-U.-J. CHEVALIER

Correspondant du Ministère de l'Instruction publique pour les
Travaux historiques et archéologiques

MONTBÉLIARD   LYON
CH.-M. HOFFMANN, IMPRIMEUR   AUG. BRUN, LIBRAIRE

1874

DOCUMENTS HISTORIQUES INÉDITS

SUR LE DAUPHINÉ

—

QUATRIÈME LIVRAISON

VISITES PASTORALES

ET

ORDINATIONS

DES ÉVÊQUES DE GRENOBLE

VISITATIONES PASTORALES

ET

ORDINATIONES

EPISCOPORUM GRATIANOPOLITANORUM

È DOMO DE CHISSIACO

(SAECUL. XIV-XV)

EDIDIT

EX CODICIBUS ORIGINALIBUS

Presbyter C.-U.-J. CHEVALIER

Pluribus Academiis et eruditorum Societatibus adgregatus

MONTE BELLIGARDI

C.-M. HOFFMANN, TYPOGRAPHUS

——

MDCCCLXXIV

VISITES PASTORALES

ET

ORDINATIONS

DES ÉVÊQUES DE GRENOBLE

DE LA MAISON DE CHISSÉ

(14e - 15e SIÈCLES)

PUBLIÉES

D'APRÈS LES REGISTRES ORIGINAUX

par l'Abbé C.-U.-J. CHEVALIER

Correspondant du Ministère de l'Instruction publique pour les
Travaux historiques et archéologiques

U C

LYON

AUG. BRUN, LIBRAIRE

—

1874

A M. LE CHANOINE AUVERGNE

NOMBRE DU TIRAGE

400 exemplaires sur papier ordinaire

20   —   —   —   fort

N°

NOTICE PRÉLIMINAIRE

Au nombre des obligations essentielles qui résultent pour chaque prélat de sa charge épiscopale, figure celle de visiter à périodes régulières et fréquentes les paroisses confiées à sa sollicitude pastorale. Saint Jean-Chrysostome[1] et saint Augustin[2] constatent déjà la discipline de leur temps à cet égard ; elle se fixa, durant le cours du moyen âge, dans le corps du Droit ecclésiastique[3] et les commentateurs en précisèrent successivement les moindres particularités canoniques et liturgiques[4]. Bien qu'il ne conste point alors du devoir pour l'évêque de faire consigner par écrit le résultat de chacune de ces enquêtes solennelles, de bonne heure on dut tenir note des faits constatés pour se renseigner à l'occasion sur chaque paroisse ou maison religieuse, et vérifier plus tard l'exécution donnée aux injonctions de l'autorité supérieure.

On comprend tout l'intérêt que doivent offrir pour l'histoire du moyen âge les documents de ce genre qui nous

---

(1) Homilia 2ª in epist. ad Titum, c. 1 (MIGNE, Patrol. græca, LXII, 671).

(2) Epistt. 56 et 209 (MIGNE, Patrol. lat., XXXIII, 223 et 953).

(3) Decreti pars IIª, cau, XVIII, qu. II, c. 28-9 ; GREGOR. IX Decret. lib. I, tit. XXXI, cc. 15-7, l. III, t. XXXIX, cc. 19-27 et l. V, t. VII, c. 13, § 7 ; VIª Decret. lib. III, tit. XX, cc. 1-3 et 5 ; Extravag. commun. lib. II, tit. X (Corpus juris canon., ed. Boehmer, I, 716-7 ; II, 175-6, 591-4, 751-2, 934-7, 1174-7).

(4) Voir FERRARIS, Prompta bibliotheca, vº Visitare, V-atio, V-tor (éd. Migne, VII, 1231-76).

sont parvenus : nuls autres que ces procès-verbaux des visites pastorales ne sauraient contenir des renseignements
plus circonstanciés sur l'état moral du clergé tant séculier
que régulier, et sur la situation matérielle du culte à cette
époque ; la chronologie, non moins que la géographie et la
statistique, y trouvent aussi des éléments précieux et au-
thentiques. Souvent rédigées par l'évêque ou le supérieur
lui-même, ces notes secrètes reflètent le véritable état des
choses avec d'autant plus de fidélité qu'elles n'étaient jamais destinées à devenir publiques. C'est peut-être à cette
circonstance qu'il faut attribuer la rareté des registres qui
les contiennent : car, s'il est vrai de dire que nos évêchés
possèdent encore presque tous quelqu'un de leurs anciens
cartulaires, il en est peu au contraire qui soient de nos
jours dépositaires des visites pastorales de leurs prélats du
moyen âge.

Diverses publications ont particulièrement attiré l'attention des érudits vers ces documents, et montré le profit
pour la science qu'il y avait à espérer de leur mise au jour.
La plus connue et incontestablement la plus importante,
c'est celle du *Journal des visites pastorales* (1248-1269)
d'EUDES RIGAUD, archevêque de Rouen, due à M. Théo-
dose Bonnin [5], et dont M. Léopold Delisle fit ressortir
naguère tout l'intérêt [6]. Les actes des visites (1284-1291)
de SIMON DE BEAULIEU, archevêque de Bourges [7], avaient
été longtemps auparavant livrées à la publicité par Mabil-
lon [8] et Baluze [9]. Citerons-nous, dans les inaccessibles
collections du *Bannatyne club*, les listes des églises que

(5) *Registrum visitationum archiepiscopi Rothomagensis...* ;
Rouen, 1852, in-4° de vij-860 pp.
(6) Le clergé Normand au XIII° siècle, dans la *Bibliothèque de
l'école des chartes*, 2° sér., t. III (1846), p. 478-99. Cf. *Histoire
littér. de la France*, XXI, 616-28, art. de V. Le Clerc.
(7) Cf. *Histoire littér. de la France*, XXI, 20-40, art. de F.
Lajard.
(8) *Vetera analecta*, éd. in-8°, II, 613-54, III, 505-11 ; éd. in-
fol., 338-46.
(9) *Miscellanea*, éd. in-8°, IV, 205-396 ; éd. Mansi, I, 267-311.

consacrèrent, durant le cours de leurs visites pastorales, David de Bernhame (1240-1249) et Guillaume Wishart (1276), évêques de Saint-Andrews en Écosse[10]? Dans une revue d'érudition à la portée de tous M. Sim. Luce a donné la visite des monastères de la congrégation de Cluny situés en Poitou faite par les prieurs de Barbezieux et de Saint-Sauveur de Nevers en 1292[11]. JEAN HALTON, évêque de Carlisle, visitait peu après (1294) son diocèse et nous devons un extrait de son registre à la *Surtees society*[12], qui en avait déjà publié d'autres relatifs à l'église cathédrale d'York et ses dépendances (1362-1550)[13] et aux religieuses du monastère de Erden (1396)[14]. On nous pardonnerait moins d'omettre les actes de la visite du diocèse de [London]derry faite en 1397, par le métropolitain JEAN COLTON, archevêque d'Armagh, et imprimée parmi les publications de l'*Irish archæological society*[15]. Au XVe siècle appartiennent l'Itinéraire d'AMBROISE LE CAMALDULE (1431-1434)[16] et la visite pastorale du diocèse de Lausanne faite, en 1453, au nom de l'évêque GEORGES DE SALUCES par François de Fuste, évêque de Glandèves[17], et Henri d'Aliberti,

(10) *Statuta ecclesiæ Scoticanæ*, edit. by Jos. Robertson ; Edinbourg, 1866 (vol. cxviii). pp. ccxcviij-ciij et clij.

(11) *Biblioth. de l'école des chartes*, 4e sér., t. V (1859), pp. 237-46.

(12) *Memorials of Hexham priory*, II, edit. by J. Raine ; Durham, 1864 (vol. xliv), app. p. xxiv.

(13) *The fabric rolls of York minster*, edit. by J. Raine ; Durham. 1859 (vol. xxxv), pp. 242-74.

(14) *Testamenta Eboracensia*, I, edit. by Raine ; Durham, 1836 (vol. iv), pp. 283-5.

(15) Edit. by Wil. Reeves ; Dublin, 1850 (vol. xiv), xx-149 pp.

(16) *Hodoeporicon*, a Nic Bartholino publicæ luci adsertum e biblioth. Medicæa ; Florence et Lucques, [1681], in-4°; — reproduit par MITTARELLI dans ses *Annales Camaldulenses*, t. VII (Venise, 1762), cc. 8-109.

(17) C'est ainsi que nous croyons devoir traduire « Granatensem (p. 175) », mot dans lequel l'éditeur Meinr. MEYER a vu (p. 164) Grenade (sans doute l'archevêché de ce nom en Espagne); bien que François de Fuste n'ait pas figuré jusqu'ici sur la liste des évêques de Glandèves *(Glanatensis)*, les dates incertaines données à ceux dont il serait l'intermédiaire et ses absences

abbé de Filly[18]. M. H. d'Arbois de Jubainville a communi-
qué récemment un extrait du registre des visites de l'évêque de Troyes (Jacques Ragnier) pour l'année 1499, relatif
à l'abbaye du Paraclet[19]. Ayant atteint la limite extrême du
moyen âge, nous mentionnerons en terminant la visite du
diocèse de Durham faite, pendant la vacance du siége (1500-
1), par l'archevêque d'York, Thomas Sauvage, et publiée
par la *Surtees society*[20].

Bien qu'il fut sans doute possible d'augmenter cet essai de
nomenclature des procès-verbaux de visites pastorales qui
ont été livrées à l'impression[20*], il est permis de croire que
cette mine de documents est loin d'avoir été complètement
explorée. Les archives de l'évêché de Grenoble ne le cèdent,
en richesses à cet égard, peut-être à aucun autre dépôt, car
elles conservent une suite presque ininterrompue de registres de visites à partir de 1339 jusqu'à nos jours. Pareille
collection ne pouvait manquer d'attirer un jour l'attention
des érudits et de susciter une publication au moins partielle.
La haute bienveillance de l'évêque de Grenoble, Mgr Pauli-
nier, et l'affectueuse obligeance de son secrétaire général, M.
le chanoine Auvergne, nous ont procuré toutes les facilités
désirables pour l'étudier à loisir et en faire profiter la
science. Ne croyant ni utile ni possible de la mettre au jour
dans sa totalité, il nous a semblé opportun 1° de publier

causées par sa qualité de vicaire général (in spiritualibus vices gerentem) de Georges de Saluces semblent donner une grande pro-
babilité à cette restitution.

(18) *Archives de la société d'histoire du canton de Fribourg*, t. I
(1846-8-50), pp. 155-212, 251-327 et 401-26.

(19) *Revue des sociétés savantes*, 5° sér., t. III (1872), pp. 654-5,
660-1; cf. *Analecta juris pontificii*, 12° sér., t VI (Bruxelles,
1873), p. 513-4.

(20) *Injunctions a. other ecclesiastical proceedings of Barnes
bishop of Durham*, edit. by Raine; Londres, 1850 (vol. XXII),
app. p, j-xl.

(20*) Ainsi M. Rabanis a publié, à la fin de son livre sur *Clé-
ment V et Philippe le Bel*, le journal de la visite pastorale de Ber-
trand du Got dans la province ecclésiastique de Bordeaux en 1304
et 1305 (Paris, 1858, in-8°, 203 p.).

tout d'abord intégralement les cinq plus anciens registres (1339-1414), correspondants à la période pendant laquelle l'évêché de Grenoble fut presque exclusivement administré par des membres de la famille de Chissé[21]; 2° de rendre dès maintenant accessibles aux travailleurs tous les autres registres antérieurs au XVIe siècle, en les décrivant soigneusement et en dressant une table alphabétique des paroisses dont les visites y sont contenues.

Voici donc en premier lieu la description de ces registres, au nombre de onze, à chacun desquels nous avons attribué une des lettres de l'alphabet, après les avoir classés selon leur ordre chronologique.

A) Cahier coté successivement N° 2 T 1340, 2° pièce n° 1, n° 557, n° 3380, 1340 Vizittes, formé de 22 (jadis 24) feuillets de papier (mesurant 30 centim. sur 22), à pontuseaux saillants, avec un écu allongé chargé d'un sautoir pour filigrane. Les ff. 1-4a (à deux colonnes) offrent la plus ancienne visite du diocèse de Grenoble, faite par l'évêque Jean II de Chissé du 7 août au 14 sept. 1339[21*]; elle est suivie du relevé des dépenses que fit le même prélat, du 15 sept. de la même année au 2 janv. suivant, dans divers voyages, notamment à Avignon, entrepris dans l'intérêt du dauphin Humbert II[22] : bien qu'intéressants, ces deux documents ne sont que de simples itinéraires. Les ff. 5-20 renferment la minute de la visite pastorale commencée par le même Jean de Chissé le 9 janv. 1340 et terminée le 8 juin suiv.[23]: ce n'est en quelque sorte que la continuation de la précédente, mais elle forme comme toutes les suivantes un véritable procès-verbal; au f° 21b se trouve une note du 22 mai de la même année[24].

B) Cahier coté N° 1 T 1356, 1° pièce n° 1, n° 582, n° 3387,

---

(21) Jean II, Rodolphe, Aimon Ier et Aimon II de Chissé. Il ne nous reste de François de Conzié, intermédiaire entre Rodolphe et Aimon Ier, aucun procès-verbal de visites, mais seulement un registre d'institutions (AA).

(21*) Pages 1-4. — (22) P. 4-8. — (23) P. 9-32. — (24) P. 32.

1350 Vizittes, formé de 10 feuil. de papier grossier (28 cent. sur 20), sans pontuseaux ni filigrane. Il renferme exclusivement (ff. 1-8ᵃ) la visite que fit, en vertu d'une commission de l'évêque Rodolphe de Chissé, frère Jean de Vaulnaveys, de l'ordre de Saint-Antoine, en 1356, du 19 février au 5 mars, du 19 au 21 avril, et le 2 mai[25].

C) Cahier coté...... *N° 554, n° 3410, 1450 ou environ Vizittes*, formé de 9 (jadis 10) feuil. de papier (29 cent. sur 21), avec une couronne pour filigrane. Il contient (ff. 1-3ᵃ et 6ᵇ) la visite de quelques églises du décanat de Savoie faite sur l'ordre du même évêque Rodolphe de Chissé par le curé de la Thuile (?), après 1370[26], au mois d'avril[27].

D) Registre coté *N° 3 T 1399, 4ᵉ pièce n° 1, n° 582, n° 3388, 1899 Vizittes*, avec couverture en parchemin; sur le plat : PAPIRUS VISITACIONUM *sub anno 1399*. Il est formé de deux parties en papier (21 1/2 cent. sur 14), à filigranes divers. La première se compose de 80 ff. divisés en trois cahiers, avec numération au verso du 2ᵉ au 49ᵉ (j-xlviij) : ces 48 ff. renferment une mise au net de la première visite pastorale d'Aimon Iᵉʳ de Chissé, commencée le 21 avril 1399 et poursuivie sans interruption du 6 mai au 26 juin[28]; au fᵒ 54ᵃ : « Rubrice visitacionum hujus papiri, et primo prioratus », puis ff. 54ᵇ-3 : « Secuntur ecclesie que fuerunt visitate, et primo ut sequitur »: table qu'il nous a semblé inutile de reproduire, mais dont nous n'avons omis aucune variante; aux ff. 54-8ᵃ se trouve une deuxième visite, comprise entre le 12 et le 30 octob. de la même année[29]; les ff. 58ᵇ-80 sont blancs. A cette partie primitive on a ajouté, postérieurement à la reliure, deux cahiers qui offrent, touchant la quatrième visite d'Aimon de Chissé (15-23 mai et 21 juin 1403), les notes prises en chemin par le secrétaire épiscopal, Pierre

(25) P. 33-42.
(26) Le millésime, disparu avec une partie du préambule que renfermait le fᵒ 1ᵉ, peut être restitué à l'aide de la note suiv. (fᵒ 9ᵇ), elle-même incomplète: « Anno Domini M.CCC.LXX [... et die] xxiiᵍ mensis augusti, » etc. — (27) P. 43-6.
(28) P. 49-91, moins le titre. — (29) P. 92-6.

Firmin (ff. 88-94ᵃ)[30] et deux mises au net partielles (ff. 84-53[31], 81 et 82-3[32]); les ff. 86-7 et 95-102 sont blancs : au vᵒ du dernier une note d'ordination cancellée.

E) Registre coté *Nᵒ 3 T 1399, 3ᵉ pièce nᵒ 1, nᵒ 541, nᵒ 3389, 1399 Vizittes,* et couvert en parchemin; sur le plat : PAPIRUS VISITACIONUM, *Visittes de messire Aymond de Chissé de l'année 1399.* Il se compose de cinq cahiers de papier (31 cent. sur 22), avec une ancre pour filigrane, formant 102 feuil., soit 9 non chiffrés et les suivants numérotés de j à IIIJˣˣ x. Au fᵒ 2ᵃ : « Repertorium super papiro visitacionis ecclesiarum civitatis et diocesis Gronopolis, incohate anno Domini Mᵒ IIJᶜ nonagesimo nono, mense aprilis, tempore R. in Xᵒ patris et domini domⁱ Ay. episcopi Gronopolis :..... in Vienneysio, in decanatu Gracionopolis, in Graysivodano »; nous n'avons pas reproduit cette table, qui occupe 5 ff., mais les variantes qu'elle offrait pour les noms de lieux ont été utilisées. Aux ff. 8-9ᵃ un préambule qui manque dans *D*[33]; à la suite du titre général (fᵒ jᵃ)[34], on trouve sans interruption la première visite pastorale d'Aimon Iᵉʳ de Chissé en 1399 (ff. j-xlᵃ)[35], la seconde de la même année (ff. xlj-vᵃ)[36], la troisième des 10 avril et 20 août 1400 (ff. xlvj-ij)[37], la quatrième de 1403 jusqu'au 18 mai inclusivement (ff. l-iiij)[38], la cinquième qui dura du 27 mai au 17 juin 1410 (ff. lviij-lxxvjᵃ)[39], enfin la sixième du 17 au 29 juin 1414 (ff. lxxvij-IIIJˣˣ ix)[40]. Outre les 3ᵉ, 5ᵉ et 6ᵉ visites qui ne se trouvent pas dans *D*, ce registre offre une addition utile ; à la fin d'un grand nombre d'articles la même main a consigné postérieurement l'indication du cens annuel dû par le prieur ou le curé à la mense épiscopale; malgré leur intérêt, ces notes ne devaient pas être reproduites intégralement ici (sauf un spécimen[41]), tant à cause de leur irrégularité que de la présence de rensei-

(30) Cf. p. 98-105. — (31) P. 98-9.26. — (32) Pp. 98-9.1 et 101.9-103.23. — (33) P. 47-8. — (34) P. 49. — (35) P. 49-91. — (36) P. 92-6 — (37) P. 96-8. — (38) P. 98-103.23. — (39) P. 105-26. — (40) P. 126-40. — (41) P. 51.9-15.

gnements semblables et plus complets dans le *Pouillé* de François du Puy[42]. Sauf le titre, la 6ᵉ visite est d'une main et d'une rédaction différente des précédentes ; malgré diverses corrections qu'elle a subies, nous avons dû intervertir l'ordre de quelques phrases et aussi supprimer bien des mots inutilement répétés.

Ici s'arrête la série des registres reproduits intégralement.

F) Cahier coté *Nᵒ 3391* et formé de 8 feuil. de papier (28 cent. sur 21), avec une boule du monde surmontée d'une croix pour filigrane. Au fᵒ 1ᵉ : « Sequitur visitacio facta per venerabilem et religiosum virum dom. Aynardum de Chissiaco, canonicum ecclesie Gronopolis et archeprebiterum in Sabaudia », le même incontestablement qui, déjà chanoine de Grenoble, reçut les ordres mineurs le 31 mars 1408[43] ; très-succinctes, ses observations vont du 24 avril au 9 mai, sans aucune autre note chronologique : si le millésime *1428* inscrit dubitativement par une main moderne a quelque fondement, cette visite appartient à la 2ᵉ année de l'épiscopat d'Aimon II de Chissé[43*].

G) Registre coté *Nᵒ 346 1611, 6ᵉ pièce nᵒ 1, nᵒ 3390, 1453 Registre des Vixittes*, et couvert en parchemin ; sur le plat : Regestrum Visitacionis reveren^mi in Xpisto patris et domini nostri dom̃ᵒ Syboudi Alahandi de Sechillina, Dei gracia episcopi et principis Gracionopolitan'. Il se compose de sept cahiers (cotés en haut des premiers ff. « pˢ, secundus, tercius, iiij^us, v^us, vj^us, vij^us quaternus ») de papier (29 cent. sur 20), avec un vase pour filigrane, formant 168 feuil. numérotés en chiffres arabes au XVIIᵉ siècle ; la brusque interruption du texte et la réclame au bas du dernier fᵒ prouvent qu'il manque un ou plusieurs cahiers : ce déficit existait déjà au XVIᵉ s., comme semble le prouver la

---

(42) *Cartul. de l'église cathédr. de Grenoble*, éd. Jul. Marion, p. 281-419.

(43) P. 156. — (43*) Nous ne l'avons pas publiée, parce qu'elle n'ajoute rien aux nombreux renseignements fournis par les précédentes sur le décanat de Savoie, qu'elle concerne exclusivement.

cote « clxvij f. » apposée au haut du f° 168. Au f° 1ᵃ : « Papirus et Regestrum visitacionis ecclesiarum civitatis et
diocesis Gracionopolis, de tempore rᵈⁱ in X. p. et d. dom
Syboudi Alamandi de Sechillina, miseracione divina episcopi et principis Gracionopolitani, incohate sub anno a Nativitate Domini millesimo quadringenᵐᵒ quinquagesimo
tercio et die lune tercia mensis septembris, indictione prima cum ipsius mutacione anni sumpta, pontificatus sanc-
tissimi in Xpisto patris et domini nostri domⁱ Nicolai divina
providencia pape quinti anno quinto. — Quitquid enim
facimus.... »; cette visite de Siboud Allemand en 1453
ne comprend que deux jours, le 3 et le 5 sept. (ff. 1-5ᵃ)[44].
Il la reprit l'année suivante les 28 avril, 19 et 26 mai, 23
juin, 1ᵉʳ et 21 juil. (ff. 5ᵇ -15ᵃ); commencée en 1455 le 24
mars, elle se poursuivit du 27 juin au 8 juil. et sans interruption du 23 août au 19 novemb. (ff. 15ᵇ -168). Le récit de
la visite de chaque paroisse et la constatation de son état
au double point de vue matériel et moral occupent géné-
ralement plusieurs pages, excepté pour le prieuré de Sé-
chilienne, dont le procès-verbal est resté inachevé (f. 31)[45].

(44) Ces registres inédits ont transmis à la postérité quelques
faits d'un intérêt plus général, qu'on nous saura gré de donner en
note ; ainsi au f° 1ᵇ de G : « Et primo, anno, die, indict., pontif.
predictis, suam visitacionem incohando...., discedendo a majori
domo Cartusie, in qua aliquibus diebus steterat et inibi, ad postu-
lacionem et humilem supplicacionem revᵈⁱ dompni patris prioris et
conventus ejusdem loci, capellam Beate Marie de Casalibus de novo
reedificatam benigniter duxit consecrandam et consecravit ».

(45) Il y est dit que Siboud Allemand « cenavit et jacuit in domo
nova quam ipsemet dominus noster episcopus edificari fecit et
de suis propriis peccuniis construi ». Avant son élévation sur le
siége épiscopal de Grenoble, il avait été prieur de Saint-Laurent-
en-Beaumont (alors du diocèse de Gap), comme nous l'apprend le
récit d'une excursion qu'il y fit durant le cours de sa visite de 1455,
rapporté au f° 108ᵉ : » Anno quo supra et die vero mercurii octava
dicti mensis octobris, memoratus dominus noster Gracionop' episcopus, discedendo a dicta ecclesia de Nanta de mane circa horam
nonam ejusdem d(i)ei ante meridiem, ad prioratum Sancti Laurencii
de Bellomonte, Vapincensis diocesis, gressus suos direxit. Et quia
ante ipsius promotionem ad ecclesiam Gracionop' steterat prior
prioratus predicti Bellimontis et erant ibidem quatuor altaria con-

H) Registre dérelié, coté N° *4 T bis, 6ᵃ pièce n° 1, 582, n°* n° *3417, 1457 et 1458 Vizitles Décanat,* formé de quatre cahiers en papier (le 1ᵉʳ de 22 cent. sur 15, avec un raisin pour filigrane, les 3 autres de 20 cent. sur 14, marqués d'un dauphin, etc.), dont 413 feuil. ont été numérotés en chiffres arabes : 10 sont blancs et non coupés entre le 42ᵉ et le 43ᵉ. Il renferme deux nouvelles visites pastorales de Siboud Allemand, faites l'une en 1457, du 8 au 15 octob. (ff. 25-42ᵃ) [46], l'autre en 1458, du 9 mars au 24 mai (ff. 86-413, 43-

secranda, de auctoritate atque licencia reverendi in Xpisto patris et domini dom[i] F. (Gaucher de Forcalquier, suivant le *Gallia Christ.*), digna Dei gracia episcopi Vapincensis, ordinarii ejusdem loci, dicta altaria consecravit ; et quamplura peregit que per verum et catholicum antistitem erant in eodem prioratu , ad laudem Dei et Virginis Marie ejus Genetricis, atque bonam et laudabilem devotionem venerabilium religiosorum dom[i] Benetoni Alberti prioris et religiosorum prioratus antedicti, et per eosdem priorem et religiosos benigniter et devotissime extitit receptus. Et in eodem prioratu memoratus dominus cum ejus familia tota fuit collocatus et egregie tractatus ; in eodemque prioratu , tam ad requestam dicti prioris quam pro ipsius dom. episcopi et principis negociis ibidem peragendis, et computis super arreragiis sibi de fructibus ipsius prioratus, cujus pastor.... extiterat, in magna pecuniarum quantitate adhuc debitis sejournavit et stetit septem diebus, tam in eundo quam in illice stando ; et gressus suos a dicto prioratu ad ecclesiam parrochialem Villaris Sancti Honorati in Matacena lete dirigendo ».

(46) En voici le début (f° 25¹) : « Anno Domini Mᵐᵒ IIIJ° LVIJᵒ et die sabbati octava mensis octobris, reverendus in Xpisto pater et dominus noster dom. Syboudus, episcopus et princeps Gracionop[.], disc[ed]endo de mane a villa de Chamberiaco, Gracionopolitane diocesis, in qua per octo dies steterat et illustrissimam dom. Agnetam, filiam ill[.] principis et domini dom. Ludovici ducis Sabaudie, baptisavit ; ad ecclesiam parrochialem Sancti Stephani prothomartiris Villaris Valmaris, unacum gentibus et servitoribus suis, domesticis et commensalibus, gressus suos direxit.... » Cette Anne, fille du duc Louis Iᵉʳ, mourut jeune. — Au f° 37, diverses listes d'ordinations. — Au f° 39 : *Collacio prioratuum Sancti Salvatoris de Veyneto et Sancti Cirici simul annexatorum, Vapincensis diocesis.* « JACOBUS Reugnisii, humilis prior ecclesie et conventualis prioratus sacratissimi Dominici Sepulcri Jherosolimitani loci Annessiaci, ordinis Sancti Augustini, Gebennensis diocesis, vicariusque perpetuus et prior provincialis in toto regno Francie et Dalphinatu Viennensi et in ducatibus Burgundie et Sabaudie ac Provincie et Pedemoncium, atque in ripparia Janue ac in omnibus eorum adjacentibus partibus a rev[do] in X° p. et d. dom[o] Jacobo de

85 et 1-22ᵃ) : la suite des cahiers a été, on le voit, inter-
vertie et doit être restituée suivant l'ordre des lettres *b d c a*;
il manque peut-être tout un cahier avant *d* et certainement
quelques feuillets entre *d* et *c* (du 5 au 9 avril).

J) Cahier qui semble avoir perdu une couverture, coté *Nº
8892* et composé de 40 feuillets en papier (22 1/2 cent. sur
15 1/2) numérotés, avec un globe du monde surmonté d'une
croix pattée pour filigrane. Il contient pareillement deux
visites de Siboud Allemand, opérées l'une en 1469, du 7 au
14 mai (ff. 1-9), l'autre en 1470, du 12 août au 11 octob.
(ff. 10-40)⁴⁷.

Baldanthoniis. Dei et sancte Sedis apostolice gracia priore generali
tocius ordinis prelibati ...... deputatus : dilectissimo nostro revᵈᵒ
patri dom. Jacobo Eynardi, sedis apostol. prothonotario..... Dat..,
Chamberiaci.., d. 28 m. sept. an. a Nat. D. 1457.... ». — Au fᵒ
38ᵉ : *Collacio hospitalis de Bastida et ecclesie Sancti Sepulcri de Ca-
tunygnio, dioc. Vapincen.*, par le même. — Au même fᵒ 38 : *Indul-
gencia concessa leprosis et capella extra Montemmelianum de novo
constructa* (leg. conc. c-le l-osarie e. M. de n. c-te), par Siboud Allemand, le 26 sept. 1457.

(47) Au début : «.... Domⁱ. Syboudus Alamandi de Sechillina, miseracione divina episcopus et princeps Gracionopⁱ, discedendo a majori domo Cartusie, ubi stetit per septem dies, sedente inibi capitulo
generali Cartusiensium, ubi obtinuit de gracia speciali monachatum
Cartusiensem..... ». — Au fᵒ 11ᵇ : « Anno quo supra (1470) et die
lune xiiiⁱᵉ mensis augusti, prefatus dominus noster .... gressus suos
direxit ad parrochialem ecclesiam de Thoveto ; et quia hora erat
tarda et curatus dicti loci erat impeditus circa unam mulierem parrochie sue que erat in articulo mortis, prefatus dominus noster continuavit visitacionem suam usque in diem crastinam. Qua die ad-
veniente, quia supervenerunt nuncii a domᵉ ducissa Sabaudie, quia
erat in puerperio et quia expectabatur ad baptizandum natum dicte
ducisse, continuavit visitacionem dicti loci usque ad ejus adventum
et gressus suos direxit apud Chamberiacum, ubi dicta dom. ducissa erat constituta in puerperio die predicta xiiiⁱᵉ mensis augusti;
et inibi, quia expectabatur ambaxiata domⁱ ducis Medeolani ad baptizandum dictum natum, stetit usque in diem lune xxviiⁱᵐ dicti
mensis augusti, qua die fuit baptizatus. Et eundem portavit illustris
et revᵈᵘˢ pater dom. episcopus Gebennensis ad fontes baptismales,
et fuerunt compatres tenentes eundem supra fontes pred. dom. ab-
bas Casenovo, ambaxiator Venetorum, et dom. Humbertus Cheu-
rerii, juris utriusque doctor ac cancellarius Sabaudie, cum certis
commatribus. Quo facto prefatus dominus noster episcopus stetit
Chamberiaco, in prioratu Lemenci ubi erat collocatus, usque in
diem jovis ultimam mensis augusti... »

K) Registre en partie dérelié, coté *N° 5 T, 7° pièce n° 1, n° 582, n° 3393. Actes des visitacions de 1469, 1473 Vizittes,* formé de neuf (jadis onze) cahiers en papier (25 cent. sur 15), dont les feuil. subsistants sont numérotés ij-vij, ix-lxij, lxxix-Cij, Cvij-xxxiiij, Cxlvij-lxxij, 173-96, c'est-à-dire qu'il reste des cahiers primitifs *a b c d f g ij k,* sauf quelques feuil. intermédiaires. Il renferme encore deux visites de Siboud Allemand, l'une des 23 et 24 avril 1469 (ff. ij^b-iiij), antérieure à la première de *J,* l'autre qui se poursuit du 27 au 13 novemb. 1473, avec des interruptions occasionnées par la disparution des cahiers et feuillets en déficit (du 2 au 26 juil., du 21 août au 3 septemb. et du 20 au 26 sept.)[48].

L) Registre coté *Numéro 24 1564, n° 18 T, K 1610,* etc., composé de 3 ff. préliminaires, CCCCCv feuil. numérotés, plus 22 blancs, en papier (32 cent. sur 23), couverts d'une forte reliure à nerfs ; au dos :

VISITES DE LAUR^t ALLEMAND.

Bien qu'il ne porte pas le nom de son auteur, cet énorme volume est incontestablement de François du Puy, à qui les archives de l'évêché de Grenoble sont redevables d'autres précieux recueils[49]. Au 3° f° prélim. « Tabula hujus presentis libri », c'-à-d. du traité suivant qu'elle qualifie de « Prohemium seu introductio » : « R^me pater, vos et ceteros militantis ecclesie prelatos.... in secula seculorum, amen» (ff. j-xij^a)[50]; suit un « Repertorium omnium ecclesiarum

(48) La deuxième visite, de deux mains différentes, renferme dans la 1re partie (qui est la minute) *passim* de nombreuses notes d'ordinations et de collations.

(49) Bien que les ouvrages imprimés de ce général des Chartreux († 17 sept. 1521) n'aient pas suffi à lui obtenir une mention dans la *Biographie du Dauphiné,* ce n'est pas ici le lieu de réparer cet oubli ; outre le *Pouillé* cité plus haut et le présent registre, on possède de lui un *Inventaire* des archives de l'évêché de Grenoble en 1500, qui doit former la 8° livraison de notre *Collection de documents hist. inédits sur le Dauphiné.*

(50) La rédaction primitive de ce *Traité de la visite pastorale,* de la main de du Puy, est à la suite du *Pouillé* original de 1497.

pres. Grocionopolitane dyocesis, non secundum ordinem quo processum fuit ad ipsam visitacionem, sed secundum distinctionem archeprebiteratuum juxta ordinem rotuli synodalis.... (ff. xij-xxª) » ; puis au fº xxᵇ :

« Postremo sequitur liber visitacionis per vos facte de omnibus ecclesiis vestre presentis dyocesis, que fuit incepta die sexta maii anno octuagesimo octavo et inde continuata per omnes et singulas ecclesias ejusdem dyocesis diebus et annis pluribus, et finita Deo duce non sine maximo labore, me teste qui vobiscum in omnibus et por omnia interfui, excepta sola ecclesia Villaris Reculati, ubi propter difficultatem itineris de la Confession deffecit in me spiritus meus[51] ; et describuntur in ipso libro omnes et singule ecclesie per vos visitate et per quas fuistis receptus et procuratus, omnes pariter prioratus, capelle, hospitalia, leprosarie et alia pia loca, a quibus ipse ecclesie dependeant seu quos patronos habeant, quantum valeant fructus cujuslibet ecclesie et quot sunt ibi foca, quis in qualibet parrochia percipit decimas, quantum quelibet ecclesia facit de censu aut de pensione mense episcopali ; item omnes injunctiones seu ordinaciones facte circa reparacionem cujuslibet ecclesie et generaliter omnia alia que in ipsa visitacione gesta sunt ».

Comme il ne sera peut-être jamais imprimé, nous allons en reproduire la table : « 1. Quomodo et quo ordine recipi debeat episcopus visitans ; 2. De modo tenendo circa visitacionem Corporis Xpisti et aliorum ornamentorum ecclesie ; 3. De visitacione crismatis, olei sancti et infirmorum ac foncium baptismalium ; 4. De visitᵉ reliquiarum ; 5. De visitᵉ aliorum ornamentorum ecclesie ; 6. De visitᵉ eorum que circa reparacionem ecclesiarum et cimiteriorum neccessaria sunt ; 7. De aliis que facturus est episcopus visitans, et primo de predicacione verbi ; 8. De inquisitione fienda per episcopum visitantem de statu ecclesiasticorum ; 9. Alia inquisitio fienda cum curatis seu rectoribus de statu ecclesiarum suarum ; 10. Alia inquisitio fienda cum curatis circa statum parrochianorum suorum ; 11. De visitacione capellarum ; 12. De visitᵉ hospitalium et leprosariarum ; 13. De confratriis ; 14. De visitacione ecclesiarum collegiatarum ; 15. De visitᵉ monasteriorum seu prioratuum non exemptorum ; 16. De visitᵉ monialium ; 17. De sacramento confirmacionis, benedictionibus et aliis que episcopus visitans ex suo officio et ordine episcopali facere tenetur et debet ; 18. De processione quam finita visitacione facit pro deffunctis et de confessione generali, absolucione et episcopali benedictione antequam recedat ; 19. De correctione et punitione delinquencium ; 20. Vicesime quinte questiones seu dubia circa materiam visitacionis et procuracionis ».

(51) Ps. lxxvi, 4 et cxlii, 7.

Les visites pastorales de Laurent Allemand comprises dans ce volume sont au nombre de six : la première commencée le 6 mai 1488 se termina le 13 août suiv. (ff. xxij-CClxxij)[52]; la deuxième dura du 23 juil. au 16 août

(52) Au f° Cxxxj[b] : « Anno... 1488 et d. 4° mens, jullii,.... illico et incontinenti... rev[dus] dominus noster... exivit dict. cappellam (sub vocabulo Beati Jacobi d'Echerolis fundatam, annexatam parrochiali ecclesie Sancti Supplicii de Bressone[1] et jussit decoperiri seu removi lapides et coperturam cujusdam tumuli, in quo asseritur esse corpus beati Jacobi seu sancti Jesme, cujus virtute ibidem quamplurime persone Romipete affluunt seu dicuntur affluere, et asseritur ibidem recuperare sanitatem a quam plurimis infirmitatibus. Quo quidem tumulo sic tam per curatum predict. quam per certos agricollas dicti loci... aperto, idem rev[dus] dominus noster cum venerabilibus et egregiis viris duis Francisco de Puteo, jurium doctori, officiali et vicario Grocionop', et Johanne de Comeriis, canonico et cantore ecclesie Grocionopolitane, necnon d. Aymoni de Chalansonay, curato predicto, intravit infra dict. tumulum et jussit amovi quandam magnam lausam que erat in fundo dicti tumuli ; et qua quidem lausa amota seu sublevata, in presencia quam plurimorum fidedignorum testium infra scriptorum, fuit repertam quoddam capud integrum ossibus, exceptis aliquibus circa ui aut iiii dentibus majoribus defficientibus ex eodem capite, quod erat magne facultatis ; et a parte sinistra ejusdem capitis fuit reperta quedam olla de terra repleta carbonibus non vivis, ossa fere tocius corporis humani reperta fuerunt et maxime ossa tibiarum que erant magne longitudinis et grossitudinis, pariter fuit repertus quidam parvus potus de terra in quo nichil erat, qui erat juxta ossa dict. tybiarum, fuitque repertus quidam parvus ferrus qui apponi consuetus est in pede bordonorum, qui erat in pede dicti tumuli juxta ossa dict. tybiarum : que omnia fuerunt capta et levata per eumdem rev[dum] dominum nostrum, et demum reposita per ipsum ut reperta erant, in quorum presentia. Quibus sic peractis cum honore et reverencia, plurimis facibus ibidem continue incensis, idem r. d. n. episcopus et princeps jussit coperiri et lausas eo modo quo perante erant reponi cum magnis lapidibus desuper imponendis ; inhibendo propterea.... prout... in quad. cedula infra asserta continetur... Presentes fuerunt in premissis ven[les] viri dni frater Benedictus Frigidi, ordinis Minorum, Ludovicus Morardi, Johannes Chalverocti, Nicholaus de Merla, cappellanus ejusdem r. d. n. episcopi, ac nobiles et honorabiles viri Guigo de Comeriis, Matheus Nizesii.....
— Rev[dus] in X° p. et d. n. dom. episcopus et princeps Grocionopolis, visis informacionibus de ejus mandato et auctoritate sumptis super certis pretensis miraculis que tandiu facta fuisse asseruntur et dietim fiunt in ecclesia Sancti Jacobi Echirolarum, sue Grocionopolis dyocesis, ad honorem et sub vocabulo prefati sancti Jacobi, visoque et oculata fide inspecto corpore seu cadavere condam inhumato et sepulto ante fores seu portam majorem intro-

1491ᵃ (f. CClxxiij-CCClxj)⁵³ʼ; la troisième est du 15 octob.

hitus dicte ecclesie et a parte dextra ejusdem, et quia nundum constat aut appare(t) de vita, conversacione et miraculis assertis dicti corporis, cujus nomen eciam ignoratur, cognitioque, decisio et determinacio huj⁴ negocii ad sanctissimum nostrum papam et sanctam sedem appostolicam pertinet et expectat...; igitur prefatus d. n. episcopus et princeps cognitionem, decisionem et determinacionem dicti negocii remisit et remictit ad ss. d. n. papam et ejus s. sedem ap., cum dictis informacionibus super hoc sumptis, inhibendo interim... ne dict. corpus publice pro sancto veneretur seu solene officium in ecclesia de eodem, cujus nomen, vita, conversacio, mores et miracula ignorantur, celebretur : sub excomunicacionis pena...; inhibendo pariter ne decetero tumulum seu sepulcrum dicti corporis a quoquam appareatur, nisi de auctoritate dicte sedis appostolice vel suorum in episcopaly dignitate successorum; et ulterius precepit et injunxit... rectori dicte ecclesie quathinus infra tres dies proximos quand. daresiam seu clausuram circuncirca tumulum dicti corporis per eum ejus propria auctoritate factam, necnon quand. coperturam postlini inherentem in medietate dicto sepulcro seu tumulo, tollat et admoveat...; sub dicta excomunicacionis et C francorum penis. Non intendens tamen per huj⁴ inhibibicionem deffendere aut impedire quominus beatus Jacobus appostolus, ad cujus honorem dicta ecclesia est fundata, in eadem veneretur et pro sancto collatur...; ordinans et precipiens huj⁴ inhibicionem et preceptum publicari in parrochiali ecclesia dicti loci et aliis locis circumvicinis. » — Au fᵒ Clxxxiiijᵇ : « Anno quo supra et die sabbatti 19ᵃ mens. jullii, per dominum nostrum audita missa in ecclesia.. de Outrans, in qua pernoctaverat, volens gressus suos dirigere ad parrochialem ecclesiam de Rancurello...., et quia a latere dextro itineris, lapso prius quodam magno et aspero monte intermedio, est locus qui dicit *es Ecouges*, ubi solebat esse quoddam *monasterium monialium*, quod patitur ruynam totaliter, et ibidem nullus habitat : tamen dicitur ibidem fuisse repositum corpus beati Hugonis, olim episcopi Grocionopolis ; prefatus dominus noster in dicto loco, qui est desertus et in loco foresto, fuit cum aliquibus ex comitiva sua. Et quia asseritur ibidem debere celebrari unam missam, ideo dominus noster *jussit* reparari capellam que tempore preterito ibidem seu in alio loco propinquiori solebat esse, sumptibus cujus intererit, et ibidem celebrari missam et missas more antiquo per illos qui percip'unt fructus occasione premissorum alias datorum et fundatorum, infra sub pena ».

(53) Bien que du fᵒ CClxxxxijᵇ au fᵒ CCCxlvj le millésime soit *1493* et au fᵒ CCClvj *1490* en toutes lettres.

(53*) Au fᵒ CCCxxj : « Et postmodum (3 août 1491), sumpto prandio, idem revᵈᵘˢ dominus noster, tendendo ad ecclesiam Bellicrescentis, fecit transitum ad ecclesiam domus Parmanie, ubi antiquitus erat domus religiosarum ordinis Cartusie, vocata domus Parmanie alias de Monte Sancte Marie, fondata per quondam dom.

1492 (ff. CCCClxij-iiijᵃ) ; la quatrième du 1ᵉʳ au 5 juin 1493
(ff. CCClxij-lxxvijᵃ) et du 14 au 24 octob. suiv. (ff. CCClxxvij-
CCCCj)54 ; la cinquième du 10 octob. au 4 novemb. 1494
(ff. CCCCjᵇ -lxj) ; enfin la sixième du 2 au 16 juin 1495 (ff.
CCCClxiiijᵇ -CCCCCvᵃ). Elles présentent la plus ample et la
plus complète source d'informations sur l'état du diocèse de
Grenoble à la fin du moyen âge ; Franç. du Puy semble
n'avoir négligé aucun moyen pour rendre ces procès-
verbaux authentiques55.

Les six derniers registres *(F-L)* que nous venons de décrire ne seront pas, selon toute apparence, publiés de longtemps : les minutes pour être dépourvues de tout mérite de

Falconem tunc episcopum Gronopolis *(Docum. histor. inéd. sur le
Dauphiné*, 3ᵉ livr., 74-5)... Et jamdiu dicta domus et ecclesia
ejusdem penitus est destructa, nullaque fit ibidem residencia per
dict. moniales, que tam diu est dict. locum relinquerunt propter
austeritatem loci, nec fit ihi aliquod divinum officium ; quinymo
dicta ecclesia est disrupta et apperta sic quod animalia in dicto
monte depascencia ibidem ingrediuntur et dict. ecclesiam
prophanaverunt, tectumque dicte ecclesie penitus disruit :
propter quod dominus ordinavit quod una porta dicte ecclesie
claudatur muro et in alia fiat una porta nemoris cum clave clau-
denda, adeo quod animalia in eadem intrare non possent.... »
(54) Le 23 octob. 1493, l'évêque Laurent après avoir visité l'église
de Saint-Jean de Barbie (f° CCCC) « dicessit cum ejus comitiva et
tendendo apud ecclesiam de Tomeriis obvlavit cuidam, qui eidem
notifficavit quod interdictus erat apportatus in villa Chamberiaci et
eciam in toto decanatu Sabaudie, prout de copia illius ut asseruit
fidem fecit, et tunc idem reverᵈᵘˢ dominus supercessit ab ulte-
riora visitacione tamquam filius obediencie, presentibus...»; il
visita bien encore le lendemain l'église de Saint-Sulpice, mais
« sine pulsacione campanarum nec convocacione populi, pretextu
interdicti premencionati », puis « ascendit ibidem per montem
supra existentem et suos gressus direxit apud civitatem Gracionopolis absque alia visitacione, Deo gracias ».
(55) « Acta dicte visitacionis recepta fuerunt in parte per condam
magistrum Petrum le Béuff, tunc secretarium episcopalem, demum
vero per Ludovicum Avenerii et Guigonem Chauneti, notarios loco
dicti cond. secretarii subrogatos, novissimo vero per magistrum
Johannem Vollonis, modernum secretarium episcopalem ; proptor
difficultatem ipsa acta grossandi, fuit commissum dicto Vollonis
ut acta predicta in forma et volumina presentis libri descripta,
collacione prius facta cum notis earumdem, signaret et in publicam
formam reddigeret... (f° xxᵇ).

rédaction, les mises au net à cause de leur prolixité verbeuse. Il serait néanmoins fâcheux qu'elles restassent plus longtemps inexplorées : le mieux serait que tout auteur de monographie locale transcrivît et fît imprimer comme pièce justificative ce qui a rapport à l'objet particulier de ses recherches.; ces publications partielles équivaudraient avec le temps à une édition collective.

La table suivante est destinée à abréger aux érudits d'interminables recherches ; distribuée selon l'ordre alphabétique des dénominations actuelles des localités, elle ne fait point double emploi, même pour les registres publiés dans ce volume *(A-E)* avec notre *index* final, rédigé d'après le texte latin original. A la suite du nom de chaque paroisse ou prieuré, on trouvera l'indication de son vocable, tel que le fournissent les registres de visites et à leur défaut le *Pouillé* de 1497 : son omission prouve qu'il se confond avec le nom de la localité. Les chiffres qui suivent les lettres A à E renvoient aux pages du présent volume, ceux qui accompagnent les lettres F à L désignent les feuillets des registres décrits plus haut : pour ceux-ci le verso est indiqué par une apostrophe à la gauche du chiffre. Enfin l'astérisque avant un chiffre caractérise une visite incomplète ou dont il ne reste qu'une simple mention.

Outre son importante collection de visites pastorales, l'évêché de Grenoble conserve dans ses archives d'autres registres, qui ont avec les précédents des rapports étroits et que nous ne pouvions négliger : nous voulons parler de ceux qui renferment les ordinations, collations et institutions accordées par l'évêque, ainsi que d'autres actes émanés de son vicaire général et de l'official, dont particulièrement *H* et *K* renferment déjà des fragments. Antérieurement à 1500, nous en avons trouvé quatre, que nous allons décrire en les désignant par une double lettre [56].

AA) Registre sans couverture, coté *N° 58 T*, *n° 554*, *n° 185 1er*, etc., formé de deux cahiers en papier (30 cent. sur 22) : le premier (46 ff., avec les deux clefs de st Pierre en sautoir pour filigrane) renferme la minute des reconnaissances passées en faveur du sous-collecteur de la Chambre apostolique dans le diocèse de Grenoble, à partir du 6 novem. 1382 jusqu'au 7 nov. 1385 ; le deuxième (12 ff., avec une croix pattée et une arbalette pour filigranes) contient les institutions (ou collations canoniques des bénéfices auxquels les institués avaient été présentés par les patrons respectifs) conférées au nom de **François de Conzié**, évêque de Grenoble, par son vicaire général pour le spirituel et le temporel, **Etienne du Pont**, prieur d'Entremont, du 14 décem. 1381 au 17 avril 1382[57].

---

(56) Les lettres de l'alphabet simple non employées plus haut pourront servir à désigner les registres des visites pastorales postérieurs à 1500 ; la série se continuerait au besoin en adjoignant une ou plusieurs minuscules à la majuscule (Aa-Zz, Aaa...)

(57) En voici la série : « Petro Revolli capell... ecclesiam parroch. Sancti Ysmerii (14 déc.); Johanni Guerre cap... eccles. parr. de Ferreria (m. J.); Petro Rossini cap .. curam s. parr. eccles. Sancti Andree in Royanis (10 jan.); Aymarono Pellicerii cler... capellam St Nicolai in prioratu Visilie (31 jan.); Amedeo Buffeti cap... eccles. parr. de Beyssino Viennen. dioc. (présenté à l'archevêque, 13 fév.); Jacobo Monoti, not(ario) de Vallebonesio, cler. soluto... curam et parr. eccles. de Mayriis (6 jan.); Petro Alamandi cap... curam et parr. eccles. de Cras (14 fév.); Guillelmo de Frigido Monte cap... curam s. parr. eccles. de Vignayco (20 fév.); Andree Grimaudi cler... ecclesias parr. Sancti Romani et Bellivisus in Royanis

BB) Registre dérelié, coté *N° 60 T, n° 572, n° 119,* etc., formé de six cahiers en papier (28 1/2 cent. sur 21, pour filigranes un arc, etc.) et composé de 84 feuil. non numérotés ; il renferme la minute des ordinations faites par l'évêque Aimon Ier de Chissé pendant douze ans (1397-1408), rédigée par le secrétaire épiscopal Pierre Firmin. Intéressant à un double point de vue, comme répertoire complet du clergé du diocèse durant une période déterminée et comme contrôle de l'itinéraire des visites, ce document ne pouvait néanmoins être publié intégralement : avec le cadre et tous les chiffres statistiques, nous avons reproduit les noms de tous les ordonnés dont la position dans le clergé séculier ou régulier est indiquée, ou qui par leur naissance se rattachent à des familles historiques[58].

CC) Registre coté *N° 25 T, n° 567, n° 135 2°,* etc., avec couverture en parchemin ; au plat : *Registre des provisions de bénéfices et autres actes.* Les 144 pages numérotées (plus 2 ff. blancs au commencement et à la fin) en papier (31 cent. sur 21, à filigranes divers) dont il se compose, renferment les « Emolumenta sigilli pontificatus recepta et littere sigillate per me Petrum Ralleti *(al.* R-eyti, Ralheti), capellanum domini mei episcopi et curati de Vennosco in Oysencio », à partir du 6 octob. 1409 jusqu'au 10 juin 1420, sous l'épiscopat du même Aimon Ier de Chissé[59].

(3 mars) : Karolo Oliverii cap... curam s. parr. eccles. Sancti Xpistofori de Meysoen (4 mars) ; Johanni Rezellerii cap... capellam S' Jacobi in ecclesia S' Michaelis Morestelli (6 mars) ; Johanni Bernardi cler... eccles. de Ornone (7 mars) ; Johanni Gauterii cap... eccles. de Mayriis (12 mars) ; Johanni Veteris curam B' Marie Vilaris Aymonis (22 mars) ; Guillelmo Argoudi eccles. S' Johannis de Vallenavigio (11 avr.) ; Jacobo Pepini ecclesiam Vilaris Bonoudi (17 avr.) ; Petro Giroudi cap... eccles. parr. Sancti Mauricii Montis Aymonis (m. j.) ;........ eccles. parr. S' Stephani de Podio Gresso (?)

(58) P. 141-56.

(59) Ce registre, plein de faits administratifs qu'on y recueillera utilement, n'est pas susceptible d'analyse ; seul le détail suivant est d'un intérêt plus général : « Item, eadem die (20 avril 1419) sigillavi ambaxiatoribus Dalphinatus qui missi sunt ad dominum nostrum

DD) Registre coté *N° 6 T 1469, n° 126 1611, 8° pièce n° 2, n°
3392,* etc., avec couvert. en parch. (bref de Sixte IV), composé
de trois cahiers en papier (24 cent. sur 16). Les deux premiers (38 ff.) renferment diverses ordinations et citations
(avec comparutions) faites par l'évêque Siboud Allemand
du 2 novemb. 1469 au 22 mars 1471 ; le troisième (13 ff.,
plus 18 blancs) contient la minute d'institutions conférées
par le même du 15 août au 14 décem. 1466.

Il nous reste peu de chose à ajouter sur la partie matérielle de notre édition. Elle reproduit, croyons-nous, très-
exactement les originaux et (faut-il l'ajouter ?) sans lacunes
autres que celles nécessitées par la rédaction prolixe de la
dernière partie d'*E* ; nous avons dû faire usage de quelques
abréviations, dont les principales (dictus.., dominus.., scilicet) reviennent fréquemment ; quelques nombres en toutes
lettres ont été représentés en chiffres romains. La chronologie, rarement fautive, a reçu un contrôle perpétuel et
divers compléments ; on trouvera en cas d'incertitude (et
parfois plus promptement) l'année courante à l'aide de la
description des registres. A défaut d'annotations autres que
quelques variantes et additions, on aura le texte entier,
noms de personnes et de lieux, mots et choses remarquables,
reproduit alphabétiquement dans une table qui comprend
plus de 50 colonnes[60] : les principaux personnages avec les
dates extrêmes de leur fonction ou de leur vie, les localités

---

dalphinum pro tota patria Dalphinatus, videl. quasdam instruciones,
quamd, litteram facientem mencionem quomodo dominus meus episcopus facit et creat suos vicarios. videl. dnos archiepiscopos Remen-
sem, Turonensem et dom. episcopum Sancti Pabuli, et plures alios
prelatos, ad recipiendum juramentum dom' dalphini super libertates
tocius patrie Dalphinatus ; item quasd. alias litteras missorias que
diriguntur aliquibus dominis de concilio dom' dalphini et c. — Ex-
pedicte fuerunt predicte littere per me Petrum Ralheti cap(ell.)
Aldrato de Clerico et Benedicto Sartoris, nomine trium statuum
Dalphinatus, sine solucione (p. 111). »
(60) P. 157–84.

avec leur synonymie actuelle[61] ; quant aux noms de basse latinité, on y trouvera seulement ceux qui manquent au *Glossaire* de Ducange ou qui n'intéressent pas exclusivement la philologie[62] ; tous les autres sont énumérés ci-dessous[63].

L'usage de cet *index* prouvera qu'il renferme l'indication de tous les éléments à mettre en œuvre pour une étude, à un point de vue quelconque, sur les documents publiés pour la première fois dans ce volume. Nous permettra-t-on de formuler à cet égard un souhait en terminant ? La liturgie et le droit catholiques ont un vocabulaire propre, inintelligibles à ceux qui n'en ont pas fait une étude spéciale ; on s'exposerait donc à bien des inexactitudes en entreprenant la traduction ou l'interprétation de ces visites sans travaux préparatoires ou dépourvu des instruments nécessaires, de même que l'ignorance des institutions du moyen âge ferait *commettre* bien des erreurs, en tirant de faits individuels des conséquences générales.

Romans, 8 décembre 1874.

(61) M. Brun-Durand a bien voulu revoir les épreuves de cette table pour la partie géographique et nous fournir quelques indications.

(62) Les renvois à Ducange (D.) se réfèrent à la dernière édition (Didot, 1840-50, 7 vol. in-4°).

(63) Abergare, 66 ; A-ria [Abb-a], 74 ; Abergator [Alb-r], 63 ; *Accensamentum*, 51 ; *Accensare*, 10 ; Acc-e, 84 ; *Accensator*, Ace-r, 38, 68, 70, 119-20 ; Addicere, 17, 19 ; Albergaria, 109 ; A-ator. 108 ; *Aliqualiter*, 114 ; *Alodium* francum, 120 ; Amiscere (D. I, 233 b,, 86 ; *Annaliter*, 78 ; *Apodissa*, 8 ; *Aranea* [Aranea], 50, 78 ; *Arendare*, 11 ; *Arlatio*, 80 ; *Arrestum*, 63 ; *Assedare*, 60, 68 ; *Associare*, 54 ; *Alitulatus* (= alti-s), 144, 151. — *Bablisma*, 50 ; *Baco*, 22 ; *Barbitonsor*, 150 ; *Barra*, 80 ; *Basse*, 90 ; *Bassus*, 118 ; *Baucis*, 102 ; *Beneplacitum* (ad), 82, 90 ; Bisia (= bisa), 121 ; *Bladum*, 10, 12 ; *Borea*, 53-4, 102 ; *Branchia*, 104 ; *Brigosus*, 103. — *Cacabus* [Cacob.], 85 ; *Camera*, 41, 100 ; *Canalis*, 118 ; *Capo*, 17 ; *Carpentator*, 122 ; *Caseus* ovis, 17 ; *Caritatire*, 49 ; Cathena [Qua-a], 58 ; *Carilla*, 53, 55 ; *Cedula*, 74 ; *Censa*, 57, 70 ; *Census*, 12, minutus 51 ; *Cessux*, 67, 72 ; *Clamor*, 119 ; *Clarificare*, 137 ; *Cofinus*, 78 ; *Colare*, 76 ; *Collatio*, 131 ; *Comanda*, 108 ; *Computare*, 68 ; *Conchia*, 85 ; *Confessarius*, 14 ; *Contentare*, 40, 68, 110, 123 ; *Continuare*, 137 ; *Copia*, 18, 74 ; *Cordula*, 50, 58 ; *Cordur[arius]*, 156 ; *Costare*, 62 ; *Cuva*, 13. — *Dampnificare*, 138 ; *Debatus*, 86 ; *Decretalis* extravagans,

CORRECTIONS.

P. 8, l. 15 : ratoriis ; — 43,4 : ... curatu]m do T. : — 47,3 ; ps(a-m);
4 : *Kyriel(eyson)*;—57,29 : Anthon.;—70,3 : festa ; — 105,10 : ecclesie;
27 : *Paulus* (1, *Corpus juris canon.*); ed. Boehmer, II, 1174-7;—110,34;
y-ginem M-ne ; — 159a, 58 : ecclesia s. ;—160a, 24 : c°; — 162a,7 : °152;
— 164b, 34 : a-lllo, 70. *St-Thibaud-de-Coux* ; — 168b,44 : Pauli ; —
169a, 52, ell.: *Cf.* ncer Villarli de l..; — 169b,26 : 4. *Mont-de-Lans* ; 30 : L
in; — 170a, 35 : MANIPODI; — 176a,16: C-o. *Proveyzieux* ; — 176a,50 :
R. TI(A-l.; — 178a,47 : 70; — 179a,52. °142. *St-Michel*; — 180a,32 :
biavil; — 181a,13, ell.: (*La-Motte-*).

PAPIRUS EXPENSARUM PER DOM. GRATIONOPOLITANUM EPISCOPUM [FACTARUM IN VISITATIONE SUE DIOCESIS, Q]UAM EXCERCUIT ANNO DOMINI M° CCC™° XXXIX° ET INTRANTE [MENSE AUGUSTO].

1339

In nomine Domini, amen. Primo, die sabbati, septima die augusti, ven[it causa visitation]is predicte, anno XXXIX° prelibato, in prioratu Visilie sue diocesis, in mane, et peracto visitationis officio secuntur expense ibi facte.

Et primo, ibidem pro dicta die sabbati tota et dominica sequenti *(8 aoûl)* in prandio, omnibus computatis excepto jure camere, XII lib. III (sol.) IX den. — Item, dicta die dominica in sero et die lune seq. *(9 a.)* tota, qua die ipsum hospitale Sancte Johannis Jerosolimitani prope Visiliam, dicte sue diocesis, visitavit; super ipso hospitali fecit expensas in domo dom¹ Petri Fabri, curati de Jarria, adcendentes sommam   — Item, ibidem pro potu familie, dum ibi dominus visitaret, x s. IIII d. — Item, die martis sequenti *(10 a.)* tota die super ecclesiis Sancte Marie et Sancti Petri de Mesatico, qua die ipsas ecclesias visitavit, fecit expensas in domo dicti dom¹ P. curati adcendentes sommam   .
— Item, die mercurii sequenti tota et jovis seq. *(11-2 a.)* in prandio super prioratu Sancti Michaelis prope Visiliam, qua die mercurii dict. prioratum visitavit, fecit expensas in

— domo d. d. P. cur. adcend. som.   .— Item, dicta die jovis in sero et veneris sequenti *(12-3 a.)* in prandio super ecclesia de Herbesio, qua die veneris ipsam ecclesiam visitavit, fecit expensas in domo pred. cur. adsc. som.   .
—Item, dicta die veneris in sero et die sabbati seq. *(13-4 a.)* in prandio super prioratu de   , qua die sabbati ipsum prioratum visitavit, fecit expensas tam in ipso prioratu quam in domo d. d. P. cur. asc. som.   .— Item, die sabbati in sero et dominica seq. *(14-5 a.)* tota, qua die domin⁴ prioratum de Jarria visitavit, super ipso prioratu fecit expensas in domo d. d. P. cur. asc. som.   .— Et hec dies dominica fuit in festo Assumptionis beate Marie Virginis; et die lune crastina *(16 a.)* reversus fuit dom. episcopus Grationopolim, apud Sanctum Ylarium castrum suum.

Item, die dominica que fuit dies **xxjᵃ** *(22)* mensis augusti predicti et ejusdem anni, incepit visitare idem dom. episcopus terram Oysancii. Et primo, ipsa die dominica visitavit prioratum Sichilline, fecitque ibi expensas pro tota die ascendentes sommam parve monete Dalphinalis **vij** lib. **iij** s. —Item, die lune sequenti *(23 a.)* visitavit ecclesiam de Alemone, et ibi in domo curati loci pro tota die fecit expensas dicte monete ascend. som. **xi** lib. **ix** s. **vi** d. — Item, die martis seq. *(24 a.)* visitavit ecclesiam de Osso, et ibi in domo curati loci fecit expensas ascend. dicte mon. som. **xv** lib. **iiii** s. **ii** d. — Item, die mercurii seq. *(25 a.)* visitavit ecclesiam de Veljania, et ibi in domo curati loci pro tota die mercurii fecit expensas ascend. dicte mon. som. ...... — Item, die jovis seq. *(26 a.)* [visitavit ecclesiam] de Hues de mane et [pro tota die fecit] expensas ascend. [... l.] **viii** s. **vi** d. — Item, die veneris seq. *(27 a.)* mane visitavit prioratum de Gardia, et fuit ibi per totam diem et die sabbati in mane, fecitque expensas ibi ascend. **xviii** lib. **x** s. **viii** d. — Item, die sabbati seq. predicta *(28 a.)* in sero fuit et visitavit ecclesiam de Auriis, et fuit ibi mane dominica fecitque expensas **ix** lib. **xviii** s. **viii** d. — Item, dicta dominica *(29 a.)* in sero fuit et visitavit ecclesiam de Fraigneto, fecitque exxxvii s. ii d. — Item, venit ipsa die in sero apud Serram fecitque expensas lxx s. v d. — Item, die veneris seq. *(17 s.)* ibidem in mane xxviii s. vi d. — Item, ipsa die in prandio apud Auripetram xvi s. — Item, pro muleto qui portavit raubam a Serra usque Avinionem xx s. — Item, ipsa die veneris, in sero venit dominus apud Sedrom fecitque expensas lvii s. ii d. — Item, die sabbati seq. *(18 s.)* iu mane apud Saux, pro pastu equorum et potu familie xxvii s. viii d. — Item, apud Murtorium ipsa die, in prandio xxxi s. vii d. — Item, venit ipsa die sero dominus apud Carpentratum fecitque expensas iiii lib. xiii s. v d. — Item, dominica sequenti *(19 s.)* venit dominus in prandio apud Inter Aquas fecitque expensas xlii s. iii d. — Item, Rooletus de Cupelino, missus per dominum a supradicto Vallebon(esio) usque Avinionem et ibi preparans domum et diebus aliquibus residens, fecit expensas vi lib. xiii s. viii d. — Item, prefata proxime dominica, que fuit xixᵃ septembris, venit dictus dominus et intravit Avinionem post prandium, et stetit ibi per xxiii dies ipsa dominica inclusa, s(cil.) usque ad diem martis xiiᵐᵉ octobris, fecitque ibi expensas Tur(onen.) iix lib. v s. vi d. o.

Item, recessit dictus dominus dicta die martis *(12 oct.)* in mane ab Avinione, et ejus reditus expense hic non scribuntur, et pransus fui(t) in Castro Novo Pape. — Item, in sero venit apud Montem Draconis. — Item, in crastinum, i(d est) die mercurii sequenti *(13 o.)*, ivit apud Sanctum Spiritum et venit in prandio apud Montolium. — Item, die jovis seq. *(14 o.)* venit in sero apud Loriol et jacuit. — Item, die veneris seq. *(15 o.)*, ivit in prandio Valenciam et in sero apud Romancium, et ibi invenit dom. dalphinam stetitque cum ea ibi die sabbati seq. et die dominica. — Item, die lune seq. *(18 o.)* venit cum domina in Sancto Laterio. — Item, die martis seq. *(19 o.)* apud Nostram Dominam de Soona et die mercurii tota die. — Item, venit domina et dom. episcopus die jovis seq. *(21 o.)* apud Bellumvidere, et stetit dominus ibi per vi *(leg. ii)* dies, s(cil.) usque die sabbati ante *(leg. post)* festum beati Luce.

Item, ipsa die sabbati *(23 o.)* missi fuerunt dictus dominus et preceptor Sancti Pauli pro negocio dom¹ dalphini in
terram Turris, qua die venerunt in prandio apud Sanctum
Stephanum feceruntque expensas xlɪ s. v d. —Item, ipsa die
sero venerunt apud Bergoin feceruntque ibi expensas, tam
ipso sero quam dominica sequenti *(24 o.)* mane in prandio,
ʟvɪɪɪ s. x d. — Item, venerunt ipsa dominica in sero apud
Crimieu et steterunt ibi per nɪ dies cum ipso sero, i(d est)
usque ad diem jovis seq., et ipsa die jovis *(28 o.)* mane feceruntque expensas xvɪɪɪ lib. x s. vɪ d.— Item, nunciis missis
hinc inde pro dicto negocio, v flor. — Item, dicta die jovis
in sero venerunt apud Turrim feceruntque expensas ʟvɪ s.
vɪɪ d. — Item, die veneris seq. *(29 o.)* mane venerunt apud
Sanctum Ste(phanum) in prandio feceruntque expensas
xvɪɪɪ s. — Item, venerunt dicta die sero apud Bellovidere
quilibet ad hospicium suum, et fecit dominus ipso sero et
die sabbati seq. *(30 o.)* ʟxɪ s. ɪɪɪ d. — Et stetit ibi usque ad
diem mercurii seq., fueruntque expense lectorum et quorundam aliorum xv s.

Item, dicta die mercurii que fuit post festum Omnium
Sanctorum *(3 nov.)* ivit iterum dominus pro dicto negocio
in Vienn(esio) et fecit expensas per manum R. de Cuppelino.
Et primo venit apud Sanctum Stephanum et sero apud
Turrim, fueruntque expense diei Cv s. vɪɪ d. — Item, die
ovis sequenti *(4 n.)* apud Lanieu et in via fuerunt expense
xʟvɪɪ s. v d. — Item, die veneris seq. *(5 n.)* usque ad diem
mercurii sequentem fuit dominus ibidem, fueruntque expense dict. dierum in universo xxvɪɪ lib. vɪ s. x d.—Item,
dicta die mercurii *(10 n.)* in regressu venit dominus apud
Crimieu, fueruntque expense loci et in via ʟxxvɪɪ s. v d. —
Item, die jovis seq. *(11 n.)* venit apud Sanctum Ste(phanum),
fueruntque expense loci et in via ʟxɪɪɪ s. — Item, die veneris seq. *(12 n.)* venit in Bellovidere, fueruntque expense
loci pro die et in via xxxɪɪɪ s. ɪɪɪɪ d. — Item, die sabbati et
dominica sequentibus *(13-4 n.)* stetit ibidem dominus fueruntque expense tam ibi quam in Sancto Marcellino, in
universo vɪɪɪ lib. xvɪ s. v d.

Item, die lune sequenti *(15 n.)* reversus fuit ipse dominus apud Lanieu, et pransus fuit in Sancto Ste(phano) et jacuit apud Syrisins, fueruntque expense diei pro toto iiii lib. x s. iii d. — Item, die martis seq. *(16 n.)* venit dominus apud Lanieu, fueruntque expense diei tam ibi quam in via xxxii s. vii d. — Item, a die mercurii seq. *(17 n.)* usque ad diem jovis post octabas dicte diei mercurii stetit ibidem dominus, fecitque expensas xxiii lib. ii s. — Item, die martis infra dictas octabas *(23 n.)* fecit expensas in Vallibus super sedula xvi s. — Item, interea in Balma xxviii s. viii d. solutos per manum Aymonis de Malteruge et quedam super sedula clerico castellani sub signo domini facta. — Item, dicta die jovis *(25 n.)* revertendo apud Crimieu et in via xlv s. iiii d. — Item, eadem die apud Danth(esieu) fuit dominus in sero fueruntque expense, de quibus fuit castellano data sedula, lxx s. — Item, die veneris seq. *(26 n.)* venit dominus apud Sanctum Ste(phanum) fecitque expensas ibi et in via xxx s. viii d. — Item, ipsa die in sero venit apud Bellamvidere et familia cum equis remanxit in Sancto Marcellino, fueruntque expense ibi pro ipso sero et sero seq. lxxviii s. — Item, die sabbati seq. *(27 n.)* stetit dominus in Bellovidere et fuerunt expense viii s. ii d. — Item, die dominica seq. *(28 n.)* venit dominus apud Moirencum fueruntque expense ibi et in via xlviii s., et erat cum eo prior Sancti Laurencii. — Item, ipsa die in sero venit dominus apud Planam et stetit tam ibi quam Grationopolis usque ad diem mercurii.

Item, ipsa die mercurii, que fuit post festum beati Andree ejusdem anni *(1er déc.)* arripuit dominus iter iterum apud Lanieu, et recedens a Grationopoli venit sero apud Regalemmontem, in domo dom^t Soff(redi) de Arc(iis), fueruntque expense familie viii s. — Item, die jovis sequenti *(2 d.)* venit dominus apud Sablonerius, fueruntque expense prandii et vie xxvii s. iiii d. — Item, ipsa die sero apud Balmam Vienn(esii) venit dominus fueruntque expense xxxviii s. iiii d. — Item, die veneris seq. *(3 d.)* venit dominus apud Lanieu et stetit tota die, fueruntque expense lviii s. v d. Item, ibidem fourraturis tribus xlviii s. — Item, die sabbati seq.

(4 d.) venit dominus apud Crimieu et stetit ibi usque die martis sequenti in prandio cum domino Valentino, fueruntque expense dierum XIII lib. x d. Item, pro fourratura domini et IIII^{or} aliis, IIII lib. IIII s. Item, ibidem (pro) panno XI flor. III gros. — Item, dicta die martis *(7 d.)* in sero venit dominus apud Castrum Villanum, fecitque expensas super apodissa LX s. Item, pro lectis famulorum et cena unius, xx d. — Item, die mercurii seq. *(8 d.)* in mane venit dominus in Sancto Ste(phano), fueruntque expense xx s. IIII d., quia prandidit cum priore. — Item, ipsa die in sero venit dominus apud Bellumvidere stetitque ibi usque ad diem martis sequentem, et fuerunt expense LXVI s. v. d. — Item, ibi dicto termino fuerunt adducti de Sancto Gervaisio, feno XIJ fais, LX s.; avena, XI sest.; navigio et pafatoriis, XXIIII s. Expense dom¹ Petri in via et pro duobus ferris, uno posito Grationopolis et alio apud Tuyll(inum), et pro potu navigatorum in Bellovidere, VIII s. Item tradidit ipse dominus P. vicario Sancti Ger(vasii) XVIII s.

Item, die martis sequenti *(14 d.)* reversus fuit dominus Grationopolim et venit in sero apud Vinie, fueruntque expense curato loci solute xxxvIII s. — Item, die mercurii seq. *(15 d.)* venit dominus apud Planam et misit Jaquemetum ipsa die apud Barraux ad emendum pisces, fecitque ipse Jaquemetus (expensas) ibidem et in via XLIII s. x d. — Item, stetit ibi dominus usque ad diem dominicam seq. que fuit proxima ante Epiphaniam *(2 janv.)*, qua die venit Grationopolim et ibi fecit convivium in quo fuerunt dominus Valentinus, dominus Sedunensis et multi valentes, tam scolares quam ecclesiastici et layci, nobiles et innobiles.

VISITE PASTORALE DE 1340.

In nomine Domini, amen. Anno ejusdem mill'o trecentesimo quadragesimo, die dominica viij mensis januarii, venit dominus Gratianopolitanus episcopus apud Vivum ultra Dracum, ejusdem diocesis, causa visitationis officium exercendi in ecclesiis ibidem et circa existentibus in hunc modum.

Primo, ipsa die dominica *(9 janv.)* visitavit ecclesiam prioratus de dicto Vivo ac ipsum prioratum ut sequitur : receptus per monachos ipsius prioratus processionaliter, ut moris est, ac per ipsum per semiterium aqua benedicta aspersa et dicto *De profundis* pro defunctis ibidem quiescentibus, ipsam ecclesiam introivit et oratione facta coram altari mangno, prout decet, missam ibi audivit; et expost procurationem suam recipiendo pransus fuit cum monachis et capellanis aliisque servitoribus dicti prioratus et sua familia, et similiter in sero senam cepit, videl. ipse personaliter in domo Rodonis sui sigilliferi et ejus familia in dicto prioratu; et in vesperis ejusdem diei plures de villa et parochia in ipsa ecclesia confirmavit. Et die lune sequenti super ipso prioratu prandium cepit fueruntque expense dicte procurationis   . — *Deffectus prioratus* sunt isti : primo batisterium non est sub clavi, ymago sancti non est; solum ibi resident quinque monachi, cum septem deberent residere; nulla ibidem hospitalitas servatur; nulla elemosina tribuitur, que cotidiana una hora diei a festo Omnium Sanctorum usque ad festum s' Petri et Pauli estivalis dari antiquitus fuerat constituta ; quinquaginta duo convictus, qui condam approbata consuetudine omnibus capellanis et clericis dict. ecclesiam frequentantibus dari solebat, et cuilibet xij denarii, dari totaliter obmituntur; domus sunt derupte, bona dissipata, redditus prioratus positi in manibus laycorum necnon aliqui venundati, vinee deserte, molendina ruinis lacerata; prior ibidem nullam residenciam facit personelem; monachi non dormiunt in dormitorio nec comedunt communiter in refectorio, inhoneste et dissolute gressibus et vestibus incedunt tamquam oves pastore suo carentes.

Item, dicta die lune (10 j.) in mane visitavit dominus ecclesiam de Genebreto et ibidem missam audivit per curatum de Brez celebratam, et ibidem confirmavit reperitque deffectus in ipsa ecclesia : quod ymago sancti non est hic ; item, quod murus inter populares et eorum est qui impedit elevationem Corporis Xpisti videre, quem murum idem dom. episcopus reparari ordinavit ad hoc ut melius dicta elevatio cerneretur. Fueruntque ibi expensso scutiferorum et quorundam volatilium apud Vivum portatorum, inclusa elemosina, xxij sol. iiij den. : restabant domino soluturi, de summa iiij flor. cum dimid. ratione procurationis, viij lib. vj s. viij d.

Item, die martis sequenti (11 j.) visitavit dominus ecclesiam Sancti Bartholomei del Groyn et receptus processionaliter ut supra audivit ibi missam per curatum loci celebratam, ibidemque confirmavit et Guigonem de Turre, ejusdem loci, tonsuravit ; testes pro ipso : curatus ipsius loci et Rodonus sigillifer officialis Grationopolit. Dictaque die monuit dominus curatum ut ymaginem sancti Bartholomei ibidem fieri procuraret ; item defficit ibi Legendarius, it. non sunt fontes sub clavi, it. ecclesia discoperta est et ruinosa. Item fecit ibidem familia expensas usque ad xxxv s. iiij d., inclusa elemosina et vj gallinis apud Vivum missis : restabant, de summa iiij^{or} flor., vi lib. xij s. viii d. domino soluturas.

Item, die mercurii seq. (12 j.) visitavit dominus ecclesiam de Incastris, receptus modo et forma premissis, missamque ibidem audivit per curatum loci celebratam ; et sunt deffectus ecclesie : quod sunt arche in ecclesia ; item, quod est murus inter navem et corum, it. vitra lacerata ; item (curatus) non est bene expertus in officio, tamen bonus homo est et dominum cum sua familia graciose recepit, concordatumque fuit cum eodem ad iiij^{or} flor. pro procuratione, de quibus fuerunt facte expense in domo sua C s. Et fuit ibi dominus per totam diem et etiam ibidem pernoctavit, et plures de parochia confirmavit. Et ibi vendidit curato de Roac certum bladum quod sibi debebatur pro decima A   ; restabatque domino debens lxviii b.

Item, die jovis (13 j.) visitavit dominus capellam ecclesie Beate Marie de Deserto, receptus ut supra, et ibidem missam audivit et plures confirmavit ; defectus ecclesie sunt isti : vicarius tenet sine licentia prelati et est accensata laycis ; item fenestre inter chorum et navem ecclesie non sunt satis magne ad visionem sancte Eucaristie ; it. non sunt ayguerie neque vinagerie ad serviendum altari ; it. domus vicarii sive capellani est dirupta nec est honesta ; it. non tenetur ibi aliqua hospitalitas ; it. non est ymago beate Marie ; it.

non sunt bona indumenta sacerdotalia. Modice fuit ibi dominus
receptus; taxa procurationis fuit ad IIII^{or} flor., de quibus expensi
fuerunt in prandio domini ibidem LXII s. VI d.; restabant eidem
domino CV s. VI d. — Item, eadem die visitavit dominus ecclesiam
de Prato Lamffredo pauperam et receptus ut supra : et invenit
ecclesiam diruptam et que diruitur, nec est ibi campanile nec clericus cum suppellitio nec est sufficiens casula; item non sunt libri sufficientes nec custodiuntur sub clavi illa que debent, nec est ibi ymago
sancti qui ibi adhoratur. Nichil fuit ibi expensum fuitque taxatus
capellanus ad J flor. cum dimidio domino solutur.

Item, die veneris seq. (14 j.) visitavit dominus ecclesiam de
Clusis et jocunde fuit ibi receptus modo et forma premissis; et fuerunt expense familie de mane medium flor. et II s. et II d., fuitque
taxatus pro procuratione ad IIII flor. : restabant domino VII lib.
IIII s. X d. Defectus reperti in ecclesia sunt isti: non sunt fontes sub
clavi et pluit supra, item non habet Salterium bonum; dominus nichil
ibidem confirmavit. — Item, eadem die de sero visitavit dominus
ecclesiam de Pasqueriis, que taxata fuit pro procuratione ad III flor.
cum dimidio, et fuit ibi receptus modo et forma premissis; fueruntque expense XVIII s., inclusa elemosina: restabant domino VI lib.
X s. Dominusque in ipsa ecclesia confirmavit; deffectus ecclesie
sunt: quod clericus non habet supellicium nec est ibi bonum Psalterium, item non sunt ibi fontes, it. non est ibi calix sufficiens et
est locus miser.

Item, die sabbati seq. (15 j.) visitavit dominus ecclesiam Sancti
Mauricii de Fontanilibus, que taxata fuit II flor., et receptus ut supra
missam audivit per curatum de Bretz celebratam ibique confirmavit; nichil fuit ibi expensum. Defectus ecclesie sunt : quod non est
clericus cum supellicio, item non est ymago sancti, it. campanile
completum non est, it. libri non sunt bene tractati nec religati. —
Item, eadem die visitavit dominus ecclesiam de Chabotis, que taxata fuit IIII lib. VIII s. II d., et ibi confirmavit; fueruntque expense
XX s. X d.: restabant domino soluturi LXVII s. IIII d. Defectus ecclesie sunt hii :

Item, die dominica sequenti que fuit XV J mensis januarii, visitavit
mane dominus ecclesiam de Inconcio, que taxata fuit IIII^{or} flor.,
fueruntque expense ibidem facte per familiam, inclusis VIII gallinis
et elemosina, XXXVII s. IIII d.; et dominus, ibi receptus ut supra,
ibidem plures confirmavit et deffectus ecclesie circumspexit qui
sunt hii :   . —Item, eadem die dominica rediit apud
Vivum et ibidem celebravit missam, et frater Andreas sermonem

fecit et interfuerunt dom. prior Sancti Donati, dom' Ja. Brunerii dom. officialis et plures nobiles, qui cum eo prandium acceperunt; et post prandium in vesperis, in ipsa ecclesia confirmavit et quosdam tonsuravit s.

Item, die lune seq. *(17 j.)* visitavit dominus ecclesiam Sancti Girandi castri de Varsia, et receptus ut supra missam ibidem celebravit et fecit sermonem prefatus frater Andreas, et post dominus plures confirmavit et aliquos tonsuravit; fuitque taxata procuratio IIIIᵒʳ flor., de quibus expensi fuerunt XXXVIII s. IIII d., inclusis quibusdam apud Vivum missis. Deffectus ecclesie sunt hii:

Item, die martis seq. *(18 j.)* visitavit dominus prioratum et ecclesiam Sancti Angeli, et audivit ibi missam per curatum de Bretz celebratam ibique plures confirmavit; nichil fuit ibi expensum. Defectus ecclesie sunt hii: ecclesia dirrupta est et discooperta, non sunt libri sufficientes, non servitur ibi ut deceret, non est ymago sancti, non est clericus cum superllicio, non sunt sacri fontes, non sunt campane, non est campanile, prior non residet ibi, non dicitur ibi missa semel uno mense, non est ibi alba; redditus tamen ecclesie sunt hii: primo percipit prior XXX sester. bladi annui comunis tam de decima quam census et sunt de censu VI sest., item X lib. bone monete tam census quam pro pensione qui facit eidem ecclesie VII lib. bo. mo. pro conservatione et manutentione ipsius ecclesie, it. in feno valorem X flor., it. campos duos pro quibus darentur ei annuatim IIIIᵒʳ sest. bladi, it. ex aliis eventibus minutis II flor.

Item, die mercurii seq. *(19 j.)* visitavit dominus ecclesiam de Russec et receptus ut supra misam audivit per curatum de Bretz celebratam, ibique confirmavit et tonsuram unam dedit, s(cil.) Petrus de Molario, ex legit(imo matrimonio): testes prior loci et dom. Jo. curatus de Jarria; et prandium ibi cepit cujus somma non est taxata, scil. pro duobus aliis conviviis debet domino IIIIᵒʳ flor., deductis XX s. pro vino per ipsum domino misso. Deffectus ecclesie sunt hii: sacri fontes non sunt sub clavi, non est ymago sancti; tamen bonus et valens est prior et graciose dominum recepit.

Item, die jovis *(20 j.)* visitavit dominus ecclesiam de Clayes et receptus ut supra missam audivit per dict. curatum de Bretz celebratam ibique confirmavit [1], et post ivit in prandio apud Varsiam, aliquibus de familia sua remanentibus; fueruntque expense tam pro potu scutiferorum in mane quam prandio familie remanentis

---

(1.) *On a effacé : et quosdam tonsuravit s.*

 LII s. IIII d., et taxatus erat IIII^{or} flor. cum dim. : restat debens
VI lib. XVI s. VIII d. Non sunt deffectus in ecclesia et curatus valens
homo ; est tamen murus inter navem et chorum, qui impedit visum
Eucaristie.

Item, die veneris seq. *(21 j.)* visitavit dominus ecclesiam de
Saxino et a sero precedenti fuit hic, missamque ibi audivit per
curatum de Bretz colebratam pluresque confirmavit, et ibi tota die
stetit; que ecclesia taxata fuit   , et expense   :
restat   . Defectus ecclesie sunt hii : a longo tempore non
fuerunt cooperti fontes, aqua de eis sepius perditur; ecclesia discooperta et campanile ; Eucaristia non est sub clavi; non sunt libri
sufficientes nec vitree; curatus usurarius et concubinarius diffamatus de quadam loci que vocatur La Guerre. — Item, eadem die
visitavit dominus capellam de Saxineto et ibi confirmavit; suntque
ibi deffectus ecclesie ut supra proxime et tenet eam curatus de Saxino. — Item, eadem die visitavit capellam Sancti Justi, que in
toto defi(ci)t : primo fontes sunt discooperti, non est Eucaristia,
non sunt libri, vitree sunt disrupte, ecclesia ruinosa, cuve et arche
et dolia sunt in circ(u)itu altaris et per ecclesiam, non est ymago,
non est nisi una sacra toaillia sub corporali; nullus capellanus ibi
residet, et tamen est cimiterium et boni sunt redditus : capellanus
de Fontanis ibi servit.

Item, die sabbati seq. *(22 j.)* visitavit dominus ecclesiam Sancti
Vincencii de Fontanis, taxatam IIII^{or} flor., et receptus ut supra
missam audivit per curatum de Bretz celebratam et ibi confirmavit,
aliquos eciam tonsuravit, s(cil.) Petrum de Revel, ex legit. : testes
curatus loci et Guigo Franconis. Fuerunt ibi expense, inclusa elemosina, XXIIII s. IIII d. : restat debens VII lib. III s. VIII d. Defectus
ecclesie sunt hii : fontes non sunt sub clavi, sacra Hostia eciam non
est sub clavi nec munde custoditur, vitree sunt dirrupte, libri non
boni, arche in ecclesia, ymago sancti non est.

Item, die dominico sequenti *(23 j.)* visitavit dominus ecclesiam
prioratus de Commeriis et receptus ut supra missam audivit et ibi
confirmavit, stetitque per totam diem multum bene receptus, nichil
computato. Deffectus ecclesie sunt hii : fontes non sunt sub clavi
nec est ymago sancti. — Ipsa die fuit permutatio facta ecclesie de
Campis, Grationopolit. diocesis, per dom. Jacobum curatum loci
cum dom° Andrea curato Sancti Michaelis de Challiolo, Vapicen.
diocesis ; presentibus priore de Commeriis, domino de Campis,
dom° R(odulpho) fratre dom¹ episcopi et aliis pluribus.

Item, die lune seq. *(24 j.)* visitavit dominus ecclesias Beati Petri et Beati Georgii de Commeriis, quarum taxa est IIII^{or} flor. Deffectus ecclesie Sⁱ Petri sunt hii : fontes et Eucaristia sunt sine sera, non sunt boni libri, non est ymago sancti, ecclesia discooperta. Et in ecclesia Bⁱ Georgii audivit dominus missam per curatum de Bretz celebratam et ibi confirmavit et ibi tonsuravit; fueruntque expense, inclusis II sest. avene, I emina panis, VIII gallinis missis apud Vivum, VI lib. VIII s.: restat debens domino XL s. Deffectus ecclesie ut supra proxime; dominus ibi prandium fecit et in sero rediit apud Vivum.

Item, die martis seq. *(25 j.)* visitavit dominus ecclesiam bassam de Chassanatico et receptus ut supra missam audivit et plures confirmavit, ibique tonsuravit Johannem Bovardi et Rooletum de Thesio, ex legit. : testes dom. Humbertus curatus loci et dom. Franciscus prior de Ruppe ; et fecit dominus ibi prandium et benedixit indumenta sacerdotalia, fueruntque expense
Deffectus ecclesie sunt : fontes non sunt in sera, plures arche sunt, non est ymago sancti.

Item, eadem die in sero venit dominus in prioratu de Vineis et jacuit, et in crastinum *(26 j.)* ecclesiam visitavit et missam audivit, plurosque confirmavit et ibi tonsuravit   ; fueruntque expense de sero et in prandio   . Deffectus ecclesie sunt hii : arche plurime sunt in ecclesia, fontes sine sera, ecclesia discooperta et campanile ; monachi cum priore odiosi sunt domino et vicinis, quia non serviunt debite ecclesie.

Item, die mercurii predicta seq. in sero ivit dominus Grationopolim et in crastinum reddiit apud Vuyreyum.

Item, die jovis seq. *(27 j.)* visitavit dominus ecclesiam de Vuyreyo et receptus ut prius missam audivit et plures confirmavit et tonsuravit   . Prandium ibi cepit, et litteras de eligendo confessario et c^a usque ad biennium dom^e Margarete, relicte domⁱ Alberti de Cassanatico et consorti Guigonis Bertrandi, et causam matrimonii inter quosdam de prioratu de Vineis officiali suo Gracionopolit. remisit decidendam. Deffectus ecclesie sunt hii : fontes et Eucaristia sunt sine sera, non est ymago sancti ; nullus monachus ibi residet, nichil ministrat prior curato.

Item, eadem die jovis in sero venit dominus in Sanctum Quintinum, et die veneris *(28 j.)* in crastinum de mane visitavit eclesiam et missam audivit per quemdam Minorem celebratam, ibique plures confirmavit ac tonsuravit Guionetum filium Martini Macon loci, Ancelmum Rigaudi loci, Jo. filium Raymondi loci, Roodonum de Espaigniaco, Jo. Trosselli monachum de Muyrenco, ex legit. : hii testes sunt pro eis Jo. Clerici loci et Raymondus loci ;

fueruntque expense tam de sero quam de mane VIII lib. XVII s.
Deffectus ecclesie sunt hii : curatus est defunctus, fontes nec Ostia
sacra sunt sub sera, non est ymago sancti. — Item, ibidem audivit querelam cujusdam juvencule, que petit separari a marito
quoniam impotens est ad mulierem, it. controversiam inter Fratres
Minores et priorem de Muyrenco, quibus diem assignavit ad diem
sabbati post octabas hujus diei, ad afferendum et ostendendum litteras et instrumenta ad suas intentiones fondandas; item fecit com-
missionem priori Sancti Stephani de absolvendo Guillelmum de
Vuyreyo clericum a quacumque excommunicatione quam incurrit
ad instanciam prioris de Muyrenco racione cujusd. sequestri, et hoc
de consensu ipsius prioris.

Item, die veneris in sero venit dominus apud Rouvon, et die sabbati seq. *(29 j.)* in mane visitavit ecclesiam loci pluresque confirmavit, et tonsuravit Gayum Liona et Johannem de Cruce, ex legit.:
testes Jo. Rolandi de Romancio et dom. Petrus curatus loci; fueruntque expense procurationis   . Defectus ecclesie : fontes
non sunt sub clavi, non est ymago sancti; curatus bonus et sim-
plex, set morbo caduco vexatur pluries et quandoque in missa.

Item, ipsa die venit dominus sero apud Excubias, et die dominica sequenti *(30 j.)* in mane celebravit ibi coram fratribus magnam
missam et fecit sermonem; et ibi prandidit in conventu, et locum
et sanctuaria ecclesie diligenter visitavit.

Item, ipsa die dominica in sero rediit dominus apud Rouvon in
domo castellani, et die lune seq. *(31 j.)* ivit de mane et visitavit
ecclesiam de Sancto Gervaisio, ibique missam audivit et plures confirmavit et tonsuravit Gonetum Belet, ex legitimo : testes dom. G.
prior de Corvo et dom. G. vicarius Sⁱ Gervaisii; recepitque dominus
procurationem pro ipsa visitatione in dicta domo castellani, cujus
expense fuerunt

Die martis prima mensis februarii visitavit dominus ecclesiam
Sancti Johannis de Essartis et receptus fuit ibidem ut supra, et
ibidem audivit missam per curatum dicti loci celebratam et missa
dicta confirmavit; injunxit dominus curato quod procuret habere
ymaginem sancti Johannis qui ibi adoratur, item clericum cum
superplicio, it. indumenta sufficientia, it. quod faciat relicari libros
et reformari. Item fuit ibidem expensum de mane pro familia dun-
taxat XLVI s. IIII d., et IIII s. et IIII d. quos dominus ordinavit dari
per curatum XIII pauperibus de parochia sua infra octo dies : (taxatus) ad IIII flor. et dim.

Eadem die de sero dominus venit apud Bellumvidere et fuit ibi per totam diem sequentem *(2 febr.)* cum dom° Dalphino, et alia, die seq. *(3 f.)* circa horam nono recessit dominus de Bellovidere et venit ad jacendum   et fuit ibi expensis suis.

Die veneris iiii^{ta} februarii dominus visitavit ecclesiam de Pol-honaz et fuit receptus ut supra et ibi audivit missam per curatum de Brez celebratam, tamen januis clausis quia locus est interdictus. Defectus ecclesie sunt isti : ecclesia non habet tectum et diruitur, non sunt indumenta sufficiencia neque libri competentes nec clericus cum superplicio, nec ymago sancti nec sunt fontes sub clavi. Item pransus fuit ibidem dominus et fuerunt expense vii lib., quia dom. Rodulphus et Jaquemetus quando venerunt de Bellovidere pernoctaverunt ibi. — Item, eadem die post prandium visitavit ecclesiam de Cheple, non confirmavit. Discoperta est ecclesia et domus curati, que est de ecclesia, similiter; item una campana est fracta et jacet in terra; it. curatus non residet ibi, quia benefitium pauper nec requirit. — Eadem die dominus venit ad jacendum apud Morencum et jacuit ipse solus in prioratu et non senavit, fuit-que familia expensis suis in hostelaria et fuerunt expense xl s. pro sena, equis computatis.

Die sabbati seq. v^a februarii dominus visitavit prioratum Sancti Roberti et intravit illuc circa horam none, et pransus fuit ibi et je-junavit illa die; etiam ibidem fuit per totam diem dominicam se-quentem *(6 f.)* et illa die domin° celebravit in pontificalibus in ec-clesia prioratus majoram missam; post prandium confirmavit et tonsuravit Ardentium de Lancio et Raymundum Burgoti : teste priore dicti loci. In quo quidem prioratu dom. episcopus fuit per priorem et monachos gratiose et debite receptus, et fuerunt ex-pense xx lib. ii s. — Item, die lune vii dicti mensis dominus au-divit missam in dicto prioratu, qua dicta fecit convocari priorem et monachos ipsius loci in capitulo, et eisdem quedam honesta man-data sive precepta fecit, et clericavit Petrum de Lancio, parochie de Meudres.

Die lune vii dicti mensis februarii dominus visitavit ecclesiam Sancti Martini de Hera de mane et fuit receptus procionaliter ut supra, et ibi audivit missam per curatum Vennonis celebratam et post missam confirmavit: non est ibi ymago sancti, indumenta non sunt bona, libri non sunt sufficientes; curatus bene se habuit. Venit dominus pransum apud Planam; fuerunt ibi expense xxiiii s. inclusa elemosina : debet iiii flor.; et tonsuravit ibi Mich. Comberii et Mich. Allicaude. — Die martis seq. *(8 f.)* fuit dominus per totam diem apud Planam et nichil visitavit.

Die mercurii ixᵃ predicti mensis februarii dominus visitavit de mane ecclesias de Geria et de Maurianeta, et in qualibet confirmavit et missas audivit, in Geria celebratam per curatum Vennonis, in Maurianeta celebr. per curatum de Brez. Curatus ecclesie de Geria est excommunicatus; domus ecclesie est dirupta et male tractata; non est in ecclesia ymago sub cujus honore est ecclesia fundata, non sunt fontes sub clavi. Crucifixus qui debebat esse in loco debito erat in terra retro altare. Non fuerunt facte expense : debet iii flor., de quibus deducuntur iiii·s. et iiii d. pro elemosina. Item, in ecclesia de Maurianeta non est ymago sancti, non sunt libri sufficientes; fuerunt expense ibidem pro scutiferis et equis xx (s.); item debet dare curatus iiii s. iiii d. pro elemosina, it. v s. pro iiiiᵒʳ caponibus, que deducuntur de iii flor. ad quos fuit taxatus.

Die jovis xᵉ pred. mensis februarii visitavit dominus ecclesiam de Pineto et receptus fuit ut supra, et ibi audivit missam per curatum loci celebratam; missa audita confirmavit et tonsuravit Laurencium filium Johannis Chanavaci de Pineto, de legitimo et cᵉ : testan(tibus) curato dicti loci et curato Sancti Martini de Huriatico. In ecclesia non est ymago sancti nec sunt libri sufficientes; fuerunt expense xix s. iiii d., inclusa elemosina : debet iiii flor.

Die veneris xiᵃ dicti mensis februarii dominus visitavit ecclesiam Sancti Martini de Huriatico et ibi audivit missam per curatum loci celebratam; qua audita postea confirmavit et tonsuravit Petrum filium Oddonis Luzeti, Guillelmum filium Petri Mollarii, Andream filium Petri Viviani, parochie predicte, et Guigonem filium Stephani Bernardi, de Uriatico, et promisit curatus ipsius loci ipsum facere fieri addicere : omnes de legitimo matrimonio, testibus curatis dicti loci et loci de Pineto. In receptione domini multum gratiose se habuit etiam cum familia curatus; in ecclesia nichil defficit, nisi ymago sancti. Item, sunt expense ejusdem loci : xviii s. pro scutiferis et equis de mane, it. magis pro ii caseis ovis et i focasia missis apud Planam x s., it. pro elemosina iiii s. et iiii d.; debet iiii flor.

Die sabbati xii dicti mensis visitavit dominus ecclesiam Villarii Bonodi et fuit receptus ut supra, et ibi audivit missam celebratam , postea confirmavit, et pranssus fuit ibi cum aliquibus de familia sua et alia remensit in Vennone. Fuerunt illuc expense prandii vi lib. ii s. : restat debens pro sero tot idem.

Die dominica xiii dicti mensis visitavit dominus ecclesiam de Revello et ibi audivit missam per curatum loci celebratam, et postea plurimos confirmavit; aliqua pars cimiterii est violata. Fuerunt ibi exponse xxiiii s., et iiii s. et iiii d. pro elemosina : debet v flor.

Die lune xiiij mensis februarii predicti dominus non visitavit aliquam ecclesiam, et fuit pransus in Plana expensis suis et cum eo dom° G. de Comeriis, dom. Jacobus Brunerii, duo archipresbiteri de ecclesia, H. de Comeriis cabiscolus, dom. Aymarus de Arciis; quo prandio facto dominus habuit collationem cum dict. canonicis super reformacione ecclesie Gracionopolitane tam in personis quam in rebus. Postea ivit dominus cum dict. canonicis ad domum prioris de Champigniaco, ad visitandum dom. decanum qui ibi erat; et cum ibi esset dictus dom. episcopus, accesserunt ibidem ad eum priores de Vivo et Sancti Hymerii. Tunc dominus ipsum priorem de Vivo fortiter reprehendit super pluribus deffectibus ipsius prioratus, in presencia dom' decani et aliorum canonicorum supradict., et ei dixit quod nisi deffectus suos et prioratus corrigeret, quod faceret tamquam superior quod in se esset ne coram Deo et hominibus valeret imposterum aliqualiter reprehendi. Tunc hiis dictis per dict. dom. episcopum et per alios auditis, respondit prior de Vivo quod hujusmodi prioratus deffectus libentissime emandare et corrigere volebat; et finaliter promiserunt ipsi prior de Vivo et prior de S° Hymerio, quod procurabunt pro posse quod dict. prioratus tam in personis, menbris, bonis et rebus aliis necessariis in statum debitum reducetur, et de defectibus quos dominus dum visitavit in ipso prioratu invenit dicto priori de Vivo copiam fieri mandavit. — Item, eadem die et in dicto loco, presentibus canonicis supradict. et priore de Campangniaco et priore Sancti Donati, dominus exposuit dom° decano Grationopolit., ad quem correctio canonicorum spectat, plurimos deffectus ecclesie Grationopol. et canonicorum ejusdem et aliarum necessariarum pertinencium ad eandem sicut alias fecerat, ipsumque dom. decanum instanter et instantissime requisivit et monuit ut huj^d deffectus ecclesie et canonicorum et aliorum necessariorum corrigere et emendare vellet sicut ad eum spectabat, alia requisitione et monitione ab eodem dom. episcopo minime expectata, et specialiter cum huj^d deffectus sedant in injuriam nominis Xpistiani, detrimentum ecclesie et grande periculum canonicorum animarum; super quibus requisitione et monitione dom. episcopus protestatus fuit quod nisi ipse dom. decanus faciat quod sibi incumbit, quod ipse dom. episcopus per viam justicie procedere intendebat. Quibus auditis per dictum dom. decanum et aliis circumstantibus, dicto dom. episcopo respondit quod huj^d deffectus corrigere et emendare intendebat et quod faceret quod sibi incumbebat, et ita facere promisit dom° episcopo supradicto.

Die martis xv mensis februarii dominus visitavit ecclesiam castri Huriatici et capellam Sancti Johannis de Villanova, ecclesie predicte Huriatici annexam, et audivit missam apud S° Johannem per curatum celebratam et ibi confirmavit; item audivit missam in ecclesia castri predicta per curatum Sancti Martini Huriatici celebratam et ibi confirmavit. Expense fuerunt ibidem   . Deffectus: ecclesia castri est male coperta, non est ymago sancti. Solvit iiii lib.

Item, die mercurii xvj visitavit dominus ecclesiam de Tenssino et ibi audivit missam per curatum loci celebratam, et ibi confirmavit et tonsuravit P. Escalone de Thesio: testibus dom° P. Bocurionis canonico Grationopolit. et Johanne Reschasii de Thesio. Et prandidit ibidem dominus; et fuerunt expense iiii lib., et nichil vult amplius dominus pro procuratione sua. Deffectus: fontes non sunt sub clavi, patena calicis est fracta, non est ymago sancti. — Item, eadem die in vesperis visitavit dominus ecclesiam de Cheylas et ibi confirmavit, et tonsuravit Petrum filium Johannis Barrerii, de Moretello, et Andream Champellati, de Moretello, et Johannem filium Johannis Gauterii, parochie de Cheyllas: juravit pater ipsum facere addicere, testante ipsum esse legitimum; curatus Moretelli testificavit alios. Non fuerunt ibi facte expense: debet iiii flor. Deffectus: non est ymago sancti.

Item, die jovis xvij dicti mensis de mane visitavit dominus ecclesiam et prioratum Sancti Petri de Alavardo et ibi audivit missam per unum monachum celebratam, et ibi confirmavit et tonsuravit Guillelmum Picellerii, de Goncelinno, testante curato dicti loci S¹ Petri; it. Mayac. Mayac, parochie Sancte Marie de Aloy, testante P. Barberii de Goncelinno et P. Martini S° (Marie) de Aloy. Et reversus fuit dominus pransurus apud Alavardum; potaverunt ibi scutiferi tenue: debet x flor. Defectus: monachi sunt male ordinati, non sunt fontes sub clavi, non est ymago sancti.

Die veneris xviij dicti mensis visitavit dominus ecclesiam de Mostereto et ibi audivit missam per curatum dicti loci celebratam: non fuerunt ibi facte expense, set solvit dict. curatus tam pro vi gallinis missis apud Alavardum et pro parte expenssarum factarum in capella de Barro dim. flor.: debet ii flor. et dim. Fuit ibi tonsuratus Johannes Meyrencii et Jo. Pollicis, dicte parochie: present. et test. curato et eorum patribus. Deffectus ecclesie: sunt arché in ecclesia, fontes non sunt sub cera, non est ymago sancti, libri sunt male ligati. — Item, eadem die visitavit dominus capellam de Barro et

ibi audivit missam per curatum dicti loci celebratam, et ibi conflrmavit; et ibi potaverunt scutiferi, et fuerunt expense tam pro i
gallina quam elemosina et expensis ibidem factis dim. flor. : debet
ii flor. cum dim. Deffectus ecclesie : fenestre retro altare existentes sunt nude nec sunt clause set totaliter apperte, calix est male
tractatus.

Item, die sabbati xix mensis februarii visitavit dominus ecclesiam
de Pinssoto, et ibi audivit missam per curatum dicti loci celebratam et ibi conflrmavit ; confessiones plurium ibi audivit, et fuerunt
expense viii s. et iiii d., it. pro vi gallinis missis apud Alavardum
ix s., it. pro elemosina ii s. et ii d. Deffectus ecclesie : non est
ymago sancti, lapis batisterii est fracta nec est in fenestris retro
altare existentibus veyreria; fuit accusatus de concubina et aliis
excessibus enormis. Debet iii flor., it. ii pro emenda suorum ex-
cessuum. — Item, eadem die visitavit dominus ecclesiam de Ferreria et ibi fuit pransus dominus, et audivit missam per curatum
loci celebratam et confirmavit; et fuerunt expense C s., inclusis
vi gallinis missis apud Alavardum : debet iiii flor. Deffectus: non
est ymago sancti.

Die dominica xx mensis februarii visitavit dominus ecclesiam
de Alavardo et ibi celebravit missam, et plurimos confirmavit et
plurium confessiones audivit et infrascriptos tonsuravit, et fuit ibi
per totam diem dominicam : debet viii flor. Sequntur nomina cle-
ricatorum in Alavardo : primo Bartholomeus filius Oddoneti de
Alavardo ; Mundonus filius Jaquemeti Bosson, parochie de Barro ;
Amblardus de Briordo, filius G. de Briordo ; Petrus Bigoti, filius
naturalis P. Bigoti, parochie de Alavardo: dispensavit dominus ;
Stephanus Fabri, filius P. Fabri, parochie de Alavardo; P. Chieurre,
it. Jo. Chieure, ejusdem parochie ; Guigo Barralli, filius Johannis
Barralli; it. Franciscus Barralli, filius Guigonis Barralli ; Leuzo
Barralli, filius Guillelmi Barralli ; Andreas Cassardi, filius Jo. Cas-
sardi; Perrotus Pelhoz, filius Peron Pelhoz ; Chabertus Bigoti,
filius Alberti Bigoti; Guillelmus Jentonis, filius Poneti Jentonis.
Presentes fuerunt dominus de Osso capellanus et Guigo Barralli,
burgensis de Alavardo.

Die lune xxi mensis februarii visitavit dominus prioratum Altivillaris et ibi audivit missam per canonicum unum dicti loci celebratam, et ibi conflrmavit et tonsuravit Petrum filium Francisci
        , parochie Altivillaris ; et fuerunt ibi expense de mane
xxi s. monete Dalphini, et reversus fuit dominus pransurus apud
Alavardum. Deffectus: Corpus Xpisti nec fontes non sunt sub cera.

Die martis xxiiᵃ dicti mensis visitavit dôminus ecclesiam Sancti Mauricii propé Ruppeculam et ibi audivit missam per curatum dicti loci celebratam ; et sunt defectus ecclesie : Corpus Xpisti non est sub cera, et compane alique sunt in terra que deberent esse in campanili, et sunt arche in ecclesia. Non fuerunt ibi facte expense. — Eadem die visitavit dominus capellam Beate Marie de Pratis juxta Ruppeculam, ubi est ordo Carmelitarum, et ibi celebravit in pontificalibus, confirmavit et clericavit Johannem de Cruce, filium Francisci de Cruce, parochie Sancti Mauritii, presentibus d. Petro de Thesio canonico Grationopolit. et d. Jacobo curato Brexii ; et plurium confessiones audivit, et pransus fuit dominus ibidem in reffectorio Carmelitarum. Et sunt expense iiii lib. vi s. viii d. monete Sabaudie : valent xiii lib. xi s. vi d. monete Dalphini.

Die mercurii xxiiiᵉ dicti mensis februarii visitavit dominus locum Vallis Sancti Hugonis, ordinis Cartusiensis, et ibidem pransus fuit ; non sunt computate expense.

Die jovis xxiiii dicti mensis visitavit dominus ecclesiam Capelle Albe, et ibi audivit missam per curatum loci celebratam et ibidem confirmavit ; deffectus : Corpus Xpisti nec fontes sunt sub cera, prebiterium non est in statu debito et plura defficiunt ibidem, sunt arche in ecclesia. Et fuerunt ibi expense xii s. et pro elemosina ii s. et ii d. : debet ii flor. et tres partes unius. — Eadem die visitavit dominus ecclesiam de Moletis, et ibi audivit missam et ibi confirmavit ; Corpus Xpisti non est sub cera, libri non sunt sufficientes. Non fuerunt ibi expense facte : debet ii flor. et iii parte(s) unius ; deducuntur de summa ii s. et ii d. pro elemosina.

Eadem die venit dominus in prioratu Villarii Benedicti et ibi pernoctavit, et fuit etiam die veneris seq. per totam diem ; et ipsa die veneris (26 f.) visitavit ecclesiam Beati Blasii annexam dicto prioratui et in ipsa audivit missam, et plures de parochia confirmavit et tonsuravit Johannem filium domᵢ Aymari de Bastidis, it. Guillelmum Guersii, parochie de Avalone. Deffectus ecclesie Sᵗᵢ Blasii : sunt arche in ecclesia, aliqua pars ecclesie in muris est dirupta, non est ymago sancti. Fuerunt expense in prioratu predicto.

Die sabbati xxvi februarii visitavit dominus ecclesiam de Grignone et ibi audivit missam per curatum dicti loci celebratam, et ibi confirmavit ; sunt arche in ecclesia. Non fuerunt expense : debet iii flor. et dim. — Eadem die visitavit dominus ecclesiam Sancti Maximii et ibi audivit missam per curatum de Brexio celebratam, et ibi confirmavit et tonsuravit Jacobum Andree, parochie de Crans, it. G. Repollini, dicte parochie, it. Petrum de Clarofageto, filium

P. de Clarofageto. Deffectus ecclesie : non est ymago sancti, sunt bacones suspensi in ecclesia, arche sunt in ecclesia : fuit accusatus de concubina. Fuit ibidem dominus per diem sabbati, diem dominicam et diem lune sequentes, et expendidit pro dict. tribus diebus xxxviii lib. ix s. : debet iii flor. et dim.

Die dominica seq. *(27 f.)* visitavit dominus prioratum de Avalone et ibi audivit missam per priorem loci celebratam, et ibi confirmavit ; domus prioratus non est ordinata. Debet vi flor.

Die lune seq. *(28 f.)* visitavit dominus ecclesiam de Morestello et audivit missam per curatum loci celebratam, et ibi confirmavit ; non est ymago sancti. Fuerunt ibi expense.

Die martis ultima *(29)* februarii venit dominus in Sabaudiam, et visitavit primo ecclesiam de Marchiis et ibi audivit missam per vicarium loci celebratam, et ibi confirmavit. Deffectus ecclesie : non est ymago sancti, Corpus Xpisti nec fontes non sunt sub cera, ecclesia est discoperta ; fuit accusatus de concubina. — Eadem die visitavit dominus ecclesiam de Francino, non audivit missam nec ibi confirmavit ; potavit ibi dominus et fuerunt expense xix s. monete Sabaudie. Deffectus ecclesie : sunt arche in ecclesia, fontes non sunt sub cera, campanile est discopertum.

Eadem die martis venit dominus in prioratu de Arbino et fuit receptus ut supra et ibi pernoctavit, et fuit ibidem per totam diem mercurii seq. *(1" mars)* ; missam ipsa die celebravit in ecclesia parochiali de Montemeliano in pontificalibus et ibi multos confirmavit. Deffectus : panni altaris non sunt sufficientes nec mundati, fontes non sunt sub clavi, verrerie non sunt in fenestris ecclesie, non est bene coperta ; in ecclesia prioratus non sunt fontes sub clavi. — Dicta d(i)e mercurii visitavit dominus

Die jovis ii² martii exivit dominus de prioratu Sancti Albini et venit per Fratres Predicatores de Montemeliano, et visitavit locum et ibi audivit missam, et multos confirmavit et infrascriptos tonsuravit : primo Petrum filium Vauterii de Rovoyria juniori ; item Johannem, Nicoletum et Bertetum, filios Johannis Chevalerii, fratres ; it. Johannem filium Guioneti d'Angins ; it. Johannem Rosseti, filium condam Bartholomei R-i ; it. Petrum Furnerii, filium Andree F-i ; it. Johannem filium J-nis de Fonte, it. Hugonetum filium Petri Grossi ; it. Vuyllelmetum filium V-ti de Playnosia ; it. Petrum Regis, filium Wullelmeti R-s, de Albino ; it. Andruetum Rosseti, filium dicti Dieuslefit R-t ; it. Michaelem Eymonedi, Raymundetum filium Vuyffredi de Chaveto, Jaquemetum de Rovoyria ; it. Amedeum de Tignuco, it. Jorgium de Rovoria, ¹ it. Guigonem Marescalci,

(1) *Effacé :* it. Johannem filium J-nis Moreti, parochie de Crosso.

Oddetum filium Vuyllelmeti de Playnesia, Andruetum Chaberti, Peronetum Xpistiani, Hugonem Pipini, Aymonetum Pupini, Johannem dictum de Belez, Michaelem Richodi, Antonium Passardi, Hugonetum de Manignia: presentes fuerunt Vauterius de Rovoyria et Jaquemetus Marescalci. — Die jovis 11ª mensis marcii visitavit dominus ecclesiam sive capellam de Means, quam asserit curatus de Marchiis esse capellam ; non audivit ibi missam nec confirmavit. Deffectus: non sunt fontes sub clavi.

Eadem die venit dominus in prioratu Sancti Bardolii et fuit ibi per totam diem veneris seq.; et fuerunt ibi expense xv lib. vii s. vii d., de quibus restituit per manum curati de Marchiis lxx s. domº priori dicti (loci). Non sunt deffectus in ecclesia. — Die sabbati de mane, quando recessit de loco, audivit ante missam et ibi confirmavit ; fuit bene gratiose receptus per priorem et monachos.

Eadem die veneris (3 mars) visitavit dominus ecclesiam de Villa Vuarmarii (al. V–lev–r.), non fuit receptus processionaliter modo debito ; audivit ibi missam per vicarium celebratam, et non confirmavit quia non venerunt parochiani. Deffectus ecclesie : curatus non facit ibi residentiam, ecclesia et presbiterium sunt discoperta, Corpus Xpisti nec fontes non sunt sub clavi, libri sunt disligati, domus ecclesie diruitur ; item alienavit bona et jura ecclesie, it. male regit se, it. ecclesia male regitur, non est ymago sancti. Non fuerunt facte expense : debet v flor. — Eadem die visitavit dominus ecclesiam Sancti Johannis de Balbiaco (al. B–bye), non audivit missam, ibi tamen confirmavit; non fuit receptus processionaliter modo debito. Non est ymago sancti, fontes nec Corpus Xpisti non sunt sub clavi, panni altaris non sunt mundi sicut decet, non est ibi Salterium, libri male sunt ligati, sunt arche in ecclesia ; capellanus male regit se, libenter ludit ad tacillos, frequ(en)tat tabernas in Chamberiaco. Non sunt ibi expense facte.

Die sabbati seq. (4 m.) visitavit dominus ecclesiam de Barbaras et ibi audivit missam per curatum loci celebratam ; non confirmavit ibi quia non venerunt parochiani. In ecclesia non est ymago sancti; fuit accusatus de concubina et tenet palam Lyonetam filiam Jaquemeti de Chavet, parochianam suam, et jacebat de puerperio. Fuerunt expense iiii gros.—Eadem die visitavit dominus ecclesiam Sancti Vincentii de Triveriis, annexam prioratui Sancti Jorii; non fuit receptus processionaliter modo debito, non audivit ibi missam neque confirmavit. Deffectus: Corpus Xpisti nec fontes sunt sub clavi, non est ymago sancti, in fenestra retro altaris non est vereria. Non fuerunt ibi expense. Regitur per unum de canonicis Sancti Jorii.

Eadem die sabbati venit dominus apud Sanctum Jorium et fuit receptus processionaliter per priorem et canonicos, et pernoctavit ibi; etiam fuit ibidem per totam diem dominicam sequentem *(5 m.)* et visitavit locum : non est ymago sancti. — Eadem die dominica visitavit dominus ecclesiam Sancti Petri de Chynino et ibi audivit missam per vicarium celebratam, et fuit ibi factus sermo per lectorem Predicatorum de Montemeliano et ibi confirmavit. Non est ymago sancti, non sunt porte in ecclesia : est annexa prioratui Sancti Jorii; batisterium non est sub clavi, in fenestra retro altaris non est vereria. — Post, eadem die, reversus fuit dominus pransurus in Sancto Jorio et post prandium in ecclesia prioratus confirmavit, et tonsuravit Antonium filium Bernardi Guiachardi, parochie de Chymino, it. Vincentium filium Mermeti Lambergoti, parochie Sancti Jorii, t(estibus) patribus eorum et presentibus. Fuerunt expense in ipso prioratu pro die sabbati et dominica xxiiii s. grossorum Turonen., de quibus restituit dominus.

Die lune vj mensis marcii audivit missam in ipso prioratu, qua dicta dom. Burno prior dicti loci fecit homagium ligium dom' episcopo et recognovit quod est homo suus ligius, et promisit per juramentum per eum prestitatum esse fidelis erga dictum dom. episcopum et sibi servare fidelitatem secundum quod in forma fidelitatis nove et veteris continentur, et juravit recognoscere infra annum, si per dom. episcopum requiratur, si(n)gulariter illa que enet dict. prior ab eodem dom. episcopo, et plura promisit sicut in instrumento per Jacobum Agni recepto continetur. — Eadem die lune dominus visitavit de mane ecclesiam de Tulhia et ibi audivit missam per vicarium loci celebratam, et ibi confirmavit et pransus fuit; deffectus ecclesie : non sunt fontes sub clavi, non sunt curtine ante altare pro Kadragesima, non sunt vererie in fenetris ecclesie, furnus est in cimiterio, curatus est excomunicatus. Fuerunt ibi expense v s. grossorum Turonen. cum dim. — Post venit dominus ad jacendum in prioratu Thoyriaci expensis dicti curati, et fuerunt expense in prioratu in sena xxxiii gros. et dim., computato grosso pro xiiii d.

Die martis vij marcii visitavit dominus ecclesiam de Coroanna et ibi audivit missam per curatum loci celebratam et ibi confirmavit : ibi non est ymago sancti nec curtine pro Kadragesima ante altare. Non fuerunt ibi facte expense. — Eadem die visitavit dominus ecclesiam de Podio-Grosso et fuit receptus processionaliter, et ibi audivit missam per vicarium loci celebratam et ibi confirmavit, et clericavit Petrum Chalamondi, de legitimo matrimonio : teste et

ibidem presente Petro de Podio Grosso domicello. Fuerunt expense
v Turon.: debet ix flor.; dominus recepit procurationem suam in
prioratu Thoyriaci pro ipsa ecclesia. Non est in ecclesia ymago
sancti nec curtine pro Kadragesima ante altare, it. non sunt libri
boni neque illi qui sunt sufficiunt, patena calicis est fracta, murus
qui est inter navem et corum ecclesie impedit videre elevationem
Corporis Xpisti, verrerie sunt dirrupte, it. panni altaris non sunt
mundi.

Die mercurii viii dicti mensis visitavit dominus ecclesiam Sancti
Michaelis de Deserto et ibi audivit missam per vicarium loci celebratam; in ipsa ecclesia non est ymago sancti; it. tenet Corpus
Xpisti in una archa, tamen sub clavi. Fuerunt expense ii Turon.
grossi : debet vii flor.

Die jovis ix dicti mensis dominus visitavit ecclesiam Sancti Johannis de Arvisio (al. Arvesio) et ibi audivit missam et fecit officium; non sunt ibi libri nisi solummodo Missale, batisterium non
est sub clavi, non est ymago sancti. Fuerunt ibi expense iii Turon.:
debet v flor. — Eadem die fecit dominus officium in prioratu de
Thoyriaco : nichil defficit ibidem. Debet pro procuratione xvii flor.
cum dim., de quibus remisit dominus v. — Eadem die in vesperis
visitavit dominus ecclesiam Sancti Albani, non fuit receptus porcessionaliter: non sunt porte in hostiis ecclesie, Corpus Xpisti non
est sub clavi neque fontes.

Die jovis in sero dominus venit in prioratu de Bacinis et fuit receptus porcessionaliter, et ibi pernoctavit. Die veneris seq. (10 m.)
fuit ibi per totam diem et fecit officium de mane; expense continentur in registro Roleti de Bellagarda. Et tonsuravit in ecclesia
prioratus predicti Franciscum et Petrum de Rovoyria, filios dom[i] P.
de Rovoyria, it. Petrum filium Antonii de Cognino, it. Andream
filium P. Verel, it. Antonium Girodi de Verel et promisit facere
addiscere Johannes de Verel ejus avunculus, it. Roletum et Guillelmum de Chamber(iaco), filios Guillelmi Atein: t(estibus) Guigone Juliani de Bacinis et Berlione de Seycello.

Die sabbati seq. (11 m.) venit dominus ad prioratum de Lemenco
justa Chamberiacum de mane et fecit ordines generales in ecclesia
ipsius prioratus. Fuit ibi per totam diem et die dominica sequenti,
etiam die lune seq.; fuerunt expense xxxvii lib.: debet xvii flor. et
dim.; dominus remisit de procuratione ii s. vi (d.) Turon. — Die
dominica seq. (12 m.) dominus celebravit in pontificalibus in ecclesia parochiali Sancti Leodegarii de Chamber(iaco) et fecit sermonem; et fuit pransus cum comitissa Sabaudie. Debet viii flor. —

Die luno seq. *(15 m.)* dominus audivit missam in ecclesia Fratrum Minorum de Chamber(iaco) per unum fratrem celebratam, postea confirmavit ot confessiones plurium audivit. — Dicta die dominus fuit pransus in prioratu et habuit secum in prandio episcopum Maurianensem ot abbatem Pigneracensem, et dominas de Chamberiaco et burgenses plures; post prandium in ecclesia prioratus ipsius tonsuravit infrascriptos.

Die martis xiiij monsis marcii visitavit dominus ecclesiam castri Chamber(iaci) do mane et ibi audivit missam per curatum loci celebratam, fecit officium : non est ibi ymago sancti; infrascripti fuerunt tonsurati. Non fuerunt ibi facto expense : debet iii flor. — Dicta die visitavit dominus ecclesiam de Cognino de mane, et ibi audivit missam per curatum loci colobratam et fecit officium : non est ibi ymago sancti ; et fuerunt tonsurati. Fuerunt expense vi s. pro potu scutiferorum : debet viii flor.

Eadem die dominus venit in prioratu de Mota et fuit ibi per vi dies, et per ipsos dies visitavit ecclesias infrascriptas ; ot fuerunt expense xlvi lib. xix s. x d.— Dio mercurii seq. *(15 m.)* visitavit dominus capellam Sancti Casini, non audivit ibi missam neque confirmavit quia non venerunt parochiani : non est in ecclesia ymago sancti, fontes non sunt sub clavi, non sunt curtine ante altare, non sunt vererie in fenestris retro altaris. Non fuerunt ibi facte expense : debet ii flor. et dim. — Eadem die visitavit dominus ecclesiam de Montagnole (*al.* M-ang-o) et ibi audivit missam per curatum de Brez celebratam, ibi fecit officium et confirmavit : non est in ecclesia ymago sancti nec libri sufficiunt, non est Antifanerius nec Logenderius nec Gradale nec Saltorium, nec vererie in fenestris, discoperta est ecclesia, pluit supra fontes, patena calicis est rupta nec sunt ibi curtine, sunt arche in ecclesia; male regitur. Non fuerunt ibi facte expense : debet v flor. — Eadem die dominus visitavit ecclesiam de Jacob de mane et ibi fecit officium: in ecclesia non est ymago sancti. Non fuerunt ibi facte expense debet ii flor. et dim.

Die jovis seq. *(16 m.)* visitavit dominus ecclesiam Sancti Sulpitii et ibi fecit officium : non est in ecclesia ymago sancti, corum ecclesie est diruptum, verrerie nont sunt in fenestris, non sunt libri boni nec illi qui sunt sufficiunt, ecclesia est dis(co)perta. Fuerunt expense : debet vi flor. — Eadem die dominus visitavit de mane ecclesiam de Bissye (*al.* B-sie) et ibi fecit officium : non est ymago sancti in ecclesia, libri sunt disligati, sunt arche in ecclesia. Debet iiii flor.

Die veneris seq. *(17 m.)* visitavit dominus ecclesiam de Vimenis de mane, et ibi audivit missam et fecit officium : non sunt ibi libri nec indumenta sacerdotalia sunt insufficientia *(leg.* s-a*)*, non est ymago sancti in ecclesia, domus ecclesie est dirupta, sunt arche in ecclesia, non sunt vererie in fenestris. Fuerunt ibi expense : debet vIII flor. — Eadem die visitavit dominus ecclesiam de Servolay, et ibi audivit missam et fecit officium : in ecclesia non est ymago sancti, non sunt ibi libri, non sunt verrerie. Non sunt ibi facte expense : debet III flor.

Die sabbati seq. *(18 m.)* visitavit dominus prioratum de Burgeto et ibi fecit officium de mane : in ecclesia non est ymago sancti, pluit in ecclesia, etiam dirupta est ; domus prioratus male regitur. Fuerunt ibi expense : debet pro procuratione xv s. et dim.

Die dominica sequenti *(19 mars)* de mane visitavit dominus ecclesiam Chamber(iaci) Veteris et ibi fecit officium ; confessiones plurium audivit : in ecclesia non est ymago sancti. Fuerunt expense : debet pro procuratione vIII s. gros. — Eadem die visitavit dominus prioratum de Mota, et ibi audivit missam et fecit officium : in ipsa ecclesia non sunt deffectus, preter quod non est ymago sancti ; in vesperis etiam confirmavit et clericavit infrascriptos. Debet pro procuratione xv s. et vI d. grossorum.

Die lune seq. *(20 m.)* visitavit dominus de mane ecclesiam sive prioratum de Voglant, et ibi audivit missam per curatum celebratam et confirmavit : in ecclesia non est ymago sancti, fontes non sunt sub clavi ; male legit curatus, non habet clericum cum superpliclo ; vererie retro altaris sunt nude. Concordavit de procuratione castellanus de Burgeto. — Eadem die visitavit dominus ecclesiam de Viveriis, et ibi audivit missam et confirmavit : non sunt deffectus, preter quod non est ymago sancti. Debet pro procuratione IIII s. grossorum, de quibus solvit mandato domini xxxvi s. ; de procuratione dominus remisit Ix s. moneto Sabaudie.

Eadem die visitavit dominus prioratum de Clariffontibus et fuit receptus porcessionaliter et intravit in ecclesia ; tunc non audivit ibi missam, set die martis seq. *(21 m.)*, et ibi fecit officium, confirmavit et clericavit : in ecclesia non est ymago sancti nec claves in fontibus ; ibique fuit per totam diem. Debet pro procuratione II s. et v d. grossorum : superfluum remisit sibi dominus de gracia. — Die martis eadem visitavit dominus de mane ecclesiam de Mayriaco et ibi audivit missam et confirmavit : non est ymago sancti ; tonsuravit ibi. Fuerunt ibi expense per familiam : debet pro procuratione v flor. — Eadem die visitavit dominus (ecclesiam) de Tresserve: non est ymago sancti; est annexa prioratui de Aquis. Non fuerunt ibi expense.

Eadem die in vesperis venit dominus causa visitationis in prioratum de Aquis. — Die mercurii seq. *(22 m.)* ibi audivit missam, et fecit officium et audivit confessiones plurium :[1] ecclesia est nabe coperta. Fuit ibi per totam ipsam diem mercurii; fuerunt expense xiii lib. ix s., absque receptis de domino : est taxatus pro procuratione ad xv s. vi d. grossorum. Ipsa die clericavit in ipsa ecclesia. — Eadem die visitavit dominus ecclesiam de Pognye, et ibi audivit missam et confirmavit : in ecclesia non est ymago sancti nec sunt libri boni, curatus non habet[2] Salterium. Non fuerunt ibi expense : debet pro procuratione iiii s. — Eadem die visitavit dominus ecclesiam Sancti Sigimundi, et ibi non audivit missam neque confirmavit : in ecclesia non est ymago sancti, non sunt libri sufficientes, fontes non sunt sub clavi, ecclesia est discoperta, minatur ruinam ; est annexa prioratui Sancti Pauli. Non fuerunt ibi expense.

Die jovis seq. *(23 m.)* visitavit dominus ecclesiam sive prioratum Sancti Pauli; locus est interditus auctoritate litterarum pape : ecclesia est dirupta. Comes debet procurationem. — Eadem die visitavit de mane ecclesiam de Moussye, et ibi audivit missam et confirmavit : in ecclesia non est ymago sancti. Fuerunt ibi expense xv s. parvos : debet pro procuratione ix flor. — Eadem die visitavit dominus ecclesiam de Sonaaz, et ibi audivit missam et confirmavit : non est in ecclesia ymago sancti. Debet pro procuratione ix flor. : non ibi expense. — Eadem die in vesperis venit dominus ad jacendum in prioratu de Lemenco.

Die veneris seq. *(24 m.)* fuit dominus de mane in ecclesia Sancti Leodegarii Chamberiaci et vestibus pontificalibus indutus consecravit duo altaria, et ibi audivit missam per vicarium loci celebratam. — Eadem die exivit dominus de Chamberiaco et venit de mane ad ecclesiam de Cou, et ibi audivit missam et confirmavit. Debet pro procuratione vi flor. : fuerunt ibi expense ix s. — Eadem die venit dominus de sero in ecclesia Sancti Johannis de Scalis, et ibi pransus fuit in pane et aqua.

Die sabbati seq., in festo Anunciationis beate Marie *(25 m.)*, celebravit dominus in pontificalibus in ecclesia parochiali de Scalis et, post prandium quod fecit dominus in prioratu Sancti Johannis predicto, confirmavit in ipsa ecclesia S[i] Johannis et clericavit infrascriptos. Non fuerunt computate expense. — Die dominica seq.

---

(1) *Effacé* : ymago sancti non est. — (2) *Effacé* : Breviarium neque.

de mane reconsiliavit dominus cimiterium Sancti Johannis Hospitalis predicti.

Die dominica sequenti *(26 mars)* visitavit dominus ecclesiam Sancti Petri de Genebreto in Sabaudia et fuit receptus porcessionaliter; non audivit ibi missam neque confirmavit, set fecit venire aliquos p(ar)ochianos ad ecclesiam Sancti Xpistofori : ibi non est ymago sancti, Corpus Xpisti non est sub clavi. — Eadem die de mane visitavit dominus ecclesiam Sancti Xpistofori et ibi audivit missam per curatum loci celebratam, et post prandium confirmavit; ipsa die clericavit primo. Non est in ecclesia ymago sancti nisi in pictura, nec Corpus Xpisti sub clavi nec est in loco debito. Debet pro procuratione.

Eadem die de sero venit dominus in prioratu de Miribello et ibi pernoctavit expensis prioris. — Die lune seq. *(27 m.)* de mane in ipso prioratu audivit missam et, missa audita, confirmavit et clericavit infrascriptos, et etiam cimiterium violatum reconsiliavit; in ecclesia non est ymago sancti, Corpus Xpisti non est sub clavi, aliqua pars ipsius ecclesie est dirupta, domus prioratus diruitur. Potaverunt ibi scutiferi et habuerunt avenam rocini. Item, facto officio, venit ad castrum et visitavit dominam Miribelli. — Die lune predicta venit dominus in ecclesia Sancti Laurencii de Deserto et ibi confirmavit, et penitentias plurium audivit et clericavit infrascriptos; in ecclesia non est ymago sancti nec Corpus Xpisti sub clavi. Curatus multum graciose se habuit; in hospicio curati fuit pransus dominus et ibi fuit per totam ipsam diem lune.

Die martis seq. *(28 m.)* de mane visitavit dominus ecclesiam de Vileta, et ibi fecit officium et plurium penitencias audivit : non sunt fontes sub clavi, non sunt aliqui libri. — Item, ibidem et eadem die recepit dominus resignationem ecclesiarum de Marczasz, diocesis Viennensis, auctoritate dom¹ archiepiscopi Viennensis et de Funtanis auctoritate ordinarii, ex causa permutacionis ipsarum ecclesiarum, et earumdem ecclesiarum rectores permutatos instituit in eisdem ecclesiis, ut in nota inde recepta continetur. — Dicta die martis in mane visitavit dominus ecclesiam Sancti Apri, et ibi audivit missam per vicarium loci celebratam et confirmavit : in ecclesia non est ymago sancti, Corpus Xpisti nec fontes sunt sub clavi; dominus audivit ibidem confessiones plurium. Potaverunt ibi scutiferi. — Dicta die et de mane visitavit dominus ecclesiam Sancti Stephani de Croseyo, et ibi audivit missam et confirmavit, et confessiones plurium audivit : in ecclesia non est ymago sancti nec fontes sunt sub clavi, verarie sunt nude; ipsa die in ipsa ecclesia clericavit. Fuit ibi pransus dominus et ibi jacuit. Die mercurii de mane reconsiliavit cimiterium.

Die mercurii seq. *(29 m.)* visitavit dominus ecclesiam Sancti Johannis de Salmoyrenc prope Voyronem de mane et ibi celebravit in pontificalibus, et fuit factus sermo per unum fratrem Minorem de Morenco, et missa dicta confirmavit : in ecclesia non est ymago sancti; curatus studet Grationopoli. Fuit ibi per totam diem et clericavit infrascriptos.

Die jovis seq. *(30 m.)* visitavit dominus ecclesiam de Machorins de mane, et ibi audivit missam per curatum dicti loci celebratam et confirmavit : in ecclesia non est ymago sancti, Salterium non est ligatum. Potaverunt ibi scutiferi tantum. — Eadem die visitavit dominus de mane ecclesiam de Torvone et reconsiliavit cimiterium ecclesie, post audivit missam et confirmavit : in ecclesia non est ymago sancti, fontes non sunt sub clavi, libri non sunt sufficientes. Non fuerunt ibi expense. — Eadem die visitavit dominus de mane ecclesiam de Comblevin et ibi confirmavit : in ecclesia Corpus Xpisti non est sub cera.

Die veneris seq. *(31 m.)* visitavit dominus ecclesiam de Buxia de mane et fuit processionaliter et gratiose receptus, ibi confirmavit et tonsuravit; fuit ibi pransus cum eo mistralis Vienne. Ecclesia que erat destructa propter guerras reparatur et etiam hospitia.

Die ...., cum veniebat de Bellovidere, visitavit dominus ecclesiam Sancti Vincentii de Plaustro et ibi audivit missam et confirmavit. Debet pro procuratione ii s. vi d. grossorum : non fuerunt ibi facte alique expense.

Die dominico post festum Assumptionis Domini *(28 mai)* visitavit dominus ecclesiam et prioratum de Domena, et ibi audivit missam per quemdam monachum celebratam et fuit sermo factus in missa per fratrem Andream de Bessiis; qua missa dicta, dominus populum confirmavit et plures ymagines benedixit. Quibus factis, intravit dominus capitulum et fecit convocari priorem et monachos suos, qui sunt et esse debent xii excepto priore, et cum ipsis habuit collacionem et priorem monuit super reformatione status ecclesie et domum prioratus, et super servitio Dei continue faciendo; et cum ad audientiam ipsius pervenisset quod quidam ex ipsis monachis incedebant sepe per villam cum armis, ordine religionis minime servato, et tripidiando per villam inter populum secularem cum suis vestibus, pro quibus unus scutifer plus facere non posset et de diversis coloribus, super quibus monuit priorem ex officio quod super hoc provideat de remedio et monachos ad regulam revocet et reducat.

Die lune seq. *(29 m.)* visitavit dominus ecclesiam Sancti Johannis Veteris de mane et ibi audivit missam per curatum loci celebratam, et post populum confirmavit : non est ecclesia munita de libris competentibus nec de pannis altaris nec de vestibus sacerdotalibus. Non fuerunt ibi facte alique expense, ymo pransus fuit dominus in domo dom¹ Guigonis de Comeriis militis subtus dict. ecclesiam. Debet pro procuratione iiii flor. auri.

Die martis seq. *(30 m.)* visitavit dominus ecclesiam de Froglis de mane, et ibi audivit missam per curatum celebratam et confirmavit : non est ymago sancti, Corpus Xpisti nec fontes sunt sub clavi; et fuit ibi pransus dominus expensis curati et fuerunt expense iiii lib.

Eadem die venit dominus causa visitationis ad jacendum in prioratu de Campo, et fuit ibi gratiose per priorem et monachos receptus, et ibi cenavit. Etiam fuit ibidem die mercurii *(31 m.)* per totam diem, et ibi audivit missam et confirmavit : in ecclesia non sunt fontes sub clavi. Prior noluit computare, set expense non ascendunt ad summam. — Eadem die visitavit dominus ecclesiam de Petra, dicto prioratui annexa(m), et ibi audivit missam per vicarium loci celebratam et confirmavit.

Die jovis seq. *(1ᵃ juin)* visitavit dominus ecclesiam de Thesio, et ibi audivit missam et confirmavit et clericavit. Fuit expensis dicti curati per totam diem, que ascendunt ad xx lib.

Die veneris seq. *(3 j.)* visitavit dominus ecclesiam de Adestris de mane, et ibi audivit missam per curatum loci celebratam et ibi confirmavit. Ibi pransus fuit expensis curati et fuerunt expense ix lib. : debet pro sero ii flor. Non est tectum supra ecclesiam et tota diruitur, et diu fuit in illo statu; monuit dominus parochianos quod unusquisque ipsorum contribuat in rep(ar)atione ecclesie, et priorem de Campo si teneatur contribuere. Fuit accusatus curatus dicti loci de usura.

Eadem die venit dominus ad jacendum in domo sua de Vennone, et ibi fecit vigiliam et festum Pentecostes. Die Pentecostes *(4 j.)* fuerunt pransi cum eo plures milites.

Die mercurii post Pentecosten *(7 j.)* visitavit dominus ecclesiam de Versatorio de mane, et ibi audivit missam et confirmavit. Non fuerunt ibi facte expense : debet pro procuratione ii flor., de quibus remisit dominus sibi i ad preces dom¹ H. de Comerii. — Eadem die venit dominus ad visitandum in ecclesia Sancte Agnetis, et ibi audivit missam de mane et confirmavit. Fuit ibi per totam diem expensis curati et ibi jacuit; fuerunt expense xi lib., de quibus

debet solvere terciam partem curatus Montis Aymonis : non vult
plus habere dominus. — Eadem die visitavit dominus ecclesiam
Montis Aymonis post prandium et ibi confirmavit.

. Die jovis seq. *(8 j.)* visitavit dominus ecclesiam de Valle de
mane, et ibi audivit missam per vicarium loci celebratam et confirmavit; et pransus fuit et fuerunt expense vi lib. : computo facto
debet pro procuratione v flor. Corpus Xpisti neque sacri fontes sunt
sub clavi, presbiterium est discopertum, non sunt ibi libri boni,
ecclesia regitur per unum laicum, non facit ibi curatus residenciam
personalem neque in ecclesia servitur more debito et consueto ;
supplicaverunt parochiani domino quod dare vellet eis rectorem
dicte cure et animarum suarum, cum diu est ipso caruerunt.

Die xxij mensis maii anno XL dom. episcopus providit ecclesie
de Buxeria, Grationopolitane diocesis, de dom° Jacobo olim curato
de Grignone, ex causa permutationis ad ipsam ecclesiam de Grignone faciendam, resignatione primitus recepta de ipsa ecclesia de
Buxeria per ipsum ex causa permutationis predicte ; et versa vice
dom. episcopus predict. providit ecclesie de Grignone, dicte diocesis, de dom° Johanne Betonis, olim curato de Buxeria, via permutationis et resignationis modo et forma quibus supra : que quidem
ecclesie spect...., ut dicitur, ad presentationem prioris prioratus
de Baralibus. Presentes fuerunt ibidem dom. Leuzo prior Sancti
Donati, dom. Jacobus Brunerii, legum doctor, et dom° Jo. Armueti, canonico Sancti Andree Grationopolis, et pluribus aliis ;
actum in domo episcopali Grationopolis.

VISITE PASTORALE DE 1356.

In nomine Domini, amen. Anno ejusdem mill'o CCC° LVJ°, die veneris ante festum kathedre sancti Petri, que fuit dies xix° mensis febroarii, prius incepit visitare ecclesias Grationopolitani episcopatus vir nobilis et religiosus frater Johannes de Valle Navigio, ordinis Sancti Anthonii Viennensis, virtute comissionis per reverendum in Xpisto patrem et dominum dom. Rodulphum, Dei miseratione Grationopolitanum episcopum, specialiter sibi facte ad inquirendum inquirenda, reformandum reformanda et c.; qui quidem frater Johannes, ipsam comissionem cupiens debito effectui mancipare, processit ut inferius continetur.

Et primo, die veneris quo supra, fuit visitata ecclesia Beate Marie de Malclusa, in qua servit dom. Amblardus Gabellardi; in qua, servata forma memorialis per dict. dominum exibiti, inspecto altari inventum fuit debite ordinatum et munitum, altare consecratum set non ecclesia, custodia Corporis Xpisti fustea et ibidem ipsum Corpus Xpisti repositum sine sindone aut alio mundo panno, calix et pathena sufficiens et integer, sanctum crisma et utrumque oleum ad sufficienciam erant ibi sub cera et fida custodia, sacri fontes sine sera et coperculum ipsorum penetratum et sine tegimine lineo; deinde inquisitum fuit cum dicto dom. Amblardo de statu parrochianorum suorum et de statu circumstantium sacerdotum, qui quidem de eis nescit nisi omne bonum : cetera bene per omnia. Testes dom. Humbertus Michaelis presbiter, Johannes Bernardi, Guillelmus Gierii dixerunt ipsum dom. Amblardum esse vite laudabilis; publicata fuit ei monitio et facta proibitio ne foccariam teneat, et inde requisitum publicum instrumentum. — Item, eisdem anno, die et mense, dom° Guillelmo de Pratis existente rectore ecclesie Beate Marie de Monte, fuit ipsa ecclesia per si(n)gula membra ut supra examinata, que per omnia inventa fuit bene ordinata et rector vite laudabilis, excepto quod fontes erant sine sera et sine coopertura

3

lanea vel linea, et oleum infirmorum non erat ibi ; et sibi facta fuit intimatio monitionis et prohibitio ut supra , et inde requisitum publicum instrumentum. Interrogatus de fama aliorum sacerdotum, dixit eos esse probos ; testes Johannes (et) Durandus Moreti fratres. — Item, predictis die, menso et anno, ibidem fuit examinatus status ecclesie Sancti Marcelli et rectoris ejusdem, quia obstante malicia temporis et locorum nequivit aliter fieri , que satis debite regitur relatu curati predicti B* Mario ; et ipsi curato injunctum ut intimaret monitionem curato S¹ Marcelli predicto, et inde etiam requisitum instrumentum , coram testibus suprascriptis.

Item, die xx* dicti mensis februarii, fuit visitata ecclesia de Barralibus , in qua inventus fuit curatus vite laudabilis et ecclesia debite ordinata, excepto quod super fontes non erat coopertura linea nec lanea ; interrogatus dict. curatus de statu parrochianorum, dixit quod bene nitu(n)tur vivere secundum Deum. Cui curato et vices gerenti priori fuit facta intimatio monitionis per publ. instrumentum inde notatum ; testes Guigo de Bella Comba , Petrus Barralis, Johannes de Platea, vocati una cum pluribus aliis ad premissa. — Item, ipso die fuit visitata ecclesia seu capella de Bella Comba, convenienter per omnia ordinata, excepto quod in fontibus non erat sera nec tegmen lineum, nec oleum infirmorum inventum fuit ibi ; dom. Guillelmus Brunoudi est ibi rector pauperrimus. Interrogatus de fama aliorum sacerdotum, dixit quod nescit aliquod sinistrum in aliquo ipsorum. — Item, eodem die fuit visitata ecclesia de Chappa Ruyllent, que multum est et fuit lesa propter guerras ; curatus bone vite et laudabilis inter notos. Facta fuit ei intimatio dicte monitionis et proibitionis ut supra, et inde requisitum instrumentum ; interrogatus de fama circumstantium sacerdotum , dixit eos esse bone fame.

Item, die xxi* dicti mensis, fuit visitata ecclesia de Mians, annexa ecclesie de Muris, ubi in altari invente fuerunt due mape tantum et palla, calix de plumbo, fontes sine sera et sine coopertura linea vel lanea : cetera bene erant ibidem ordinata. Intimata fuit monitio et facta proibitio ut supra per instrumentum. — Johannes Bernardi, qui est ibi parrochianus, dicitur quod est sortilegus et quod per verba et nepharios actus asserit se multos languores sanare et inter cetera dicit verba super nucleum nucis, propter que dicit ipsum nucleum esse magis ponderosum, cum quo nucleo multos fideles ad infidelitatem trait et multis aliis seductionibus nefandis, ut labitur infamia contra eum in patria convicina. — Item, eodem die fuit visitata ecclesia de Muris, videl. de Marchiis, ubi tunc erat rector absens; ubi inventum fuit Corpus Xpisti siné aliquo panno vel sindone, oleum infirmorum non erat ibi licet ibidem esset vasculum cum aliis cum debito signo scripture : cetera bene. Intimatio monitionis fuit ibi facta et proibitio ut supra per instrumentum ; testes Guillelmus Bermundi, Johannes del Chavo, Perretus Cassini. — Item, in dicta die fuit visitata ecclesia de Francino, cujus rector interrogatus singulariter ut supra inventus fuit sufficienter instructus et ecclesia sua debite ordinata, excepto quod super fontes non erat tegimen lineum neque laneum : cetera bene ; interrogatus de fama sacerdotum circumstantium, dixit eos esse vite laudabilis. Intimatio monitionis fuit facta ipsi curato et prohibitio ut supra per instrumentum ; testes Johannes Bonerii, Guillonus Textoris.

Item, die xxii° ipsius mensis febroarii, fuit visitata ecclesia seu capella Montis Meliani, in qua capella fuit inventum Corpus Xpisti in vasculo sine panno aliquo sive sindone: cetera bene. — In prioratu de Albino fuit publicata monitio et inde confectum instrumentum ; testes dom. Vifredus Bertrandi capellanus, fratre Girardo de Bue monacho. In illa ecclesia omnia bene sunt ordinata. — Narravit ibi dom. Vifredus Bertrandi quod Andreas Guigonerii de parrochia sua habet duas uxores sibi matrimonialiter copulatas, de quo idem d. Vifredus curatus dicti loci dixit maximum murmur esse in dicto loco et maximam infamiam contra ipsum Andream, de quo idem curatus conscienciam suam exhoneravit et de hiis consienciam dom¹ episcopi honeravit, in presentia testium supra scriptorum ; interrogatus que erant nomina ipsarum uxorum, dixit quod totaliter ignorabat. — Item, dicto die fuit visitata ecclesia de Crues, bene per omnia ordinata ; curatus dicti loci vite multum laudabilis. Intimata fuit ei monitio et c. per instrumentum. Interrogatus de sacerdotibus circumstantibus, dixit eos esse bonos ; testes Johannes Bonerii, Guillonus Teyseyre.

Item, die xxiii° fuit visitatus prioratus ecclesie de Porta et eis facta intimatio coram testibus quibus supra : ibi non est cura. — Item, dicto die fuit visitata ecclesia Sancti Johannis de Porta, que fuit inventa per omnia debite ordinata ; curatus dicti loci vite laudabilis. Intimatio monitionis et aliorum fuit ei facta. Interrogatus de vita sacerdotum, dixit quod bene se habent ; t(estes) p(resentes) Martinus Maynerii, Nicholetus Valoni, Guilletus Michaelis. — Item, eodem die fuit visitatus prioratus de Monteylloso, in quo prioratu famuli prioris precepto ipsius clauserunt januas ne frater Johannes et sui sequaces ingrederentur, et facta processione et aliis modo debito intimata et publicata fuit ibi ante januam dicti prioratus monitio viva et alta voce per ipsum fratrem Johannem emissa, et inde per eum requisitum publ. instrumentum, cum protestatione dampnorum et expensarum et c. ; t. p. Guillelmus Textoris Petragoricensis diocesis, Villermus Vernesii Mauriennen. dioc., Johannes Bonerii Grationopolitan. dioc.

Item, die xxiiij dicti mensis febroarii, visitata fuit ecclesia de Grisiaco, in qua est rector dom. Jacobus de Bullato ; in qua fuit inventum Corpus Xpisti super altare in quadam caxula sine sera, amixtum cum reliquiis sine medio et sine sindone aut alio panno mundo, fontes sine coopertura linea, oleum infirmorum non erat ibi : cetera bene et curatus vite laudabilis. Cui intimatio monitionis et aliorum debite facta fuit ; t. p. Johannes Bonerii, Guillonus Textoris. — Item, eodem die fuit visitata ecclesia de Fracta Rippa, in qua est rector dom. Johannes Pasquete, bone per omnia ordinata ; interrogatus de sacerdotibus circumstantibus, dixit quod bone vite et fame sunt, excepto dom° Johanne de Aryesio qui, licet aliter teneat bonam vitam, tenet ibi prope quandam maladeriam quam, una cum omnibus bonis ipsius maladerie, ducit ad dissipationem et nullum servicium ibi impendit nec hospitalitatem aliquam ibi facit, sed capella et c(etera) pereunt defectu rectoris et peribunt forcius si ipse longo tempore fuerit ibi rector. Intimatio monitionis et prohibitio facta fuerunt ei per publ. instrumentum ; t. p. fratre Johanne de Valle Navigio et Guillono Textoris ad premissa requisitis. — Item, ecclesia seu prioratus de Lemenco eodem die, in quo omnia inventa fuerunt bene ordinata ; interrogatus curatus dicti loci ordinarie ut supra, inventus fuit sufficienter informatus. Intimata fuit ibidem monitio et requisitum instrumentum ut supra.

Item, die xxv ejusdem mensis febroarii visitata extit(it) ecclesia Chambayriaci Veteris, que inventa fuit bene per omnia ordinata et rector bene laudabilis (al. sacerdos bone vite); cui intimatio (add. monitionis et prohibitio) facta fuit ut supra. — Item, ecclesia Beati Petri de Albigniaco, in qua est rector dom. Hugo Coste, fuit inventa bene ordinata quantum ad rectorem. Parrochiani dicti loci tunc proposuerunt quod edificium ecclesie defectu prioris, patroni ipsius ecclesie, et curati dicti loci in parte corruit in ruinam ; item proposuerunt ibidem dicti parrochiani et valde super hoc omnes comuniter conqueruntur super eo quod pro reparanda capella Sancti Nicholay eidem ecclesie contigue, que in parte dissipata est, cujus reparatio pertinet ipsis parrochianis, nec non et pro campanili reparando in parte dissipato, fuit facta tayllia in dicto loco, quam taylliam recuperavit dom. Johannes

Fissarelli modernus curatus de Moyrenco, quam exponere renuit ubi debet, que tayllia ascendit summam L flor.; it. consequenter conqueritur Melmetus Barberii proponens contra dom. Johannem de Arvesio presbiterum, quod idem dom. Johannes tenet quandam capellam in dicta ecclesia sitam, fundatam in honore beate Marie, patronatus prioris de Porta, cujus domos omnino ducit ad dissipationem, munimenta et omnia utesilia dicte capelle eodem modo, vineas non colit sed destruit ita quod valor earum ad nichilum devenit, dicte capelle servicium aliquod non impendit, vagus est et instabilis in opere et sermone, quod iddem facit etiam de maladeria Fracte Rippe: et de hiis est maximus rumor in dicto loco apud omnes contra eum et in locis ibi circumvicinis. Interrogati multi ex parrochianis de vita et conversatione dicti curati et aliorum sacerdotum ibi residentium, tulerunt de ipsis omne bonum testimonium, excepto dicto dom. Johanne; intimatio et cetera ibi facta fuerunt ut supra monitionis et aliorum quorum supra. — Item, eodem die fuit visitata ecclesia de Tuyllia, que convenienter inventa fuit bene per omnia ordinata, et curatus bone vite et laudabilis; interrogatus de rectoribus aliarum ecclesiarum propinquarum, dixit quod omnes quos novit bene se regunt, excepto dom' Johanne de Arvesio supra dicto. Intimatio monitionis et aliorum quorum supra facta fuit modo quo supra.

Item, die XXVI predicti mensis nichil potuit examinari in ecclesia de Curienna, quia tunc temporis rector erat detentus apud castrum de Plana et ecclesia clausa: dixerunt tamen vicini circumstantes quod circa servicium ecclesie bene se habet dum est in parrochia illa, aliud dixerunt quod nesciunt nisi bonum. — Item, in Podio Grosso non erat rector. — Item, eodem die fuit visitatus prioratus Thoyriaci, qui interius et exterius multum bene ordinatus, et curatus bone fame; interrogatus de vicinis rectoribus ecclesiarum, dixit quod in eis non novit nisi bonum. Intimatio et cetera ibi facta fuerunt modo quo supra. — Item, eodem die fuit visitata ecclesia Sancti Johannis de Arvesio, in qua est curatus dom. Guifredus de Balma, qui tunc temporis erat absens, set loco ipsius serviebat ibi dom. Petrus Moriseti, curatus de Barbie; in altari non fuit inventa nisi una mapa subtus pallam, oleum infirmorum non erat ibi, fontes sine sera, coperculum foncium ita parvum quod non poterat plene tegere totam aquam, linteum aliquod non erat superpositum: rector dissipavit quamdam grangiam ecclesie et maeriam combussit, it. eciam et quamd. aliam domum una cum dicta grangia funditus dissipavit; libri non sunt ibidem sufficientes. Intimatio et prohibitio facta fuit dicto dom. Petro modo quo supra. Interrogatus de fama vicinorum sacerdotum, dixit quod non audivit eorum infamiam; t. p. nobili Hugoneto de Poysato, Nantermeto Terrayllii, Guigon. Chaponis, P. de Gillie. — Item, quia propter perversitatem temporis ecclesia de Deserto tunc non potuit visitari, dom. Guigo Massonis rector dicte ecclesie, ad requisitionem fratris Johannis in ecclesia S' Johannis predicti evocatus specialiter, constitutus et interrogatus, juramento per eum prius exibito de facto ecclesie sue dicere veritatem, per singula ut supra, conquerendo de regimine predecessoris sui, dixit quod domus dicte sue ecclesie multum dissipate sunt et multe possessiones alienate culpa ipsius predecessoris; interrogatus singulariter de statu ecclesie, dixit quod omnia ibi bene sunt ordinata, excepto quod ibi non est oleum infirmorum. Facta fuit ei, coram predict. testibus, intimatio monitionis et c. ut supra. — Item, eodem die fuit visitatus prioratus de Bacino; prior non fuit tunc inventus, set intimata fuit ei in propria persona monitio apud Chambayriacum die proxime sequenti et actum ut supra.

Item, die xxvii° ejusdem mensis, visita(ta) fuit ecclesia de Sonnas, in qua fuerat rector Franciscus filius domini de Sonnas, modernus canonicus Bellicensis, qui dum ipsam ecclesiam tenuit omnia bona ipsius multum turpiter dimiserat dissipari et maxime domos ipsius ecclesie tam in parietibus quam in tecto; dom. Jacobus Maygnonis est ibi nunc rector novus, qui multum conatur ad reparandum ea que viliter fuerant dissipata: oleum infirmorum non inventum fuit ibi, cetera bene. Monitio intimata fuit et cetera modo quo supra. Interrogatus dictus dom. Jacobus de sacerdotibus vicinis, dixit quod multum bene et honorabiliter exercent facta sua et sine infamia. — Item, eodem die fuit visitata ecclesia de Mayriaco, que per omnia inventa fuit bene ordinata, et curatus dicti loci multum amabilis et gratus parrochianis suis; super fontes non erat linteum, cetera bene. Monitio fuit ei intimata in prioratu de Claro Fonte, in presentia dom' prioris dicti prioratus et aliorum de domo, et alia ut supra; testes de fama ipsius Thomas Clavelli, Stephanus Servientis, Johannes Dalphini. — Item, eodem die fuit visitatus prioratus de Claris Fontibus, in quo supreme inventa fuerunt omnia bene ordinata; prior dixit quod tenetur ad solvendum procurationes Sancti Pauli et de Moyssiaco. Intimatio monitionis fuit eidem facta modo quo supra.

Item, die ultima dicti mensis (28) fuit visitatus prioratus de Aquis, ubi bene fuit inventum ordinatum. Monitio eis de claustro et precipue dom° Stephano de Chastilione, canonico et acensatore dicti prioratus, fuit intimata et publicata coram dom^s Petro Poyllani, curato dicti loci, et Guillelmo de Turre Veteri, canonicis dicti prioratus, et actum ut supra.

Item, die 1ᵃ mensis marcii fuit visitata ecclesia de Viveriis, in qua inventum fuit Corpus Xpisti super altare ante ymaginem beate Marie in quadam caxula sine sera ; ecclesia tamen celebrata missa firmiter clauditur cum clavo, ita quod non videtur ibi appare(re) periculum aliquod ; calix est in pede enormiter fractus, inventum non fuit oleum infirmorum, cetera bene. Curatus bone fame ; testes de fama ipsius P. de Boneto, Jaquetus Morerii, Aymonetus de Voreysino, Johannes Cochoni, clericus. — Item, eodem die fuit visitatus prioratus de Borgeto, ordinis Clun(iacensis), et littere presentate dom° Girardo de Podio Molano, priori dicti prioratus, presentibus dom° Francisco Bertini, curato dicti loci, Hum. Polarii et Guillelmo Catonis, clericis, Gamoto Vallada, famulo dicti prioris, modo quo supra. In prioratu illo male per omnia. — Item, eodem die visitata fuit ecclesia de Cervolay, in qua est rector dom. Guillelmus de Canalibus ; Corpus Xpisti inventum fuit super altare in quadam caxula sine sera, ecclesia aperta, oleum infirmorum non erat ibi : cetera bene. Curatus vite laudabilis ; testes de fama ipsius Guionetus de Cervolay, Aymonetus Paschalis, Johannes Guigonis, Oudrinus Durandi, coram quibus fuit monitio intimata et c. ut supra. — Item, eodem die fuit visitata ecclesia de Bissie, in qua est prior dom. Jacobus de Sancto Vitali, qui eciam est curatus : fontes ibi inventi fuerunt sine sera et sine linteo desuper posito : cetera bene per omnia. Monitio fuit ei publicata coram Andrea Durfer et Guillono Textoris, et actum ut supra. — Item, eodem die visitata fuit ecclesia de Cognino, in qua fuerunt omnia inventa in bono statu.

Item, die 11ᵃ mensis marcii fuit visitatus prioratus de Mota, qui per omnia inventus fuit bene ordinatus. Intimata fuit monitio curato et ceteris in dicto prioratu residentibus, in ecclesia dicti loci ; presentibus dom° Stephano Codurerii et Thoma Barberii. — Item, eodem die fuit visitata ecclesia Sancti Supplicii, que inventa fuit competenter ordinata, excepto quod Corpus Xpisti inventum fuit in quadam archa bassa, fontes sine linteo desuper ; dom. Johannes de Boneto regit ibi, qui inter notos est bone vite et fame laudabilis, et bene servit ecclesie ; testes de fama ipsius Johannes filius Babelle Regine, Guillonus Textoris, coram quibus fuit monitio publicata et c. ut supra. — Item, predicto die fuit visitata ecclesia de Cou, que multum bene regitur per dom. Johannem de Monte Gelato, curatum dicto ecclesie, et multa ibi reficit; bonam famam habet in dicto loco et inter propinquos sacerdotes. Intimata fuit ei monitio, presentibus Guillono Textoris et Johanne Bonerii, et alia ut supra. — Item, eodem die fuit visitata ecclesia de Vimenes, in qua ut patet male per omnia : ipsa ecclesia combusta est, altare dissipatum; curatus dicti loci tenet quamdam foccariam de Chambayriaco Veteri dictam Rupham, a qua habuit vij parvos, rixosus est, ebriosus et vilis nature et conditionis, in tantum quod non audet ibi morari et multa mala dicunt circumstantes de eo : omnes parrochiani sui malo contentantur de eo. Monitio publicata fuit Perreto et Johanni Villermi, quia curatus erat absens, et eis injunctum ut ei notificarent.

Item, die jovis ante Carniprivium novum, que fuit dies iijᵃ mensis marcii predicti, fuit visitata ecclesia Beati Petri de Chambayriaco in qua est rector dom. Henricus Eschaqueti, qui tunc erat absens; ecclesie predicte male servitur, parrochiani super hoc multum murmurant et male contentantur : ecclesia discoperta et male per omnia ordinata, fontes sine linteo. Monitio fuit publicata domᵒ Mich. Davidis, qui ibi est vicearius, presentibus Petro de Frumento, Jaquemeto Grilleti, Petro Pirroni, et alia ut supra. Tayllia facta fuit ibi pro reparatione dicte ecclesie et per Johannem Aqueli et Anthonium Coperii collecta, et nichil ibi operantur nec faciunt operari. — Item, quia propter maliciam locorum et temporum infrascripte ecclesie non potuerunt visitari, fuerunt rectores apud Chambayriacum evocati die quo supra et diligenter examinati super factis ecclesiarum suarum, et eis littere intimate et publicate et c. ut supra et per instrumentum. Ecclesie sunt iste :   . — Item, eodem die fuit visitatus prioratus Sancti Bardulphi, qui bene fuit inventus ordinatus et ecclesie bene servitur; et monitio per instrumentum ibidem publicata.

Item, die sabbati seq. que fuit dies v mensis marcii, mane fuit visitatus prioratus Sancti Georii, qui per omnia bene fuit et laudabiliter ordinatus; et monitio per instrumentum ibidem publicata. — Item, eodem die eciam fuit visitata ecclesia de Buxeria modo quo supra.

Item, die xix aprilis fuit visitata ecclesia de Polenaf, que fuit reperta in omnibus in competenti statu, ecclesia excepta que tamen reparatur in presenti; et fuit facta intimatio monitionis domᵒ Guidoni Raffni, qui ibidem trahit moram, quia curatus non erat presens. Facta fuerunt hec in presentia Johannis Bonerii et Guillelmi Textoris. — Item, die supradicta fuit visitata ecclesia de Cras, que reperta est in competanti statu, et est ibi curatus

, bone vite ut est fama inter suos; et fuit eidem facta intimatio monitionis quatenus solvat procurationem justa taxam pape Benedicti XII, videl. IIII^xx gross, in mensem : hoc in presentia Johannis Bonerii et Guillelmi Textoris. Sunt ibi xxx ignes. — Item, eadem die et anno fuit visitata ecclesia de Fortarecia, que etiam reperta est in competenti statu, et dom. Jacobus   curatus dicti loci honeste vite; et sunt ibi bene IIII^xx ignes. Et facta fuit eidem intimatio quod solvat ut supra, presentibus testibus ut supra. — Item, eadem die et anno visitata fuit ecclesia de Quincevo, que etiam in condecenti statu est reperta, una cum curato qui vocatur dom. Jacobus Manini. Facta fuit eidem intimatio monitionis quod solvat ut supra et presentibus testibus supradictis; sunt ibi xxx ignes. — Item, eadem die et anno fuit visitata ecclesia de Serris, que minatur ruinam, alias competenter regitur et est ibi curatus dom. Guillelmus Aclardi vite honeste; et fuit eidem facta intimatio monitionis quod solvat procurationem ut supra et presentibus testibus supradict. Sunt ibi xxxvi ignes.

Item, anno quo supra, die xix^e aprilis fuit visitatus prioratus de Chacellay, quem tenent arendatum Gononus Gatarelli et Guillelmus Chalamelli, per quem G. Clalamelli alio absente male fui recollectus; ecclesia competenter gubernata, rector honeste vite. Fuit ibi facta intimatio processuum ut solvant procurationem ut supra, presentibus dom^s Andree Pachonis curato dicti loci, Johanne Bonerii, Guillelmo Textoris. Honeribus omnibus suportatis dant de prioratu annis singulis xxx flor. et, ut fama est in loco, lucrantur tottidem. Sunt ibi circa L ignes. — Item, in eodem loco fuit denuntiatus Petrus Montellonis dictus Quoquatus, quod ipse est sortilegus, incantator, divinator, de nocte vadit quocumque, intrat per cameras clausas, latrocinia revelat, multa talia facit, loquitur cum mortuis, futura prenunciat: fama talis est in loco. Isti fuerun(t) denuntiatores : Guillelmus Chalamelli et Caterina ejus uxor, Johannes Rubeti, Johannes Monerii alias Bergier, Guillelmeta uxor condam Petri Borelli, Pevella uxor Petri Rubei; nec ad ecclesiam venit nisi invitus et tarde. — Item, eadem die fuit visitata ecclesia Beate Marie de Techia, nec erat curatus ibidem, set ut dicebatur venerat ad dom. episcopum; fuit tamen facta intimatio monitionis ut (solvat) procurationem, coram aliquibus suis parrochianis videl. Petro Veycellerii, Johanne Motanerii, Johanne Bonerii. Ecclesia male regitur, minatur ruinam, fontes sine cera, altare male ornatum, lapis sissus per medium, Corpus Xpisti sine sera; et quia male providetur de rectore, parrochiani obmittunt ecclesiam reparare.

Item, anno quo supra, die xx aprilis fuit visitatus prioratus Belli Loci, qui in bono statu est repertus; est ibi uñus canonicus cum priore nec plures debet esse, ut dicunt : serviunt ecclesie debito modo. Fuit facta intimatio monitionis ut solvant procurationem CIIᵃ gross.; testes dom. Martinus de Cuveria, canonicus dicti loci, Guillelmus Textoris, Johanne Bonerii. — Item, eadem die fuit visitatus prioratus de Loyriaco, et fuit ecclesia reperta in competenti statu; curatus b(o)ne fame et conversacionis. Fuit facta intimatio monitionis curato ut procurationem solvat, vel illi qui solvere debet denuntiet quod solvat ut supra, presentibus testibus, domᵉ Johanne Bochoup, domᵉ Johanne Macheti presbitero. —Item, eadem die fuit visitata ecclesia de Vinayo, male coperta, alias est reperta in competenti statu; curatus bone fame, vite laudabilis. Fuit eidem facta intimatio monitionis ut procurationem solvat ut supra, presentibus testibus domᵉ Macheti, domᵉ Petro Valerii, curato Loyriaci. — Item, eadem die fuit visitata ecclesia de Vacillef et fuit reperta in competenti statu; curatus bone vite, ecclesie convenienter deservitur. Fuit eidem facta intimatio monitionis ut solvat procurationem ut supra, presentibus testibus Johanne Bonerii et Guillelmo Textoris. — Item, die xx aprilis, anno quo supra, fuit visitata ecclesia de Meoresta, que inventa fuit in competenti statu; curatus bone fame et vite laudabilis. Eidem facta fuit intimatio monitionis ut procurationem solvat ut supra, testibus presentibus Johanne Bonerii et Guillelmo Textoris.

Item, eodem anno, die xxɟ aprilis fuit visitatus prioratus de Buxiaᵉ per religiosum virum fratrem Johannem de Vallenavigio, qui prioratus repertus est in bono statu per omnia, ecclesie valde bene deservitur; sunt ibi iiijᵒʳ monachi una cum priore. Fuit priori dicti (loci) facta intimatio monitionis ut solvat procurationem VIIˣˣ gross., presentibus testibus Guillelmo Textoris, Petro Claustre et Johanne Bonerii de Bressio.

Item, die iiᵃ madii fuit visitata ecclesia de Quet, que reperta est in competenti statu; rector ut fama est inter vicinos et notos bone vite et conversationis. Fuit eidem facta intimatio monitionis ut solvat procurationem ut supra, testibus presentibus Vincencio Bernardi et Guillelmo Textoris.

VISITE PASTORALE DE 137?.

~~~~~~

In nomine Domini, amen. An]no Nativitatis e[jusdem M° CCC°
LXX.....................), fuerunt facte l[.............
.. ..]yc. in Sabau[dia....................] i de Tuyllia
[, a reverendo in Xpisto patre et domi]no dom° R(odulpho) omni-
potent[is Dei gratia episcopo Grationopolitano special]iter deputatum. habito p[rius ....] prioratuum et curatorum
[.........................]t ipsis et eorum cuilibet per [....
.... sub] excommunicationis pena dicere et res-
pondere super p[etitis] ab eisdem et eorum altero veritatem, dixerunt et responderunt qu[ilibet] eorum particulariter et divisim ut
infra.

Apud Gresiacum.

Et primo visitatum fuit cum dom° Guillelmo curato Gresiaci, ju-
rato et interrogato si tenet aliquam concubinam palam vel occulte et
si in ecclesia vel extra, dicit quod non, excepto quamdam mulierem
antiquam et pauperem, matrem clerici ipsius, et hoc amore Dei;
altare dicte cure bene et honorifice munitum, videl. pannis, lingiis,
crucibus et aliis in eodem necessariis; ecclesia et domus dicte cure
bene coperte et edifficate; fontes baptismatis et locus ubi custoditur Corpus Domini clave clausi; quamplurimisque interrogatoriis
super hujus⁴ visitatione sibi factis, dicit se ignorantem nisi ea que
supra dixit, et in aliis omnibus bene se habet.

[APUD] MONTELL[EUX].

[Item dom............]ri, curatus d[e Montelleux, interrogatus et visitatus per me] commissarium predictum, [primo si tenet
aliquam concubinam], dicit quod non; item [.................]
tans, dicit quod non; ex[cept..............]nam cum agricolis
et par[rochianis.............; interrog.| si habet aliquos parro-
c[hianos qui...] diuturne sententiam excommunicat[ionis sustinuerint, d]icit quod sic videl. duo, unus a festo sancti Michaelis a[nni]
proxime lapsi et alius a festo Nativitatis Domini prox. preteriti.
Ecclesia et domus sufficienter coperte, librisque et aliis necessariis garnite; fontes et Corpus Xpisti clausi clave. Visitato ipso curato super quibusdam aliis interrogatoriis, dicit se bene habere.

APUD FRACTAMRIPPAM.

Item dom. Johannes Paqueti, curatus Fracte Rippe, interrogatus
et per me dict. commissarium diligenter visitatus, primo super
concubinatu, dicit se non tenere nec aliquam concubinam habere;
ecclesia et domus dicte cure non sunt bene coperte, set in ipsis
multa sunt stillicidia; interrog. si habet parrochianos sententia
excommunicationis longeve innodatos, dicit quod sic, vid. Girardus
Picoti; inter. quanto tempore, dicit quod spatio xı annorum vel
circa; interrog. si sint aliqui concubinarii, dicit quod sic, vid. 2.
Altare sufficienter munitum, excepto quod non est nisi una crux
fustea modici valoris, fontes et Corpus Xpisti sunt coperti et clave
clausi; pluribus aliis interrogatoriis super hoc sibi factis et super
ipsis diligenter visitatus, dicit bonam habere diligenciam posse suo.

APUD ARBIGNIACUM.

Item, dom. Johannes Bernardi, curatus Sancti Petri de Arbi-
gniaco, interrogatus et diligenter visitatus per me comissarium antedict. et primo super concubinatu, videl. si sint aliqui concubina-
tores in dicta sua cura, dicit quod sic; inter. quot et qui. dicit quod
quidam homo de Gebenna nomen cujus ignorat..; interrog. si habet
aliquos parrochianos qui diu et longeve excomunicationis sentenciam
sustinuerint, dicit quod sic (6)...; interrog. si aliquis ex suis parrochianis confiteri obmiserit in festo Paschalis nuper proxime lapso,
dicit quod sic. vid. 2. quorum confessionem non habuit; interrog.
si habet constitutiones synodales et concilium Viennense, dicit quod
non; interrog. si ipse renovat quolibet anno sanctum crisma, dicit
quod sic. Non est bene munitum in ecclesia utensilibus altaris,
Corpus Domini et fontes clave sunt clausi, ecclesia et domus male
coperte, et quibus ruina in multis et pluribus suis partibus minatur.

Apud Sanctum Johannem de Porta.

Item, dom. Jacobus Manipodi, curatus Sancti Johannis de Porta, visitatus et interrogatus per me comissarium predict. de dom⁰ priore de Porta, si tenet [nec] habet aliquam concubinam in dicto prioratu nec alibi, dicit quod non nisi ex auditu; interrog. ipsemet super eodem, dicit quod non. Habet ipse curatus in parrockia sua aliquos parrochianos diuturne excomunicatos, vid. 5; interrog. si sunt aliqui concubinarii in dicta sua parrochia, dicit quod sic vid. 5. Ecclesia et domus bene coperte, altare ipsius ecclesie pannis, libris et aliis necessariis bene et laudabiliter munitum, fontes coperti et clausi clave, Corpus Xpisti quodam armario clave firmato; concilium et constitutiones habet, benoque et laudabiliter in aliis se habens.

Apud Prioratum de Porta.

Item, die xviii⁴ dicti mensis aprilis, dom. prior de Porta visitatus per me comissarium antedict. et interrogatus super concubinatu dicti curati proxime supra descripti et ipsiusmet, dicit se esse innocentem. Ecclesia, claustrum et domus ipsius prioratus male coperte, et in quibusdam suis locis ruinosum; altare pannis, linglis satis bene copertum et munitum; ecclesia ipsius prioratus libris, calicibus, crucibus et aliis in eadem necessariis male et debiliter garnita. Interrog. de vicinis suis religiosis sibi propinquioribus, si sunt concubinarii et alias inhoneste vite et conversationis, dicit quod non ut sciat.

Apud Crosum.

Item, dompnus Aymo Chivillion, vicarius et servitor cure de Croso pro dom⁰ Guigone Reymondi, curato dicti loci et canonici Sancti Andree Gratinopolis, per me comissarium predict. visitatus et interrogatus de curato Montis Meliani sibi magis propinquo, si tenet aliquam concubinariam in parrochia sua nec alibi, dicit quod non; interrog. ipsemet super eodem, dicit quod non. Item interrog. quis ipsum constituit et sibi licentiam dedit dict. curam serviendi et dict. vicariatum exercendi, dicit quod a nullo licenciam nec mandatum super hoc habuit nisi a dicto curato ejus magistro; interrog. si sunt aliqui parrochiani in dicta parrochia diucius excomunicationis sentencia innodatos, dicit quod sic i vid. Fontes et Corpus Xpisti clave firmati; nullos habet concubinarios in dicta parrochia; concilium Viennense et constitutiones synodales non habet ut dicit; ecclesia et domus competenter coperte; altare miserrime pannis copertum, et dicta ecclesia libris et aliis necessariis pessime munita. Expensas et necessaria comissarii predicti et ejus clerici, qui cum eo ibat, ministrare recusavit.

Apud prioratum de Arbino et curam eidem annexam.

Item, fuit diligenter visitatum per me comissarium prelibatum in prioratu Arbini et cura predictis, cujus cure est curatus curatus de Montemeliano, priore ipsius loci absente, et ipso prioratu videl. ecclesia, altaria, claustrum, domus et generaliter totus prioratus ruinosus, pessime copertus, diruptus penitusque et omnino male tractatus, melius apparens esse stabulum equorum vel locus ubi boves et alia animalia bruta venduntur quam locus ad Dei servicium dedicatus vel ordinatus; fontes ibidem existentes non sunt convenienter coperti nec clausi; altaria ipsius prioratus pessime lingiis coperta et quasi ipsis penitus spoliata : que cedunt in maximum dedecus et villipendium, non modicumque gravamen totius sancte Dei ecclesie et, quod pejus est, quia predicta sic ruinosa et dirupta prior ipsius loci ad reparandum et reedifficandum ea modicam curam seu diligentiam adhibet vel adhibere proponit.

Apud Montemmelianum.

Item dompnus Ogerius curatus Montismeliani et Arbini, per me comissarium predict. visitatus et interrogatus de donno Guillelmo curato de Francino tanquam sibi propinquior, (si) tenet aliquam mulierem concubinariam in parrochia sua vel alibi et palam vel occulte, dicit quod vidit et dici audivit quod ipse tenet quamd. mulierem etatis xxx annorum vel circa palam et publice, sed nescit qua de causa ipsa mulier moratur et moram facit cum eo.

PONTIFEX visitans parrochiam, quod facere tenetur exemplo Domini qui circuibat castella docens, ut legitur MATHEI IX *(v. 35)*, cum primo venit ingreditur cimiterium dicens p(salmum) *De profundis* et c*, *Requiem eternam* et c*, *Kyriel(eyson)*, *Xpistel(eyson)*, *Kyriel(eson)*, *Pater noster (...) et ne nos, A porta inferi, Domine exaudi orationem, Dominus vobiscum, Oremus, Deus cujus miseratione anime fidelium requiescunt* et c*; idemque facit inde recedere volens. Deinde intrans ecclesiam prosternit se ante altare et orat, et mox surgens deosculatur mediam frontem ejus, et dicitur missa; qua finita et beneditione data, accepto superpellicio, amictu et stola et pluviali, mittra simplici et baculo pastorali, proponit populo causas advendus sui, videlicet quia sacri canones et ecclesiasticus ordo hoc fieri precipiunt propter multa : primo ad absolvendum animas defunctorum; secundo ut sciat et videat qualiter ipsa ecclesia spiritualiter et temporaliter gubernatur, quomodo se habet in ornamentis, qualiter ibi eccl(es)iastica sacramenta mi(ni)-strantur et divina officia peraguntur, quale servicium ibi impenditur, qualis sit vita ministrorum et populi, ut ex officio sue inquisicionis si qua in premissis corrigenda fuerint corrigantur et emendantur, et precipiat fieri libros et alia neccessaria ecclesiastica ornamenta; tercio adulteria, fornicaciones, sortilegia, dividnaciones et similia publica in populo punienda, ad quod interdum non sufficiunt ecclesiarum rectores, ostendens diligenter populo quam dampnabilia et detestanda sunt crimina ipsa; quarto propter casus qui de jure vel consuetudine ad ipsum dum taxat pertinere noscuntur, qui in nostris constitutionibus sinodalibus continentur, de quibus nullus alius se intromittere potest, protestans plebi quod si quis vel si qua in aliquo ipsorum casuum vel in quocumque alio consilio ejus indiguerit, paratus est benignus audire et consilium ac absolucionem impendere ac penitenciam misericorditer injungere salutarem; quinto ad exhibendum sacramentum confirmationis, quod nullus alius nisi soli episcopi ex divina et apostolica constitutione dare potest, nam Dominus apostolos confirmavit et per eos eorumque successores, scilicet episcopos et superiores, populos confirmandos esse decrevit : debet autem instnuare plebi quod nullus confirmatus debet reconfirmari, quod nullus qui non sit confirmatus potest esse in confirmatione patrinus, quod nullus excomunicatus vel gravibus facinoribus alligatus ingerat se ad percipiendum hoc sacramentum vel ad presentandum confirmandum, quod adulti prius debent confiteri et post confirmari, quod in hoc sacramento compaternitas contrahitur impediens matrimonium

et dirimens jam contractum, quod nullus presentet nisi unum vel
duos ad plus, quod confirmandi de honestate non de necessitate
debent esse jejuni : hec igitur et alia populo pronuntientur prout in
nostris constitutionibus sinodalibus plenius demonstratur; sexto
inducat diligenter populum ad penitentiam et instruat in ecclesiasticis sacramentis et in articulis fidei, et qualiter debeant declinare
a malo et facere bonum, fugere vicia et sectari virtutes, et quod
alteri non faciant quod sibi fieri nolunt. Hiis expletis, indulgentia
detur et fiat populo confessio et absolutio generalis; post hec cum
pluviali nigri coloris exit in cimicterium, cruce, aqua benedicta et
clero precedentibus cantando *Qui Lazarum,* ipse vero deductus a
duobus hinc et inde toballiam ante ipsum tenentibus, sequitur dicens
ps(almum) *De Profundis,* finito premisso r(espons)o cantatur *Heu*
michi Domine; quo finito incohatur solempniter *Libera me Domine,*
quo cum suis versibus finito cantatur *Kyriel(eyson) Xpistel., Kyriel.*
et mox episcopus mitra deposita, recipiens ysopium cum aqua benedicta de manu alicujus osculantis manum ejus, dicit *Pater noster*
aspergens cimicterium coram se, et mox tradens ysopum alicui
sacerdoti superpellicium habenti et stolam, manum ejus osculanti,
ut aspergat totum cimiterium, ipse autem prosequitur dicens *et ne*
nos inducas, In memoria eterna erunt justi, A porta inferi, Re-
quiem eternam, Domine exaudi orationem, Dominus vobiscum,
Oremus et junctis manibus ante pectus dicit oratio(nem) *Deus qui in-*
ter apostolos sacerdotes, alias oratio. *Deus venie largitor,* alias oratio. *Deus cujus miseratione anime fidelium;* quibus dictis v(ersio.)
Requiescant in pace, r(esponso) *Amen,* mox elevata dextera producit
signum crucis ab omni parte supra cimiterium, et tunc ingrediuntur
in ecclesiam ordine quo venerunt dicendo alta voce *Miserere mei*
Deus, ipse vero dicit illud voce demissa cum deducentibus eum,
quo finito dicatur *Requiem eternam, Kyriel(eyson/, Xpistel., Kyriel.,*
et episcopus stans coram altari dicit deposita mittra *Pater noster*
(....) et ne nos, A porta inferi, Domine exaudi orationem meam,
Dominus vobiscum, Absolve quesumus Domine animas famulorum
et c⁰. Hiis peractis, deposito pluviali nigro et assumpto albo con-
firmat pueros, in quo procedat prout supra in tractatu de confirmatione dictum est. Expedita itaque confirmatione et benedictis ornamentis si qua benedicenda sunt, depositisque indumentis ecclesiasticis confessiones et deinde querelas si que sunt audit, et de
vita ac conversatione cleri et populi, et qualiter spiritualia et temporalia in ipsa ecclesia ministrantur, et de libris et ornamentis diligenter de plano inquirit et c⁰.

PAPIRUS ET REGISTRUM VISITATIONIS

ECCLESIARUM CIVITATIS ET DIOCESIS GR(ATI)ONOPOLITANE, TEMPORE REVERENDI IN XPISTO PATRIS ET DOMINI DOM' AYMONIS DE CRISSIACO, DEI GRATIA EPISCOPI GRATIONOPOLITANI, INCOHATE ANNO DOMINI M° III° NONAGESIMO NONO ET PER INTERVALLUM PROSEQUTE PER EUNDEM DOMINUM USQUE AD ANNUM DOMINI M° IIII° XIIIJ INCLUSIVE.

I N nomine Domini nostri JHESU XPISTI et ejus exemplo, qui visitans castra docebat et populum instruebat, ut legitur M(ARCI) VJ. capitulo, anno ejusdem Domini M° CCC nonagesimo nono et die xxj' mensis aprilis, reverendus in Xpisto pater et dominus dom. Aymo de Chissiaco, Dei gratia episcopus Grationopolis, jure ordinario incepit suas civitatem et diocesim visitare, et die eadem incepit visitationem prout sequitur.

Et primo feria secunda, qua die fuit xxj° aprilis, visitavit ECCLESIAM collegiatam Beati (al. SANCTI) ANDREE GRATIONOPOLIS et ibidem missam magnam audivit; qua dicta retraxit se ad capitulum dicte ecclesie et vestibus pontificalibus inductus, cum toto clero ecclesie predicte processionaliter procedente, more consueto animas defunctorum in dicta ecclesia et cimisterio ejusdem sepultorum absolvit; regrediensque ad dictum capitulum exortatus est canonicos dicte ecclesie ut benigniter et fraternaliter tractarent presbiteros et clericos et alios servitores ecclesie, et quia pro informato se habuit quod egregie circa temporalia se habent, monuit eos caritative et etiam preceptive ut circa spiritualia diligenter vacare velint, et quod si sit aliquis ipsorum qui sciat circa spiritualia aliquem pati defectum in dicta ecclesia, quod si nolit dicere in publico eidem aliis canonicis presentibus, quod saltim ad domum veniat et sibi referat deffectus quos ecclesia patitur in spiritualibus, quia paratum se obtulit illa que incumbunt officio visitationis facere et adimplere et corrigere corrigenda et emendare emendanda, et si quis ipsorum sciret aliquem criminosum, infamem vel aliis gravibus criminibus irretitum, eidem nuntiaret secrete, quia paratum se offerebat tales corrigere (et) si necesse esset punire. (Sequuntur in B articuli ex ch. xxxvij° Cartul. Aimonis de Chissiaco')..., prout plenius in licteris ab eisdem dominis emanatis et tribus sigillis sigillatis, datis anno Incarnationis Domini mill'io CC.XXVIJ, kalendas februarii, Gregorio nono summo pontifice existente, continetur.

(1) Documents histor. inéd. sur le Dauph., 3° livr., p. 66-7, ch. VIII, l. 17-30.

Feria II*, videl. XXVIIJ* aprilis, visitavit dictus rev^dus pater ECCLE-
SIAM parrochialem SANCTI FERGEOLI, hora prime veniens ad ecclesiam ; trahebantur campane ipsius ecclesie et vicarius, cum cruce
(et) aqua benedicta, associatus aliis presbiteris reverenter in principio cimisterii ei ad obviam venientes cum susceperunt, qui devote
osculans crucis signum introivit dict. cimisterium et deinde ecclesiam, ubi flexis genibus ante medium altaris oravit, et oratione
facta surgens devote osculatus est altare ; deinde convocans vicarium et alios presbiteros sibi assistentes, voluit cum eis informari
qualiter spiritualiter et temporaliter dicta ecclesia gubernatur. Et
primo circa principalius, hoc est circa Corpus Xpisti, voluit videre
si honorifice tenebatur, si sub clavi , si corruptum, si corrosum,
si fractum, si ab antiquo servatum ; circa conservationem Corporis
Xpisti debito modo factam reperiuntur deffectus sequentes : primo
quia bustia cum esset parva continebat quendam pagnum, infra
quem Corpus X^b tenebatur, qui non erat dedicatus ad talem usum
cum esset pilosus, et mice que de ipsius Corpore fluebant infra
pagni pilositatem retinebantur, corrumpebantur nec licite poterant
haberi ; item quod licet Corpus X^i infra bustias ecclesiarum parro-
chialium consueverit in hostiis integre conservari, in dicta tamen
ecclesia servabatur in frustris quamplurinis et micis infinitis; item
in crismate decenter ; item in fontibus inhoneste quia non erat ibi
sera clausa et etiam si clauderetur sera non sufficiebat, quia postes
dicti copertorii taliter quod cum vasculo poterat aqua dicti fontis
babtismatis capi et hauriri, licet quedam copertura linea satis modici valoris esset ibi de super ; item quia corporale altaris erat fractum et multa foramina in eodem existebant ; item quod libri non
sunt ibi ad baptizandum nec alii libri decentes ad divinum officium
peragendum ; item vestimenta sacerdotalia sunt modici valoris et
confracta ; item sacrarium, ubi relique ablucionis sacerdotis post
sumpcionem Corporis et Sanguinis Xpisti ponuntur, erat fractum
nec lapis erat de super, ymo in ejus circuitu frangebatur et pocius
locus inhonestus quam sacrarium videbatur. Parrochiani conque-
rebantur de servicio fiendo per curatum ; cetera competenter stant,
et ibidem fuerunt confirmati XVIII. — Item, eadem die hora tertiarum visitavit dict. episcopus PRIORATUM DE CORENCO, in quo est
cura animarum, et reperit in omnibus spiritualibus et temporalibus
ipsius ecclesie omnia competenter, decenter et honeste ; et ibidem
honorifice receptus fuit et pransus fuit. Confirmati fuerunt in eodem
prioratu quasi LX.

Item, feria iiij* in Rogationibus, quo fuit dies sexta maii, dictus rev^dus pater de civitate Grationopolis rearripuit iter visitandi et accessit ad ECCLESIAM parrochialem DE MEOLANO, et ibi reperit curatum satis ydoneum; et in dicta ecclesia tam in Corporis Xpisti custodia quam crismate et fontibus reperit omnia competenter stare, in vestimentis sacerdotalibus debiliter. In eadem parrochia retulit curatus x parrochianos excommunicatos fore, qui non habuerunt absolutionem in Pascate nec sua receperunt sacramenta. Ibidem fuerunt confirmati IIII^xx. Debet hec ecclesia et curatus ejusdem annis singulis dom? episcopo pro censibus minutis in sinodo maii v sol. et in sinodo Omnium Sanctorum tantumdem; et percipit dom. episcopus omnes decimas dicte parrochie de M., quas aliquando per manum suam levat et aliquando ad firmam concedit pro libito voluntatis, et decimator ipsarum decimarum facit eidem dom. episcopo ultra precium accensamenti xxij sol. bone monete. — Item, eadem die dictus dom. episcopus visitavit ECCLESIAM parrochialem DE BIVIACO, et ibidem reperit curatum satis ydoneum et dict. ecclesiam tam in spiritualibus quam in temporalibus sufficienter gubernantem; et ibidem fuerunt confirmati LX, et ibidem dictus dom. episcopus cum comitiva sua pransus fuit. — Item, eadem die circa horam vesperorum dictus dom. episcopus visitavit ECCLESIAM SANCTI HYMERII (al. Hysm-i), in qua reperit curatum ignarum, concubinarium non unius concubine set duarum; item reperit deffectus relatione parrochianorum in fontibus qui diu steterunt absque clausura, licet de novo timore preterritus ibidem seram et copertorium de novo apponi fecerit; corporalia et palle altaris sunt immunde, libri sunt deligati et antiqui. Parrochiani conqueruntur de dicto curato; quia non tenet clericum nec tenuit per spatium magni temporis, non dicit horas canonicas quia Breviarium non habet; et finaliter tam in spiritualibus quam in temporalibus male per omnia. Ibidem fuerunt confirmati circa C; dominus ibidem reconciliavit cimisterium, quia sanguine erat polutum.

Feria iiij^a (7 m.) de mane accessit ad ECCLESIAM parrochialem MONTISBONODI, et ibidem non reperto curato nec alium pro eo qui eum reciperet, retrocessit et venit ad prioratum Sancti Nazarii.— Item, dicta die que fuit vigilia Ascensionis visitavit ecclesiam dicti PRIORATUS SANCTI NAZARII, et ibidem reperit omnia stare² competenter; curatus ejusdem ecclesie vagus est et pluribus vicibus citatus fuit sub pena privacionis beneficii ut residenciam personalem faceret, quod minime facere curavit. Et ibidem dominus pransus fuit; confirmati fuerunt quasi LX.— Item, eadem die, circa horam vesperorum visitavit ecclesiam PRIORATUS DE BREGNINO (al. Bren-o), in qua reperit testitudinem presbiterii et parietes ejus minantes ruinam; cetera omnia competenter stabant. Confirmati fuerunt circa VIII^{xx}.

Item, eadem die venit ad dormiendum in Crollis et in crastinum, die Ascensionis Domini, in ECCLESIA dicti loci (DE CROLLIS) missam bassam celebravit; deinde dict. ecclesiam visitavit, et ibidem reperit curatum senem et bene indiget adjutorio alicujus boni sacerdotis; in dicta ecclesia omnia competenter stant. Ibidem fuerunt confirmati quasi C. — Item, eadem die Ascensionis, circa horam tertiarum venit dominus ad ECCLESIAM DE LOMBINO et ibidem missam sollempniter audivit, qua dicta dict. ecclesiam visitavit: ibi reperit Corpus Xpisti non teneri reverenter ut decet et calicem totaliter fractum in pede, libri ecclesie sunt antiqui et deligati, non sunt nisi due casule que non valent II grossos; ecclesia minatur ruinam in parietibus, trabes erant ibi sine postibus ad modum solerii ubi consuevit capella Crucis esse in ceteris ecclesiis, et ibidem ligna erant posita ad quoquendum necessaria confratrie Sancti Spiritus, arche et vasa sunt in ecclesia; postes copertorii foncium poterant removeri et aqua hauriri, quamvis una barra firmaretur cum clavi. Curatus est senex, domus ecclesie pessime sunt, circa temporalia ipsius ecclesie modicam affectionem habet ut apparet per exteriora. Dominus ibidem pransus fuit; confirmati fuerunt circa C.— Item, eadem die Ascensionis que fuit VIII^a maii, separendo de Lombino hora vesperorum applicuit dominus ad ECCLESIAM parrochialem DE TEARACIA, et visitata ecclesia reperti sunt isti deffectus: primo libri deligati, specialiter Missale quod est novum; calix est in fondo excoriatus nec Sanguis Xpisti potest sumi quin remaneant alique gutte in dicta excoriacione; non sunt in eadem ecclesia statuta synodalia. Curatus dicti loci est canonicus Sancti Andree nec manet ibi, set tenet ibidem unum vicarium surdum et ille surdus constituit sibi unum alium vicarium bibentem ad potus equales; domus cure stat taliter qualiter. Dominus ibidem cenavit et jacuit in villa; confirmati fuerunt quasi VJ^{xx}.

Item, feria VI^{ta} in crastinum Ascensionis, que fuit IX^a maii, dominus satis mane accessit ad PRIORATUM TOVETI (al. DE THO-to), et ibidem audita magna missa visitavit et populum confirmavit, et reperta fuerunt ista: Corpus Xpisti licet esset decenter, tamen erat in pluribus frustris; curatus non habet statuta synodalia; cetera bene. Ibidem sunt tres monachi sine priore, et sunt bone vite et inter eos bona fraternitas viget. Dominus ibidem pransus est;

confirmati fuerunt circa CC. Item in eadem ecclesia Toveti sunt tres capelle, sufficienter dotate et munite omnibus neccessariis, et serviunt monachi.— Item, eadem die post prandium separando de Toveto accessit dominus ad ECCLESIAM parrochialem SANCTI VIN-CENCII DE MALCUSA, et visitata ecclesia in spiritualibus ista fuerunt reperta : primo Corpus Xpisti sine sera suspensum supra altare, item etiam Corpus X[i] servabatur in quadam bustia et illa bustia erat in quodam armariolo sine sera, et sic dict. Corpus Xpisti in duobus locis servabatur; sanctum crisma et oleum[i] suspensum retro altare in quadam cavilla et sine sera; libri sunt totaliter deligati et destructi, non habet statuta synodalia; vitree cori sunt totaliter fracte et destructe : cetera bene. Dom. Aymo de Bellacumba occupavit navem ecclesie, quia fecit ibidem fieri quasdam daresias et infra dict. daresias proposuerat facere unum altare nec fecit, et de dicta occupatione parrochiani conqueruntur. Circa temporalia curatus[i] bene se habet; confirmati fuerunt circa VJ[x].

Item, eadem die vj[ta] feria fecit dominus visitari ECCLESIAM parrochialem BEATE MARIE DE ALOY per dom[os] Petrum Firmini, licenciatum in decretis,, curatum Montis Meliani, et Jacobum Saver, curatum Marchiarum, et visitata ecclesia repererunt hos deffectus : primo Corpus Xpisti in quadam bustia servabatur et in fondo dicte bustie quamplurime miscicule dicti Corporis X[i] invente sunt; lapis fontium non tenet set est aqua in uno morterio, nec est aqua munda set inhonesta; in libris debiliter, calix est de cupro argentatus; domus cure minatur ruinam : cetera bene.

Item, eadem die circa horam vesperorum applicuit dominus ad BUSSERIAM et in domo curati jacuit. In crastinum, que fuit dies sabati et x[e] maii, de mane audita missa ECCLESIAM (DE B-a) visitavit, in qua reperit Corpus Xpisti non satis reverenter, crisma satis bene;[4] oleum infirmorum servabatur periculositer, quia vasculum dicti olei erat fractum nec poterat servari sine effusione; fontes competenter, tamen in ora copertorii ab infra erat quedam lymacia grossa. Infra dict. ecclesiam sunt quatuor capelle, sufficienter dotate et munite omnibus necessariis : excepta capella Petri et Jacobi de Grangiis, quia corporalia et palle sunt de serico et fuit prohibitum capellano ne deinceps in talibus corporalibus celebraret; item in eadem capella non sunt hostia et si sint tamen non possunt claudi, et de dict. hostiis conqueritur curatus dicens quod per illam capellam quisque potest intrare ecclesiam suam; item in eadem capella est quedam fenestra a parte boree que caret vitrea, et flante borea non sine magno periculo capellanus celebrat : cetera in dicta ecclesia bene. Confirmati fuerunt circa CC^u; dominus ibidem pransus est.— Item, eadem die sabbati, que fuit x^a maii, post prandium accessit dominus ad PRIORATUM DE BARRALIBUS, et ibidem visitavit et populum confirmavit; et visitatis ecclesia et prioratu reperit omnia in eisdem competenter stare, excepto coro minante ruinam. Confirmati fuerunt quasi LX; dominus dicta die sabati in dicto prioratu cenavit et jacuit. Dominus in crastinum de mane altare cujusdam capelle sito infra navem ecclesie a parte boree consecravit.

Item, die dominico que fuit xj^a maii accessit dominus ad parrochialem ECCLESIAM DE CHAPPARULLIENGO, et audita magna missa ibidem visitavit et populum confirmavit; omnia ibidem competenter stant, excepto coro minante ruinam; octo sunt parrochiani qui non fuerunt absoluti in Paschate. Dominus ibidem pransus est; confirmati circa IIJ^c.— Item, eadem die separando de Chappar^{te} accessit dominus ad ECCLESIAM de ASPEROMONTE, et visitata ecclesia reperti sunt hii deffectus: primo calix est fractus in pede, eciam in cifo aliqualiter; ecclesia caret Psalterio; in eadem ecclesia non est nisi una casula, que valet I gros.; ecclesia omnino male coperta: cetera bene. Confirmati fuerunt circa xxx.— Item, eadem die dominico hora vesperorum accessit dominus ad PRIORATUM SANCTI BALDULPHI, et auditis vesperis visitavit et populum confirmavit, et facta visitatione tam circa ecclesiam quam prioratum reperit omnia ibidem bene stare. Confirmati fuerunt quasi CC; dominus in eodem prioratu cenavit et jacuit.

Item, in crastinum que fuit dies lune et xij^a maii, summo mane accessit dominus Chamberiacum ad exhibendum reveranciam dom^o comiti Sabaudie, qui tunc venerat de Bressia ubi manserat per longum tempus, et dom. comes debebat ire ad Montem Melianum; et audita missa domⁱ comitis, dom. comitem associavit usque ad viam que tendit ad ecclesiam de Barbaras. Associatoque dom^o comite, ad prefatam ECCLESIAM DE BARBARAS dictus dom. episcopus applicuit, et visitata ecclesia reperit omnia ibidem competenter stare; dominus ibidem pransus fuit. Confirmati fuerunt quasi xxv; parrochia habet xviii focos.

Item, die martis xiij^a maii separando de Chamberiaco post prandium accessit ad ECCLESIAM DE VIVERIIS, et ibidem cimisterium reconciliavit quod erat sanguine polutum; cimisterio reconciliato et visitata ecclesia, reperit hos deffectus: primo Corpus Xpisti satis reverenter, tamen in custodia dicti Corporis Xⁱ erant quamplurime miscicule; crisma suspensum in quodam clavo retro altare absque sera et clavi, carebat oleo infirmorum; non sunt nisi due casule, que valent III gros., duo albe totidem ; crux fracta, fenestro cori carent vitreis ; ecclesia male coperta, eciam corus ; edificia dicte cure male stant, libri deligati ; curatus dicti loci bibit vinum sine aqua, licet antiqus : cetera bene. Confirmati fuerunt xx". — Item, eadem die circa horam vesperorum, facta visitacione in ecclesia de Viveriis, accessit dominus ad ECCLESIAM parrochialem DE TRESERVA, dependentem et cognexam prioratui de Aquis, et visitata ecclesia hii deffectus sunt reperti : primo curatus caret oleo infirmorum, fontes sine sera, tria dolia sunt juxta altare continentia circa XVIII somatas vini : cetera bene. Confirmati fuerunt circa L. Eidem ecclesie servit unus ex canonicis dicti prioratus et vocatur vicarius perpetuus ; prefata cura caret hospicio.

Item, eadem die separando de Treserva applicuit dominus ad PRIORATUM DE AQUIS, et ibidem cenavit et jacuit ; et in crastinum, que fuit XIIIJ° maii, visitavit et reperit in eadem ecclesia omnia ibidem bene stare. Sunt in dicta ecclesia sex capelle, quarum tres sunt sufficienter dotate et munite necessariis, et alie tres non. Quinque canonici sunt in dicto prioratu absque priore, qui prior moratur in civitate Bellicensi ; prioratus in parte reparatione indiget. Dicta die mercuri dominus ibidem pransus fuit ; confirmati fuerunt circa III°.

Item, eadem die que fuit XIIIJ° maii fecit dominus per dom. Petrum Firmini, curatum Montis Meliani, visitari ECCLESIAM parrochialem SANCTI YPOLITI DE AQUIS et reperit dict. curatus hos deffectus : primo Corpus Xpisti servabatur in quadam modica bursa, in pagno piloso ; non habet Responsorium, nec etiam statuta synodalia : cetera bene. — Item, eadem die visitavit dict. curatus Montis Meliani capellam (al. ECCLESIA) SANCTI SYGISMONDI (al. Sig-i DE AQUIS), annexam dicte ecclesie Sancti Ypoliti ; in qua quidem capella reperit hos deffectus : primo fontes non clauduntur nec est sera nisi una cavilla, libri nichil valent, calix est de plumbo, in corporalibus distillatio unius gutte Sanguinis ; testituto presbiterii minatur ruinam et jam corruisset, set est appodiata : cetera bene. Parrochiani sunt pauperes.

Item, eadem die XIIIJ° maii separando (del. post prandium de prioratu) de Aquis, ivit dominus ad ECCLESIAM parrochialem MOUXIACI (al. DE M-co) causa visitationis et reperit in eadem bene per omnia.

Item, eadem die misit dominus curatum Montis Meliani ad visitandum ECCLESIAM parrochialem PUGNIETI (al. DE P-to), et reperit dict. curatus hos deffectus : primo palle et corporalia altaris im-

munda ; curatus dicti loci caret oleo infirmorum ; non habet vestimenta sacerdotalia nisi pro uno sacerdote competenter, excepta
casula que est modici valoris ; in coro defficiunt due verrerie,
domus cure minatur ruinam, grangia cure derupta et dedit eam ad
precium factum Andree Maliardi : cetera bene.

Item, eadem die applicuit dominus ad PRIORATUM CLARIFONTIS,
et in eodem prioratu cenavit et jacuit ; et die jovis crastina xv°
maii visitavit ecclesiam dicti prioratus et reperta fuerunt hec :
Corpus Xpisti tenetur supra altare in quadam parva bustia lotoni,
in quodam parvo tabernaculo pendente ad quamdam cordulam sine
clavi ; non habet oleum infirmorum, set est ut dicitur in alia connexa ecclesia Meyriaci ; patena calicis est fracta : cetera bene.
Confirmati fuerunt circa IIIJ** ; in parrochia sunt circa LX foci. —
Item, eadem die jovis de mane accessit dominus ad ECCLESIAM
MEYRIACI (al. DE MER-co), que est annexa prioratui de Claro Fonte,
et visitatione facta sunt inventi isti deffectus : fenestra cori caret
verreria, non habet statuta synodalia ; domus cure debiliter stat,
set non deffectu curati quia non diu stetit, tamen est bone voluntatis
reparandi : cetera bene stant. Confirmati fuerunt ibidem quasi LX ;
in parrochia sunt XLIIIJ foci. — Item, eadem die separando de Mey-
riaco venit dominus ad ECCLESIAM parrochialem SONNACI (al. DE
S-co) et reperti sunt deffectus sequentes : primo unum vestimen-
tum sacerdotale garnitum, it. una crux, verreria unius fenestre,
calix est sine pede, non habet oleum infirmorum, ecclesia male
coperta ; cetera bene stant. Refert curatus quod habet excomunicatos jam diu non absolutos vel relaxatos : Domengium de Platea,
Petrum Boverii alias Dalphin, Vincentium de Rives. Super receptione Corporis Xpisti monuit dict. dominus ut de cetero se parrochiani disponant Eucaristie sacramentum saltim tempore paschali
recepturos, alias et c°.

Item, dicta die jovis post prandium fecit dominus visitari ECCLE-
SIAM parrochialem DE VOUGLAN per curatum de Marchiis nec reperit
curatum dicti loci quia profiscebat peregre, et in eadem ecclesia
reperti sunt quamplurimi deffectus : primo reperit lampadem sine
igne ; Corpus Xpisti irreverenter custoditur et in custodia fustea
quemdam vermem reperit, et sine firmatura licet sit sera in armario, in prefata custodia misicule administrationis fuerunt reperte :
in dicto armario curatus tenet frumentum suum ; calix est ab infra
deauratus et excoriatus, et sine periculo celebrari non potest, vermiculi albi infra dict. calicem fuerunt reperti ; cura caret libris,
excepto quodam Missali in quo sunt euvangelia tantum ; cura caret

crismate et oleo et c°. Parrochiani conqueruntur, scil. Berth. Che-
valuti, Joh. Rubei alias Martin, Jaquerius ejus frater, Joh. de
Nanto : de libris perditis, de residencia curati quam non facit, de
missis quas non celebrat, de accusatione castellani Burgeti ; de
duobus parrochianis, scil. Joh. Gorochi et Joh. Pitit, qui decesse-
runt sine administratione sacramentorum ; de infantibus quos
portant ad alias ecclesias pro batizando, de horis saltim completorio
quas pulsari non facit ; de litteris dom¹ officialis quas non intimat
parrochianis, sed frequencius in citationibus decipiuntur ; mulieribus in puerperio existentibus missam dicere refutat, specialiter
uxori Joh. Tetu.⁴ Fons baptisterii immunde stat et reperte fuerunt
ab infra circum circa lymacie et yranee, licet firmetur cum clavi
modici valoris ; fenestre cori carent vitreis, ecclesia et corus male
coperti ; domus cure modici valoris, tamen reficitur.

Item, eadem die visitavit dominus ECCLESIAM parrochialem CHAM-
BERIACI VETERIS.

Item, die veneris xvɪ maii visitavit dominus ECCLESIAM SANCTI
ALBANI et defficiunt hec : primo corporale est inhonestum, fractum,
perforatum et nimis latum ; Corpus Xpisti licet sit sub sera tamen
inhoneste custoditur, nam custodia est nimis parva et fustea et sine
copertorio, item aliunde in una alia bustia siricea supra altare et
sine sera repertum est Corpus Xⁱ ; it. due fenestre cori sine verreriis et alia firmatura, oleum infirmorum non habet nec statuta
synodalia, Missale est male religatum : cetera in eadem ecclesia
bene stant. Relatione proborum tenet concubinam vocatam Jaque-
metam, uxorem   Bochardi, ex qua habuit unum filium
quem secum tenet et docet, et eum juvat ad celebrandum ; item
ob culpam ipsius curati decessit dictus Reverditus sine confessione, relatione Authon. de Campis et Petri Guerre. Parrochia
habet circa LXXVɪ° ; confirmati fuerunt quasi LX. — Item, visitavit
dominus eadem die PRIORATUM DE BACINO et ibidem pransus est,
quem prioratum ad censam tenent Hugo Rode et Guigon. Marescalci a dom° Guillelmo Russini absente a loco ; et facta visitacione
reperti fuerunt isti deffectus : primo corporale et palle altaris im-
monde et inhone(sti)ssime stant, et residuum de altari bene est ;
Corpus Xpisti irreverenter tenetur, nam antiquum est et frustratum
in pluribus parcellis, que quidem parcelle a quibusdam vermiculis
sunt corrose, prout dom. Joh. Bruni vicarius dicti loci fatetur ;
eciam cassia ubi dict. Corpus Xⁱ tenetur est fuste, ab extra garnita
plumbo operato et rubea, et ab infra est nullius valoris ; calix in-

diget reparatione in cupa, quia propter deaurationem remotam ab
infra non est sufficiens ad celebrandum; crux nichil valet, Crucifixus ligatus est cum una cordula, una lompia⁶ defficit; quedam
pars cori seu cancelli est male coperta et pluit infra, domus dicti
prioratus maxima reparacione indiget, campane dicte ecclesie sunt
in una arbore posite et non est campanile in ecclesia : cetera bene.
Confirmati fuerunt xL; in parrochia sunt foci xviii.

Item, eadem die veneris fecit dominus visitari per curatum de
Marchiis ECCLESIAM DE VERELLO, dependentem a prioratu Bacini,
cujus est servitor pro priore seu acensatoribus supra nominatis
dom. Johannes Lambronis, eciam vicarius Bacini, qui residet in
Bacino, et non habet mansionem nec domum dicta ecclesia Verelli ;
deffectus dicte ecclesie : Corpus Xpisti inhoneste et male custoditur
in quadam pisside fustea longe, posita infra quandam cassiam ferri
destructam que solet firmari, et est in eadem cassia quedam cathena et custoditur super altare sine clavi ; calix est de plumbo
nullius valoris, et fuit ei inhibitum ne deinceps cum dicto calice
celebraret; Missale bonum, tamen indiget religatura et duo alii
libri, scil. Epistolare et Graduale ; non habet albam, crux nullius
valoris, fenestre cori indigent verreriis, una campanarum religatura indiget, fontes sine clavi. Parrochiani xvi foci.

Item, dicta die veneris post prandium ECCLESIAM BALBIACI (al.
DE B-co) dictus dom. episcopus visitavit et hos deffectus reperit :
Corpus Xpisti cum esset in quadam cassia plumbea pagno lineo
quodam modo involutum, subtus ipsum pagnum reperta sunt tria
parva frustra et eciam misce ipsius Corporis; calix est plumbeus.
et dicit quod est unus argenteus et est in castro Bastie ; caret oleo
infirmorum, Graduale est modici valoris, statuta synodalia non
habet : cetera bene. Curatus est antiqus et tabernarius, non quod
vinum vendat set emit eciam si deberet propriam tunicam impi-
norare. Foci parrochie circa xxiiii; confirmati fuerunt circa xL.—
Item, dicta die veneris hora vesperorum visitavit ECCLESIAM VILLARIS
BARMARUM, deinde Chamberiacum rediit ; deffectus profate ecclesie
sunt hii : Corpus Xpisti super altare sine sera, et vermiculi cum
eodem Corpore reperti sunt, pendens cum una cordula ; Graduale
et Responsorium deligata, liber pro baptizando est modici valoris ;
pes calicis et patena indigent reparacione, corus ecclesie caret
daresiis nec firmatur ; oleo infirmorum caret, due casule sunt modici valoris. Duos parrochianos habet qui non fuerunt absoluti nec
confessi in Paschate, scil. Joh. Pasqueti et Anth. de Villeta, dicens
quod iste Anth. non fuit de ix annis in ecclesia ad missam, it. Cla-

romouda rolicta Nicodi Stephani. In parrochia sunt circa L foci; confirmati fuerunt circa XL.

Item, die sabati XVIJ maii, in vigilia Penthecostes visitavit dominus ECCLESIAM SANCTI LEODEGARII CHAMBERIACI, qua visitata reperta fuerunt ista : primo Corpus Xpisti in custodia cuprea cujus deauratura est destructa, et custoditur sub clavi in quodam armario, tamen infra dict. custodiam reperte fuerunt miscioule quamplurime et in dicta custodia Corpus X¹ involutum erat in grosso papiro aliqualiter maculato; eciam Corpus X¹ inventum est in una alia bustia rotunda fustea, in pluribus peciis seu frustris; crux cuprea fracta et destructa est, ignis non tenetur in lampadibus; in magno altari sunt tantum duo calices, unum album quasi destructum in pede seu lochientem, alter calix est deauratus et est perforatus in cupa et in eo non celebratur; altare totum immundum; caret oleo infirmorum, et dicit capellanus quod tenetur in Lemenco et quod monachi faciunt illud officium et non capellani; in dicta ecclesia defficit unum Psalterium, libri sunt boni set male custodiuntur et sunt maculati; corus de super est immundus et plenus araneis, et una fenestra rupta; corus est in periculo disruendi, tectum ecclesie et cori est fractum taliter quod infra pluit; campanile est debochiatum et pluit infra, et nisi imbochietur est in periculo disruendi. Capellani in introitu altaris lavaut manus suas de aqua benedicta; capellani non veniunt ad horas, et quando veniunt non cantant cum superpelliciis; curatus debet duas missas in magno altari, que pluribus vicibus defficiunt; curatus non habet vicarium, cum ipse sit surdus, debilis et antiquus. Habet parrochia circa   ; ibidem fuerunt tonsurati circa XXVJ; confirmati fuerunt quasi Vᶜ.

SEGUNTUR CAPELLE IPSIUS ECCLESIE. — Et primo capella Beate Agathe supra solarium, cujus est rector dom. Petrus de Casalibus et pro eo servit dom. Anthonius Chivalerii, et dependet ipsa capella ab hospitali de Cruce, cujus sunt patroni illi de Claromonte; ipsa capella (habet) per edomadam tres missas et est garnita omnibus necessariis; dict. rector institutus est per priorem de Comeriis, vicarium etc. — Item capella de ✛ (Cruce), cujus est fondator Amedeus de Vignaiaco et est rector dom. Petrus Costerii, qui est institutus; valet XII flor. per annum et habet quatuor missas per edomadam; non facit residenciam nec venit ad horas nec continue dict. IIII missas celebrat; capella est munita omnibus necessariis, excepto Missali, et ornamenta dicte capelle non custodit dict. rector ipsius capelle set rector hospitalis dicti fondatoris. — Item altare

Beate Marie supra solarium, ubi sunt duo capellanie : una quam
fecit dom. Martinus Gardeti, dotata de ix sol. gross(orum) annualibus quos debet Guillelmus et Ja. Tissoti, et est patronus curatus
Sancti Ledegarii, et eam donavit dom° Anthonio de Sabaudia et
non est institutus; tres missas habet per edomadam que bene celebrantur, et venit ad horas aliquando; bone vite est, tamen corpus
suum' consumitur ex dilectione vini. Alia capellania in eodem altari,
cujus est fondator dom. Petrus de Montegelato condam, et habet
dotationem in redditibus cum directo dominio xiii sol. gros. et
sunt facte recognitiones; et est rector dom. Johannes Olerii de Romanis, qui non facit residentiam set servit pro eo dom. Aymo de
Saiss(ello), curatus de Cou, qui non resident nec facit celebrari;
altare caret calice et Missali, pagnum et vestimenta tantum habet.
— Item altare Sancti Johannis, dotatum per Johannem Vion., cujus
est heres Ranerius, de x flor. annualibus nundum assectatis; debet
tres missas et dicuntur; non est ibi rector nisi ad voluntatem Ranerii, qui facit servire per dompnum Petrum de Casalibus, et sic
non est presentatus nec institutus; altare caret calice, Missali,
casula, stola et manipulo. — Item capella Beati Jacobi, dotata per
bonum Johanninum Patrici et non est dotatio bene disposita, et
habet iiii missas; cujus rector est dopnus Johannes Galiani, qui
fuit diu est institutus per dom. Stephanum de Ponte, priorem de
Comeriis, vicarium episcopi; misse dicuntur, tamen venit ad horas;
munita est omnibus necessariis, excepto calice, qui fuit perditus,
et est lis inter Johannem Francisci, heredem patroni, et rectorem.
— Item altare Sancte Trinitatis, cujus sunt fondatores prior et
confratres Sancte Trinitatis, que per clericos celebratur Chamberiaci; habet duas capellanias et ii missas per diem quemlibet, et
est dotata quelibet ad racionem xxv floren. annualium : primo
capellanie est rector dopnus Andreas de Rubeo Monte, secunde
capellanie est rector dopnus Johannes Tallifert, et non sunt insti-
tuti, faciunt residentiam et servunt quandoque ecclesie; altare est
bene munitum, excepto Missali. — Item altare Sancti Nicolai, fundatum per dom. Johannem Legereti pro dom° H. Valardi, et fecit
de duabus capellaniis unam et dotavit eam in parte de redditibus
hospitalis Pontis Moren, estque rector prefate capellanie dopnus
Mermetus Jorgeti, qui est institutus per dominum; altare caret
Missali et calice. — Item altare Sancti Alexii caret rectore et omni
garnimento, et de eo curatus Sancti Ledegarii rationem reddere
debet. — Item altare Beati Mauri, fondatum per Johannem Ravaysii,
caret dotacione et rectore; tamen oblaciones que ibi proveniunt

valere possunt comuniter per annum xii flor. quos recipit curatus, et solebat ibi celebrari ter in edomada et nunc a paucis temporibus citra dimisit. — Item altare Sancti Spiritus, fondatum et dotatum per priorem et confratres Penthecostes usque ad valorem   ; missas habet   et est rector dopnus Johannes Blancheti qui non est institutus; capella caret Missali et calice. — Item altare Beati Glaudii, cujus est fondator A. Lugd. Palmeril et est dotata de xii flor. per annum; habet tres missas per edomadam, et est rector dopnus Jacobus Montein, curatus de Tuyllia, de eadem capella a domino institutus, et servit pro eo dopnus Johannes de Boneto, curatus Cugnini, qui male servit et non venit ad horas ; altare caret Missali et calice.

SECUNTUR HOSPITALIA CHAMBERIACI. — Item visitavit dominus hospitale novum Chamberiaci, cujus rector est dom. Petrus de Casalibus et per omnia bene. — Item hospitale Bonivardorum : dominus eum fecit visitari et caret dotatione, tamen illic fit et tenetur bona hospitalitas. — Item hospitale Clarmondorum dominus fecit visitari, cujus rector est dom. Petrus de Casalibus, et habet competentem dotationem et stat bene. — Item hospitale Pontis Moren est destructum et ibidem hospitalitas non tenetur, et ipsum Guigo de Ponte recoperiri fecit nomine dom' episcopi, quoniam dicto domino debet homagium ab antiquo cum certis possessionibus. — Item recluseria Chamberiaci, et est ibi unus bonus homo antiquus reclusus, nec habet dotationem aliqualem nisi helemosinas voluntarias. — Item maladeria Chamberiaci; ipsam tenet et ecclesiam cum redditibus dom. preceptor Sancti Anthonii, tenet et tenuit diu et infirmis nichil boni facit.

Item, fecit dominus visitari ecclesiam parrochialem Sancti Petri subtus castrum per curatos Marchiarum et Vimenarum, et reperierunt gratia Dei omnia ibidem bene stare.

Item, die lune in crastinum Penthecostes et xix maii, fuit dominus in PRIORATU DE LEMENCO et ibidem magna missa audita, presente magna populi multitudine et dicto domino pontificalibus vestimentis inducto, solempniter processionem fecit; et processione facta visitavit ac populum confirmavit circa M. et V° personas, et ibidem pransus est. Et in eadem ecclesia ista fuerunt reperta : primo Corpus Xpisti et crisma etc. bene et decenter et cum sera; ociam oleum infirmorum quod custodiunt monachi, qui ex consuetudine parrochianis Chamberiaci et Lemenci illud sacramentum ministrant; altare bene, luminare bene, fontes bene; libri boni, excepto quod defficiunt unus Collectanus et unum Epistolare; circa vestimenta: capas non habent alicujus valoris, vestimenta alba non habent, vestimenta nigra que ipsi habent sunt nullius valoris; nullos calices habent proprios pro prioratu, quia diu est quod furati fuerunt, set post dom. Nicolaus de Moyrenco, sacrista dicti loci, fecit fieri unum parvum ponderentem unam marcham cum dimidia et alium calicem ponderentem iii marchas cum dimidia, et fecit fieri idem sacrista unam cassiam copertam de argento ubi super altari reliquie sanctorum custodiuntur et costavit dicta cassia circa II° floren.; item crux nichil valet pro parrochianis, licet sit una pro monachis que fuit data prioratui per dictum Affartaz; custodiam non habent condecentem, set est reficienda.

CAPELLE PRIORATUS LEMENCI. — Primo altare Beati Johannis Euvangeliste, ubi lapis marmoreus, et non est memoria de fondatore nec est specialis dotatio, licet monachi ibidem celebrent quamdam missam pro Francisco Teste, quibus monachis legavit V° floren. somel vel xxv flor. annuales, et solvunt heredes dicti Francisci dictos xxv flor. per annum; dict. altare muniit dict. sacrista de bene esse. — Item altare Beate Marie Magdalene est dotatum de x flor. annualibus quos debet Petrus de Dorchia, heres seu bona tenens dicti Peysson, qui nichil solvit et nichil deservitur in eodem. — Item altare Sancti Nicolai in solario, cujus est fondator dom° H. Bernardi condam, estque dotatum de x flor. annualibus et habet tres missas per edomadam; quod tenet dom. Nicoletus Guersi: nescitur utrum sit institutus. Et est sciendum quod quidam de Herbesio donavit dicte capelle II° floren., qui fuerunt positi in depositione in domo Johannoni Picardi, cujus heredes tenent a Bernardeto, ut in instrumentis super hoc confectis continetur; item Fineta de Morasio donavit eidem capelle xvi flor. annuales, et videatur testamentum. Et servit nunc dom. Vifredus Chabodi; dicta capella caret calice et Missali. — Item altare Sancti Stephani caret missis, fondatore et dotatione, licet dom. Ogerius de Scalis et ejus uxor dicte capelle legaverint IIJ° floren., qui non sunt recuperati set perduntur, et onus debent supportare heredes dom° Johannis Lagereti. — Item altare Sancti Benedicti, fondatum per illos de Riveria, habet dotationem de x flor. annualibus et x alii flor. perduntur, et serviunt monachi: videatur testamentum, si debeat deserviri per monachos vel capellanos seculares; caret calice et Missali et omni garnimento. — Item altare Beati Georgii, fondatum per illos de Monte Gelato et est patronus heres Jo(hannis) de Monte Gelato, dotatum de xiiii flor. in redditibus et debet iii missas per edomadam; cui altari servit dom° A. Terrallii monachus

et non est institutus. Et est sciendum quod dom* Maria de Montegelato legavit dicte capelle xv flor. per annum, et hoc non recupe-
ratur. — Item altare Sancte Catherine, fondatum per Bonivardos,
habet diversas et plures dotationes, et servit ibidem dom* Ay. de
Sayssello et male. — Item altare Sancti Andree fondatum per Mar-
tinum Gardeti, dotatio valet circa viii flor. annuales; ipsam tenet
dom. Johannes Rigoti et non est institutus, et caret calice et Missali ac garnimento; habet iii missas per edomadam, et bene servit
dict. rettor. — Item altare Beati Blasii, fondatum per Picardos
quorum est heres A. Ambrosii, valet dotatio circa xxx flor. annuales, et debet eam tenere Ja(cobus) Alasii clericus qui nundum est
presentatus nec institutus; habet iiii*r missas per edomadam et
servit eidem dom. Johannes Rigoti pro dicto Ja. Alasii; et est bene
garnita, tamen Missale custodit dictus A. Ambrosii et dicitur quod
habet in pignore pro vii flor. — Item altare Sancti Andree fondatum per Jacobum Faczonis, et est dotatum de iii flor. et ii veys-
sellis s quartum frumenti legatis monachis Lemenci, qui ibidem
celebrant unam missam per edomadam; caret omni garnimento.
— Item altare Sancti Anthonii fondatum per Jo. Reverditi abergo-
torem, dotatum per ipsum de xii flor. annualibus; jus patronatus
heredes sui habent, et servit in eadem ejus filius, monachus dicti
loci, et non est institutus; munita est bene, excepto Missali. —
Item altare Sancti Jacobi, fondatum per dom. Johannem de Cas-
tellario et dotatum de xx flor. annualibus cum directo dominio et
i flor. sacriste pro administratione, quam dotationem percipiunt
monachi ex arresto et testamento dicti dom¹ Johannis et confirmatione apostolica; est munita omnibus necessariis et bene serviunt.
— Item altare Sancti Martini, ubi est crota, caret fondatore et dotatione atque aliis, est male coperta; infra dict. capellam jacent
genus Jo. Trodi et G. Grassoti. — Item altare Beati Bernardi*,
fondatum per illos de Claromonte et dotatum per ipsos; et eandem
capellam tenet curatus de Cugnino, nomine dom¹ Ja. Montein,
curati Tullie, et habet iii missas que bene dicuntur et est male
garnita. Item est dotata per Guillelmum de Cletis de xv flor. annualibus et habet iii missas, et eam tenet dom. Nicoletus Guersi et
bene servit: vide si sit institutus; habetque bonum garnimentum,
calicem et Missale. — Item altare Beate Marie subtus magnum
altare, fondatum dotatione antiqua perdicta et post dotatum per
dictum Bonier de v flor. annualibus, de quibus non habetur informatio; quam dotationem percipit dom. Nicolaus sacrista, tanquam
monachus, et sunt dicti v flor. assectati super vinea sua de Villa

Nova, instrumentum Ja. Vilarii; habet I missam per edomadam et caret omni garnimento. — Item capella Sancti Michaelis in cimisterio caret fondatione et dotatione, tamen sacrista manutenet lampadem et coperturam.

EDIFICIA. Omnia edificia prioratus antiqua sunt et modici valoris, claustrum indiget renovatione, domus sacriste bene est et laudabiliter stat, eciam domus cure bene est et eam reparat dict. c(uratus); possessiones dicti prioratus sunt bene culte. Octo sunt monachi; vitam et honestatem dict. monachorum erigat Deus. — DE EXCOMMUNICATIS PARROCHIE. Refert curatus quod infra scripti non fuerunt in Paschate absoluti nec relaxati: primo Hugo Revelli, Joh. Chambonis alias Morsel, P. Lagerii, Jo. de Rivo alias Rochet, Peroneta Groliery, Jo. Bonet de Puignelo, Hugo Buissonis, Jo. Tacheti, G. Jordani, Ja. Museti, Stephanus de Cheneluto. — SORTILEGII. Dicta Coleta sanat de oculis et consimilibus etc., licet fuerit sibi prohibitum per curatum, et includit bestias. Johanneta Boissona est adultera et eam tene(t) bonus P. de Sonnaco. — Capella Pontis Reclusi, cujus est fondator et dotator Anthonius de Breno alias Pugnatis, et est dotata de XII flor. annualibus, habet IIII⁰ˢ missas per edomadam; est rector dom. Jacobus de Costergio, qui est institutus denuo; caret garnimento, Missali et calice. — Hospitale Pontis Reclusi est omnino destructum, quod fuit fondatum et dotatum per Guillelmum Deifilii de Chamberiaco, cujus hereditatem tenent illi de Sancto Albano, et specialiter onus hospitalis habere dicuntur heredes Johannis de Ravoria dicti Bolla et Guigo de Ravoria; et juxta formam dicti testamenti debent esse XII lecti, una capella dotata de X libris Viennen., et pro manutenendo hospitale et lectos alie X libre annuales.

Item, die martis XX maii fecit dominus visitari ECCLESIAM DE JACOB per curatum de Marchiis, presente Guillelmo Chabodi de Jacob et Francisco de Cusinens, et reperta sunt hec: primo Corpus Xpisti condecenter in custodia fustea, item unus parvus calix argenti indiget ab infra deauracione et in eodem non potest celebrari debite donec fuerit redeauratus; duo indumenta habet completa, excepta una casula que est reficienda; libri boni, excepto uno qui indiget religacione; vexilla seu confaronos non habet; murus navis in quadem sui parte et campanile indigent reparacione: cetera bene. Refert curatus quod quidam in sua parrochia venit mansurus, qui est et stetit diu excomunicatus et in Paschate non fuit confessus; parrochiani sui non in dicto festo omnes Corpus Xpisti receperunt: et fuit sibi injunctum quod careant ecclesiastica sepultura illi qui in Paschate vel semel in anno Eucaristie sacramentum non recipiunt, nisi habeant legitimam excusacionem et de consilio ipsius sacerdotis. Parrochia habet XXVIII. — Item, eadem die fecit dominus visitari per dict. curatum de Marchiis ECCLESIAM DE MONTANIOLA, cujus est curatus dom. Joh(annes) de Grangiis seu vicarius perpetuus; deffectus sunt isti: Corpus Xpisti non satis decenter, quia in bustia seu custodia nemorea erant in fondo alique miscicule dicti Corporis X¹ absque aliquali pagni involucione, eciam medietas unius administracionis; calix argenteus indiget reparacione et patena est in Chamberiaco penes dorerium; altare bene, tamen corporalia sunt modici valoris et male aptata; libri boni, tamen indigent religatura; statuta synodalia non habet; corus ecclesie maxime indiget bochiamento et plastramento, fenestre cori indigent reparacione et verreriis, tectum navis ecclesie male copertum; fontes firmantur cum sera et lapis modicum valet, quia est infra quedam conchia eris in qua est aqua pro baptizando; archas tenet in coro et in eodem non sunt daresie; ignis in lampade non fuit repertus. *Excomunicati qui non fuerunt absoluti, relaxati nec confessi in Paschate, vid. Mich. Vache, it. Jaquem. Valet. Parrochia habet circa* XXIIII. — Item, eadem die circa horam vesperorum fecit dominus visitari per prefatum curatum ECCLESIAM seu capellam SANCTI CASINI *(al.* Cass-i), circa quam reperit ista: primo calix est plumbeus, Graduale modici valoris quia antiquum, fenestra cori deest verreria, ecclesia male coperta et campanile nullius valoris, statuta synodalia non habet; excomunicati qui non fuerunt absoluti nec confessi in Pascha: Vernerius Prepositi; cetera bene. Parrochia habet circa XXVIII.

Item, die mercuri XXI maii fecit dominus visitari per curatum de Marchiis ECCLESIAM parrochialem DE BORDELLIS, in qua oratur sanctus Vincentius, que est connexa cure Burgeti et debet idem curatus in dicta ecclesia celebrare qualibet die dominico et aliis festis colendis: Corpus Xpisti bene, calix argenteus bonus, altare bene, indumenta bona; Missale bonum et completum, non habet alios libros, non habet librum pro batizando; fuit ibi perditus unus liber Eucaristie officii per dom* A. Muleti, et in tempore domni Hugonis vel curati moderni fuit perditus; caret crismate et oleis, et dicit quod tenet in Burgeto; fontes male quia lapis non tenet, set est infra quedam caciola cupri, infra quam est aqua; corus caret daresiis. Nulli sunt excomunicati, confessi omnes, suspecti de fide nulli; est una mulier, Anthonia de Comba, antiquissima que utitur herbis et pluribus aliis imposs(ibilibus). Parrochiani conqueruntur: primo de occupacione que est circumcirca ecclesiam, ita quod non potest fieri processio, nam antiquitus curati dicti loci abergaverunt; item quia non·celebrat curatus festis preceptis et diebus dominicis et festis magnis seu dupplicibus cum nota, licet fuerit consuetum;.it. non facit curatus pulsari completorium et vesperos in vigiliis et festis consuetis; item subtus magnum altare est quedam capella ad crotam, in honorem Beate Marie fondata, cujus altare est omnino discopertum et caret dotacione, non celebratur ibidem, licet dicant parrochiani quod ab antiquo curatus manutenebat totum garnitum et celebrabat in eo in festis beate Marie: idcirco dicto curato injunctum fuit ut ob Virginis gloriose reverenciam in dict. festis beate Virginis celebraret, cum in lapide altaris impressio consecrationis appareat; item in navi ecclesie est quoddam altare magnum, non dotatum sed voluntarie constructum per quendam monachum debilem sensu, et in eodem altari est magna congeries lapidum: ideo ordinatum fuit vicario quod dict. altare removeri faciat et in ecclesie cori vel navis fabricam convertat. Parrochiani seu foci sunt xvi et boni.

Item, eadem die mercuri visitavit dominus PRIORATUM DE BURGETO et ibidem per sacristam dicti loci reverenter fuit receptus, quia prior erat absens et erat Parisius in studio, et reperti sunt isti deffectus: primo altitudo seu crota ecclesie cori et tocius navis minatur ruinam et jam in parte corruit, et bene possunt dicere intrantes dict. ecclesiam quod dicta ecclesia non est ex uno lapide constructa set est periculum in mora; ibi est vicarius non presentatus; sunt in eadem ecclesia capelle non dotate; totus prioratus magna indiget reparacione: cetera bene stant. Ibidem dominus pransus fuit et illa die erat jejunium iiij^{or} Temporum; eciam dominus ibidem jacuit. Confirmati fuerunt circa' V^e; in eadem parrochia sunt foci circa VJ^{xx}.

Item, die jovis xxij maii visitavit dominus de mane ECCLESIAM parrochialem DE CERVOLAY: Corpus Xpisti tenetur reverenter, libri boni, crisma bene, caret oleo infirmorum, fenestra cori caret vitrea; cetera bene. In eadem parrochia sunt xx^{ti} foci; ibidem fuerunt confirmati circa xxx. Domus cure bene stat. — Item, dicta die jovis visitavit dominus ECCLESIAM DE MOTA et ibidem per infirmarium Bellicensis honorifice fuit receptus; deffectus: Corpus Xpisti bene, amen in fondo cassie erant miscioule Corporis X' sine aliquali involutione; ecclesia corruit, eciam campanile, tamen est datum ad precium factum reparandum; libri boni, set indigent aliqui religacione; sunt tres calices et una custodia argenti, quorum unus calix indiget deauratione et deauretur ante quam in eodem celebretur, item alium tercium calicem mutuavit curatus et sibi fuit injunctum sub pena excomunicationis ut infra octo dies dict. calicem redderet; dict. curatus est juvenis sensu. In eadem parrochia sunt circa XIIJ^{xx} (foci); confirmati fuerunt quasi IJ^c. Dominus ibidem pransus fuit, cenavit et jacuit.

Item, eadem die jovis fecit dominus visitari per curatum de Marchiis ECCLESIAM SANCTI SUPPLICII et reperit in eadem hos deffectus : ecclesia, que dudum fuit combusta, in muro indiget reparatione; lapis foncium est destructus propter incendium et est aqua in quodam morterio seu vase molacie; tectum ecclesie in aliquibus partibus male copertum, tamen in brevi debet coperiri; fenestra retro altare indiget verreria; corporale altaris est contaminatum et modici valoris : ordinatum fuit curato ut dict. corporale reparet de novo infra unum mensem; calix argenteus reparacione indiget in pede, et eciam patena. Excomunicati qui non fuerunt in Paschate absoluti nec confessi : Anth. Perononis, Vincentius Fabri, Vuillelmus Purvini, Anth. Cuyneti et ejus uxor; cessum est in dicta ecclesia pro infrascriptis : primo contra Anth. Peronini ad instantiam plurium, contra Anth. Cuyneti et uxorem ejus ad inst. plur., contra Joh. Evrardi et ejus uxorem et filium, contra Andr. Magnin, contra Vincent. Fabri, contra Villelmum Previni, contra Andr. Lonelli. Curatus dicti loci est scientificus homo, set mala fortuna viguit pro eo, quia ab octo annis vel citra semper in quolibet mane stetit depredatus nec fortuna illa potest eum relinquere; revera de mulieribus non curat.

Item, die veneris mane XXIIJ maii visitavit dominus ecclesiam seu PRIORATUM BISSIACI (al. DE B-co), separando de Mota; deffectus : calix argenteus est modici valoris et indiget renovatione, caret oleo infirmorum; cetera bene. Item est quedam capella fondata per nobilem dom. Alexiam de Bonivardis, relictam dom' Johannis de Molario alias Ferla, cujus hereditatem habet Loysa, uxor filii dom' Amedei de Orliaco; et ordinavit dicta domina ipsam capellam dotari de x flor. annualibus seu tradere pro dotatione IJ^c floren., ut in suo testamento recepto per Emeline alias Agrifa notarium, et solvere recusat set querit prior ut compellatur ad solvendum. Excomunicati qui non fuerunt absoluti nec confessi : Fran. Botatorsa et Anth. de Magnietam. Habet parrochia LV; confirmati ibidem quasi VJ^{xx}. — Item, dicta die veneris separando de prioratu Bissiaci, ambulans per loca arida et lutosa, applicuit dominus ad ECCLESIAM parrochialem DE COU et visitata ecclesia reperit hos

deffectus : caret calice argenteo quia furatus fuit, injunctum parrochianis quod emant unum; corus minatur ruinam; Graduale
nichil valet et non est completum, non habent Legendarium;
daresie ante corum non sunt : cetera bene. Scanna ecclesie fuerunt
erecta propter rumores qui erant inter populares; item fuit inhibitum quod in confratria nullus libretur, set flat helemosina, et
moniti quod computent per predecessores. Excomunicati qui non
fuerunt absoluti nec confessi in Paschate : vid. Joh. Bonzan alias
Riboton; mulieres suspecte, diffamate et sortilege : uxor Jo. Alamandi. Curatus tenet in concubinam Johannetam de Rosserio et
eam diu tenuit in domo propria cure, et de ea habuit i puerum
noviter et jacuit de illo puero in domo dicti curati, et erant curtine
fixe seu appodiate in propriis muris ecclesie; et nunc eam tenet
ibi prope in quadam domo, relacione Vuillelmi Fardolli, Jo. Lamberti, P. de Molario, Jo. Martin, Petri Pugini alias Pinet. Parrochia habet circa LXX; confirmati fuerunt quasi L. — Item, eadem
die veneris post prandium fuit dominus in ECCLESIA VIMENarum (al.
DE V-nis) et non reperit ibi populum nec animam viventem, quia
vicarius dicti loci parrochianis non notificaverat; deffectus et virtutes dominus vidit et scit, et de eisdem sibimet relacionem faciat.
Item nota de calice perdito per Anth. de Sala. — Item, dicta die
circa horam vesperorum, separando de Vimenis applicuit dominus
ad ECCLESIAM DE CUGNINO, et ibidem dict. ecclesiam visitavit et
populum confirmavit; deffectus : crucem non habent, vexilla seu
confaronos non habent; cetera bene. Parrochia habet circa LIIII;
confirmati circa IJ°. — Deinde accessit ad villam Chamberiaci et
mansit ibidem duobus diebus.

Item, die lune XXVJ maii separendo de Chamberiaco ivit dominus
ad ECCLESIAM parrochialem SANCTI JOHANNIS DE ARVESIO, et dicta
parrochiali ecclesia visitata reperit hos deffectus : primo non sunt
libri neccessarii ad divinum cultum ut decet, fenestre cori carent
vitreis, ecclesia male coperta pro majori parte, fontes male stant
quia aqua potest hauriri; cetera bene stant. — Capelle ejusdem
ecclesie : Primo capella Beate Katerine quam tenet curatus dicti
loci, et per dict. curatum vel vicarium debent due misse celebrari
per edomadam; valet annuatim x flor., munita est omnibus necessariis. Dict. capellam fondavit Blancheta de Balma. — Item est
alia capella quam fondavit et dotavit Petrus de Sancto Johanne,
ejusdem loci, alias Pitit; capellanus tenetur celebrare ter in edomada et de dotacione contentatur; dict. capellam tenuit spacio
novem annorum sine aliqua institucione, licet presentationem ha-

buerit a priore Allionis, quam penes se per spacium dict. ix annorum custodivit. — Item alia capella in navi ecclesie, que non est dotata; Vifredus de Charfadone annuatim dat capellano vi flor. dum fuerit in humanis, ita tamen quod dict. capellanus teneatur celebrare bis in edomada; munita est indumentis et calice plombeo. — Ibidem dominus pranssus est; confirmati fuerunt circa IJ.

Item, eadem die fecit dominus visitari ECCLESIAM parrochialem SANCTI MICHAELIS DE DESERTIS per curatum de Marchiis, qua visitata reperit hos deffectus : caret oleo infirmorum, palle et corporalia non satis munda ; non habet statuta synodalia ; corus minatur ruinam, eciam quedam pars navis : cetera bene. Ibidem est quedam capella, quam fecit construi Petrus Clerici de eodem loco nec est dotata, set aliquando dum sibi placet dat sacerdoti modicam quantitatem pecunie, ut in dicta capella celebret, et interdum nichil dat. Altare consecravit episcopus Villaris Barmarum seu de Pertontt⁰. Vicarius non est presentatus, est irregularis, tabernarius et concubinarius manifestus. Merito vocatur locus ille de Desertis, quia etc. In eadem parrochia sunt IIIIˣˣ foci vel circa.

Item, dicta die lune separando de Sancto Johanne de Arvesio jacuit dominus et cenavit in ecclesia seu PRIORATU TURIACI (al. DE THU-CO); et in crastinum, scil. martis xxvij maii, mane missam audivit et audita missa cimisterium reconciliavit, quod sanguine erat polutum, et processionem fecit ; deinde visitavit dict. ecclesiam et prioratum, et reperta fuerunt ista : crux parum valet, fenestre cori carent verreriis ; due capelle sunt ibidem non dotate : cetera bene. In eodem prioratu sunt sex canonici, incluso priore, curato et sacrista, et bene sunt. Item refert curatus quod Laur. Chamberti, ejus parrochianus, excomunicatus per curiam Grationopolis ad instantiam Petri Terrallii, fuit confessus et absolutus per episcopum Villaris Barmarum seu de Pertont; item Thomas Fabri alias Coquet et Johanneta uxor Mich. Rupet sunt concubinarii et non fuerunt in Paschate absoluti nec confessi dicto curato, licet dict. Thomas confessus fuerit dicto episcopo Villaris Barmarum. Parrochia habet circa LXX; confirmati quasi VIˣˣ. — Item, die martis xxvij maii separando de Thoriaco visitavit dominus ECCLESIAM Sancti Stephani DE PODIO GROSSO et ibidem pransus est, et facta visitacione reperti sunt hii deffectus : calix licet sit novus, tamen pes est male serratus quia lochiat ; non habet Legendarium, habet unum Responsorium nullius valoris ; una fenestra cori caret vitrea a parte domus ecclesie, ecclesia est male coperta, non habet ymaginem Crucifixi, corus de super minatur ruinam licet sit bene

copertus; caret oleo inflrmorum. Refert curatus quod Beatrisia
Faveria jam sunt iii anni elapsi quod non fuit absoluta nec con-
ferra curato, set sibi dixit quod fuit confessa episcopo Villaris Barmarum ; item dicit quod plures heredes et bonorum possessores
moltoties sunt per curiam Grationopolis excomunicati sine nomi-
natione; it. Jacobus Novelli sunt jam vij anni quod non fuit
absolutus nec confessus ipsi curato; ' item refert dict. curatus quod
ipse fecit benedici per episcopum de Pertont seu Villaris Balmarum
unam albam, de qua habuit per pactum expressum a curato Villaris
Barmarum ii gros., incluso dymidio grosso habito per ipsum curatum Villaris Barmarum : hoc testiflcatur Petrus Tarini de Ferres-
terlibus sub suo juramento et pactum ita fecisse et solvisse. Item
referunt parrochiani quod Joh. Boissonis decessit die quadam festi
Pasche sine confessione, licet fuerit dict. curatus requisitus; item
Doifilius Regis refert quod quadam vice venit dict. curatum quesi-
tum pro eundo bene tarde ad quemdam suum parrochianum pro
confltendo, qui quasi invictus ivit et prima fronte respondit quod
diabolus haberet partem; item reddit se durum de ministrando
sacramenta parrochianis suis, it. de dicendo missas mulieribus de
puerperio surgentibus et sepius eas facit redire sine missa; it. est
lusor manifestus; item est diffamatus de concubinatu de uxoribus
Ja. de Quercu et Boneti, et tenet secum i filium suum quem habuit
ab uxore dicti Boneti de Quercu; it. batizavit puerum dicte mu-
lieris ut dicunt parrochiani. Parrochia habet circa xl; conflrmati
totidem. — Item, fuit dominus in ECCLESIA TULLIE (al. DE T-iA)
separando de Podiogrosso, et ibidem dedit in tachiam seu ad precium factum tectum domus cure et precepit accensatori quod solvat
xx flor. de dicta tachia, visitavitque dominus et confirmavit;
deffectus sunt isti: indumenta sunt nullius valoris, fenestra cori
caret vitrea'', caret oleo inflrmorum, caret statutis synodalibus ;
domus cure male stat set dom. episcopus dedit ad precium factum,
ut supra scriptum est, de reparando super censa quam percipit
curatus: cetera bene. Petrus Bau non fuit absolutus nec confessus
in Paschate. Habet parrochia circa lx; conflrmati HIIᶜⁱ. — Item,
eadem die martis fuit dominus in sero in ECCLESIA DE CURANNA et
jacuit ibidem in domo sua, ubi eum recepit curatus dicti loci honorifice, et cenavit in eadem domo sumptibus dicti curati; illo sero
visitavit et populum conflrmavit, et sunt hii deffectus : corus minatur ruinam, ecclesia male coperta, non habet oleum inflrmorum,
domus cure nichil valet. Curatus est concubinarius publicus et tenet
in domo cure Johannetam Vachy de versus Aquis; tardus est in

baptizando pueros et in sacramentis ministrandis, et fuerunt aliqui conquesti. Nulli vel pauci sunt excomunicati; omnes fuerunt confessi et absoluti in Paschate. Parrochia habet circa LXX; confirmati circa VII².

Item, die mercuri XXVIII maii summo mane separando de Cureanna accessit dominus ad PRIORATUM SANCTI GEORGII, et audita missa visitavit et populum ibidem confirmavit; et visitatis ecclesia et prioratu gratia Dei in dicto prioratu nullos deffectus reperit: canonici dicti prioratus sunt bone vite et bene serviunt Deo. Est una capella fondata per dom. Glaudium de Chignino militem condam et est bene dotata, cui servit et servire consuevit unus capellanus secularis.—Item, eadem die fecit dominus visitari capellam seu ECCLESIAM DE CHIGNINO, ubi est batisterium et non cimisterium, set corpora parrochianorum sepeliuntur in cimisterio Sancti Georgii, et facit eidem ecclesie deservire prior Sancti Georgii per unum ex canonicis dicti prioratus; visitavitque dict. capellam seu ecclesiam curatus Marchiarum et reperit omnia ibidem competenter stare.

Dominus in dicto prioratu dicta die mercuri pransus fuit et cenavit, et cena sumpta dom. episcopus accessit ad Chamberiacum; et in crastinum, que erat festum Corporis Xpisti (29 m.), dict. dominus fecit processionem per totam villam Chamberiaci, in qua erat dom. comes Sabaudie et maxima multitudo nobilium, deinde facta processione magnam missam in altari Sancti Leodegarii celebravit.

Item, fecit dominus visitari ECCLESIAM DE TRIVERIIS, die III² junii, per curatum de Marchiis; deffectus: primo non repertus fuit curatus, ecclesia sine lampade et igne, ecclesia non est affretata, lapis batisterii non tenet, est sine Missali; cetera non videre potuit propter absenciam curati.

Item, die martis III² junii visitavit dominus Montem Melianum et PRIORATUM ALBINI, et ibidem pransus fuit, cenavit et jacuit, et facta visitatione reperit ista: Corpus Xpisti satis bene et sub cera, sed plures habebat administrationes; cetera bene stant. — Item, ECCLESIAM seu capellam BEATE MARIE MONTIS MELIANI visitavit dominus dicta die martis et reperit hos deffectus: verrerie cori sunt fracte; in dicta capella pluit quasi per totum, ob deffectum parrochianorum qui sepe fuerunt moniti per curatum; item campanile dicte capelle est medietas discoperta; dicta capella male est munita in vestimentis sacerdotalibus. Altaria sunt in dicta capella duo: Johannis Arthaudi, qui nichil solvit nec servitur ibidem; aliud altare Sancti Eligii, cui servitur, set heredes Johannis Leonis nec heredes Bordoni de Croso nolunt solvere servitori dicti altaris licet teneantur. Est capella dom' Georgii de Ravoria et capella Blondeti, cui servitur et sunt munite neccessariis ; est capella Johannis Rosseti, cui servitur. Moneantur consules Montis Meliani ut dict. capellam faciant coperiri et preparent campanile, verrerias et vestimenta sacerdotalia fieri faciant; cetera in eadem ecclesia bene stant. Confirmati fuerunt circa IIIJ°. — Hospitalia Montismeliani. In dicto loco sunt duo hospitalia : hospitale Pontis, et illud est dom' comitis Sabaudie; est aliud prope Predicatores, et illud est sine tecto, male munitus omnibus neccessariis. In dicto hospitali Pontis pluit per totum et male gubernatur, licet habeat dotem sufficientem; de dote alterius hospitalis nichil reperi. Maladeria Montismeliani competenter gubernatur. — Visitationem prioratus Albini et capelle seu ecclesie Beate Marie Montis Mellani, hospitalium et maladerie relatione dom' Petri Firmini, curati ejusdem loci, in presenti papiro scripsi.

Item, die mercuri IIIJª junii visitavit dominus ecclesiam Sancti Laurentii de Croso, et ibidem fuit pransus; deffectus sunt isti : Corpus Xpisti licet esset in bustia argentea satis bona et pulcra, tamen pagnus siriceus ubi dict. Corpus involutum erat fuit combustum quia non erat decens ad hoc; ecclesia male coperta, fenestra cori caret vitrea, libri indigent religacione : cetera bene. Excomunicati qui non fuerunt absoluti nec confessi in Paschate : Glaudus de Verdone et stetit jam diu; cessi P. Columbi, Gineta uxor Petri Coyndo. Parrochia habet circa IIIIˣˣ ; confirmati circa IIª. Capelle. Primo capella Beate Katherine fondata per illos de Verdone, non plenarie dotata; et eam tenet domnus Jacobus   et non est institutus. Item capella Sancte Crucis, fondata per dom. Aymonem Chivillion, capellanum condam, et dotata de xii flor.; et est rector dom' Jo. Guerre. — Item, eadem die mercuri post prandium separendo de Croso visitavit dominus ecclesiam Sancti Johannis de Porta, et in eadem ecclesia reperit istos deffectus : Corpus Xpisti licet sit honeste, tamen reperte sunt miscicule infra pagnum et erat ibi quarta pars unius administrationis a vermibus corrosa; sanctum crisma et oleum timore preterritus illa die met fecit aportari : corus et ecclesia male coperti, unum parvum hostium deest in ecclesia : cetera bene. Isti non fuerunt absoluti nec confessi in Paschate : Hugonetus Amblardi, Stephanus Badona, Joh. Aymonis, Joh. de Patrerebot, Anth. Boudesii. Curatus est male vite, concubinarius et quasi continue excomunicatus. Parrochia habet circa LX; confirmati circa C.

Item, dicta die mercuri separendo de Sancto Johanne de Porta hora vesperorum, accessit dominus ad ECCLESIAM parrochialem SANCTI PETRI DE ALBINIACO, et ibidem cenavit et jacuit; et in crastinum *(5 j.)* audita missa visitavit et populum ibidem confirmavit, et facta visitatione sunt hii deffectus : Corpus Xpisti licet esset honorifice, tamen bustia est nimis stricta; corus ruinatur et fenestre ejusdem carent vitreis, ecclesia est male coperta; libri boni, tamen in majori parte male religati: cetera bene. Curatus dicti loci conquestus fuit de fratribus Aug(ustinensibus), quia dum processio fit die festivitatis Corporis Xpisti dicti fratres Augustinenses virtutes seu reliquias ecclesie dict. fratrum portant sub tabernaculo in quo dict. Corpus X' portatur, quod non debet fieri. Est ibi vicarius non presentatus, scil. donnus Michael Herbote. Habet parrochia circa II°; confirmati ibidem circa III°. Item sunt in dicta ecclesia capelle : Primo capella Beate Marie, quo est annexata officio marticularie dicti loci, cujus patronatus spectare dicitur priori de Porta, et est rector don. Jacobus de Ultrananto capellanus et non est institutus, et est male garnita. Item capella Sancti Johannis, fondata per Hugonem de Revello et est patronus curatus, et caret rectore saltim apparenter et eam tenet dom. Johannes Raymondi, canonicus ecclesie Beate Marie Gratlonopolis et prior de Comeriis; et servit in ea don⁴ Ja. supradictus, valetque per annum deducto servicio XII flor. Item est altare noviter constructum ante crucem, nundum dotatum, fondatum per dominum et dominam de Miolano. Dominus ibidem dicta die jovis pransus est. — Item, dicta die jovis visitavit dominus post prandium ECCLESIAM parrochialem DE MIOLANO *(al.* MEO-O) sitam juxta castrum Miolani, in quo castro dominus per dominum dicti loci laudabiliter fuit receptus; deffectus ecclesie : dicta cura est viduata curato; Corpus Xpisti decenter tenetur super altare, tamen sine clavi; fontes sine clavi. Habet parrochia dominum Miolani et III alios focos, et non plus; confirmati ibidem circa XV. Valet dicta cura per annum circa XXX flor.

Item, dicta die jovis separendo de Miolano accessit dominus ad ECCLESIAM parrochialem GRESIACI *(al.* DE G-co), ubi cenavit et jacuit; et in crastinum audita missa visitavit et populum ibidem confirmavit, et reperit omnia competenter stare. Dominus eciam illa die, que fuit dies veneris et VJ junii, ibidem pransus fuit et jacuit. — Item, dicta die veneris VJ° junii sumpto prandio in Gresiaco, accessit dominus ad PRIORATUM DE MONTALLIONS *(al.* M-aillrons) et, quia prior dicti loci infirmabatur et sperabatur magis de ejus morte quam de vita, fuit dominus receptus per curatum et monachos dicti loci, et receptus per eosdem visitavit et populum ibidem

confirmavit, et reperit omnia ibidem sufficienter stare; et facta
visitatione in dicto prioratu, retrogressus est in Gressiaco ubi jacuit.

Item, die sabati vija junii separando de Grisiaco fuit dominus
in ECCLESIA parrochiali Fractorippe *(al.* DE F-tA R-pA) satis mane,
et visitata ecclesia reperit hos deffectus : Corpus Xpisti licet teneatur honorifice, inventa est una administratio inter alias que erat
inveterata, corrosa et scisa per medium; libri boni, tamen indigent
religatura; fenestre cori carent vitreis : cetera bene. Anth. de Aquis
non fuit confessus in Pachato; hii qui non fuerunt absoluti in
Paschate nec relaxati; Anth. de Aquis, Jo. de Conziaco alias Viret
jam diu et quam diu stetit curatus in cura, Joh. Rosseti alias
Gringal, Ay. Boysserie, Ay. de Soturno alias Meienaz. Parrochia
habet circa XL focos. — Item, in ecclesia seu PRIORATU SANCTI
PHILIPPONI *(al.* P-pI DE PORTA)
                         . — Item, dicta die sabati vija junii
separando de Monte Meliano, ubi pransus fuit in abergaria, accessit
ad ECCLESIAM DE FRANCINO et facta visitatione reperit ista : Corpus
Xpisti inveteratum et corrosum a vermibus, libri nichil valent,
ecclesia male coperta; relatione curati Vimenarum ista supra
scripta ita fuerunt reperta : cetera bene. — Item, dicta die sabati
hora vesperorum visitavit dominus ECCLESIAM DE MARCHIIS, et ibidem cenavit et jacuit; deffectus : libri deligati, domus nullius valoris; parrochianorum major pars excomunicati. In eadem parrochia sunt XL foci vel circa. Item in ecclesia Beate Marie de Miano
omnia bene stant; et ibidem sunt III foci; confirmati quasi C. In
ecclesia Marchiarum est capella Sancti Johannis Babtiste, quam
fondavit Johannes Suanit, et est male dotata et caret omnibus neccessariis; et eam tenet don. Vincentius de Fontanis. Item vide
capellam ordinatam ibidem per uxorem condam Johannis de Bavoria
alias Brunitar, cujus copia cedule testamenti tradita fuit dom° P.
Firmini.

Item, die dominico separando mane de Marchiis, itenerando per
abissos et transeundo per collum Frassini, pervenit dominus competenter pluvia madefactus ad ECCLESIAM DE ESPERNAY, ubi audita
missa visitavit et populum confirmavit, et reperit in ea hos deffectus : libri indigent religatione, corus caret vitreis, crux nichil
valet, ecclesia male coperta, statuta synodalia non habet; cetera
bene. Curatus est ignarus et nichil scit, saltim de cultu divino;
eciam in temporalibus debiliter se habet. Parrochia habet circa
IIIIxx; confirmati ibidem circa CC. Excomunicati qui non fuerunt
absoluti in Paschate : Joh. Revelleti, Joh. naturalis de Cochia, Guigo

dou Bochereus, Anth. Regis, Jo. Frene. In dicta ecclesia est quedam capella fondata per illos de Chalenderia; cui capelle donavit Hugoneta uxor condam Jo(hannis) de Chalenderia XL sol. Viennen. per annum, ut in Missali etc.; item Thomas de Chalenderia in suo testamento dotavit ipsam cappellam de X flor. per annum percipiendis per curatum dicti loci, qui debet celebrare in eadem per edomadam tres missas, ut in testamento recepto per   de Masso alias Ruffi de Scalis: et caret ipsa capella calice, casula, stola et manipulo. Dominus ibidem pransus est. — Item, eadem die dominica VIIJ^a junii separando de Espernay fuit dominus in sero circa vesperos in PRIORATU SANCTI PETRI DE INTERMONTIBUS, et ibi jacuit et cenavit atque confirmavit ipso sero; et in crastinum ibidem visitavit et reperit hos deffectus: Corpus Xpisti licet esset honeste, tamen in custodia invente sunt miscicule quamplurime et vermes; palle altaris sunt foraminate, patena calicis reparanda est, libri modici valoris; campanile corruit, ita quod campane sunt remote et sunt in quodam parvo balfredo fuste extra ecclesiam; claustrum indiget reparatione; sunt ibi duo canonici, prior est absens et infirmatur quia demens: cetera bene. Est ibi una capella fondata per dominum Intermontium et cantat ibi unus canonicus, eciam in capella castri dicti loci. Parrochia habet circa LXX focos; confirmati fuerunt ibidem circa CC.

Item, die lune IX^a junii separando de prioratu Sancti Petri de Intermontibus, magis ac magis ascendendo per montes excelsos, pervenit dominus ad ECCLESIAM parrochialem DE CORBELLO et audita missa visitavit et in ea reperit deffectus sequentes: Corpus Xpisti licet honeste foret et sub clavi, tamen infra custodiam miscicule quamplurime reperte sunt in pagniculo lineo, piloso et ibi jubsu dom^i episcopi combusto; fontes sine sera, etiam lapis est fractus et stillat; ecclesia male coperta: cetera bene. Habet aliam ecclesiam de Ratheria, ubi sunt fontes et cimisterium; et illic habet IX parrochianos, et in Corbello parroch. habet XXVI. Confirmati circa XXX. Dominus ibidem pransus est. — Item, eadem die lune post prandium, separando de Corbello et semper montes continuendo cum maxima descensione, venit dominus ad ECCLESIAM parrochialem SANCTI JOHANNIS DE COU, que est annexata ecclesie Sancti Xpistofori de Scalis, et ibidem non reperto curato nec aliquem pro eo nichillominus dict. dominus visitavit et populum ibidem confirmavit, et reperit hos deffectus: primo Corpus Xpisti inhonestissime inventum est in quodam armario retro altare sub clavi in quadam modica bustia lotoni, que bustia reperta est in dicto armario inter

candelas, mapas non honestas et alia brollymenta, et aperta dicta
bustia dict. Corpus X[i] fuit inventum totum inveteratum, frustratum
et putrefactum, et propter putrefationem dict. Corpus erat junctum
seu serratum cum ceudali ac si foret colatum : dict. Corpus X[i] curatus de Marchiis dicto curato S[i] Xpistofori portavit decenter ut
potuit, ut inde ipsi curato negligentiam suam indicaret, quod fecit
sic coram curato Sancti Laurentii de Ponto; fontes sine sera et
lapis nichil valet, set est infra unus alius lapis parvus ad modum
morterii, in quo erat aqua non monda; ediflcia domus circumcirca
ecclesiam omnino ruinata : cetera bene." Parrochiani sunt quasi
xxvi, confirmati xxx. — Item, fuit in capella Beati Blasii prope
stabillionem de Cou et solebat esse parrochialis ecclesia, et eam
tenet sacrista de Scalis et celebratur ibi semel in edomada. — Item,
descendendo por stabilionem de Cou applicuit dominus in ECCLESIA
SANCTI XPISTOFORI DE SCALIS, et ibidem cenavit et jacuit et dicto
sero confirmavit, atque in crastinum visitavit et eciam confirmavit;
deffectus : Corpus Xpisti licet esset sub clavi in una custodia lotoni
rotonda involutum in uno pagno siriceo antiquo, tamen dict. Corpus erat frustratum et in fondo custodie misciocule quamplurime
reperte sunt, et fuit cendalo seu pagnus combustus; item palla
altaris super qua celebrabat inventa est antiqua et totaliter conta-
minata et eciam foraminata, et fuit combusta eodem instanti; fontes
licet cum clavi existant tamen aqua stat inhonestissime, quia infra
magnum lapidem est quidam morterius ubi est aqua non satis
monda; in domo dicte ecclesie[²] pluit; patena calicis modici valoris
est: cetera bene. Habet focos circa C; confirmati quasi IJ[°]. Est in
eadem ecclesia una capella fondata por illos de Sancto Andrea et
dotata de xxx sol., et celebrat curatus[³] ibidem semel in edomada.

.Item, die martis x[a] junii separando de Sancto Xpistoforo in Scalis
audita missa, applicuit dominus ad villam DE SCALIS et sumpto
prandio ECCLESIAM parrochialem visitavit, et sunt reperti isti deffectus : primo Corpus Xpisti licet esset sub clavi, tenebatur in una
modica custodia et integre non potest custodiri set per frustra;
eciam in pagno in quo dict. Corpus X[i] involutum erat invente
sunt quamplurime misciocule; patena calicis est fracta; non habet
statuta synodalia; fontes firmantur cum clavi set lapis non tenet
aquam, sed est ibi unus alius parvus lapis ad tenendum ipsam
aquam : cetera bene stant. CAPELLE : In eadem ecclesia est capella
Sancti Spiritus quam fondavit Petrus Melli de Scalis saltor, et valet
per annum II francos, et serviunt ibi duo fratres Hospitalis Sancti
Johannis et celebratur ibi semel in edomada; caret indumentis,

Missali et calice, nec fecerunt se institui. Item est alia capella Beate Catherine supra solarium, quam fondaverunt illi de Viriaco et servit curatus dicti loci; valet per annum v flor., celebratur ibidem bis in edomada; caret indumentis, libris et calice, palle et corporalia dicte capelle sunt foraminate et potius videbantur esse mape ad tergendum scutellas quam palle et corporalia, et propter sordiciem palle et corporalia fuerunt combuste. Parrochia habet circa VIIJ^x focos; confirmati ibidem quasi VI^c. — Item, eadem die martis x^a junii post prandium separando de Scalis accessit dominus ad ecclesiam Sancti Petri de Genebroso et ibidem cimisterium sanguine polutum reconciliavit, et reconciliato cimisterio visitavit et confirmavit, et sunt hii deffectus : Corpus Xpisti honeste tenetur, tamen sine clavi; non habet statuta synodalia : cetera bene. Parrochia habet circa xxx focos.

Item, eadem die separando de Genebroso applicuit dominus ad prioratum de Miribello hora vesperorum, et ibidem cenavit et jacuit; et in crastinum pransus est, que erat dies mercuri, ecclesiam visitavit et magnum altare consecravit : omnia ibidem bene stant, preter unum Missale quod nichil valet. Sunt ibidem due capelle non dotate, nec celebratur in eisdem : unam ex istis capellis fondavit Arthaudus Luppe nec eam dotavit. Numerus monachorum est completus, et sunt duo monachi cum priore. Secuntur illi qui non fuerunt absoluti in Paschate : primo nobilis Humbertus Vache stetit diu, Anthon. de Masso alias Ros stetit per x annos, Guillonus Barionis alias Moret, Anthon. Grasseti, Joh. de Masso alias Ros, Joh. ejus filius. Parrochia habet circa VJ^xx focos; confirmati fuerunt IJ^c. — Item, eadem die mercuri xi junii separando de Miribello fecit dominus visitari ecclesiam parrochialem de Villeta per curatum de Marchiis, qua visitata reperit dict. curatus omnia ibidem secundum facultatem parrochianorum bene stare, excepto Missali in quo non sunt epistole et euvangelia complete; etiam curatus caret statutis synodalibus. Parrochia habet circa xviij focos. — Item, eadem die mercuri hora none visitavit dominus ecclesiam Sancti Laurentii de Ponte, et ibidem cenavit et jacuit; campane et campanile dicte ecclesie modici valoris : cetera bene stant. In eadem ecclesia est capella Beate Marie, quam fondaverunt illi de Sancto Andrea; curatus dicti loci servit dicte capelle et celebrat bis in edomada, et pro servicio recipit a Francisco de Sancto Andrea iiij libr. Viannen. Excomunicati qui non fuerunt absoluti in Paschate : Andreas Chalaronis stetit per annum, Ste^us Bonerii alias Dueti st. per an. Parrochia habet VIJ^xx; confirmati ibidem IIIJ^c.

Item, die jovis xii' junii satis mane relicta ecclesia Sancti Laurentii de Ponte, transeundo per valles saxosas applicuit dominus ad Sanctum Stephanum *(al.* ecclesia S-ti S-ni) de Crogeis, et ibidem audita missa visitavit et populum confirmavit, et sunt hii deffectus : cura caret libro ad batizandum, sepeliendum et ungendum et similia, Missale modici valoris, Graduale nullius valoris, non habet Psalterium, caret statutis synodalibus; ecclesia male coperta; fontes cum clavi set lapis non tenet, ymo est quedam caciola cupri infra dict. lapidem ad tenendum aquam ; domus cure est totaliter ruinata. Curatus non manet ibidem, set in Chamberiaco ubi vivit mandicando, et tenet vicarium concubinarium et non presentatum. Infra corum dicte ecclesie est quedam capella quam fondavit Falco Berardi miles, nec est dotata nec ibidem celebratur. Parrochianos habet circa lx. Dominus ibidem pransus est.

Item, eadem die jovis post prandium fecit dominus visitari ecclesiam parrochialem Sancti Apri per curatum de Marchiis, et visitata dicta ecclesia reperit hos deffectus : libri deligati sunt, non habet statuta synodalia; domus cure malet stat quia in eadem pluit, et licet curatus sit concubinarius non apparet in domo ejusdem cure quia est tota immonda, trabes et parietes sunt pleni araneis, etiam solarium plenum pulvere et potius stabulum porcorum videtur esse quam domus : cetera bene. Parrochia habet circa lx. — Item, eadem die fecit dominus visitari ecclesiam Sancti Nicolai *(al.* Nyc-y) de Macherino per curatum de Marchiis, et reperit Corpus Xpisti in quodam armario retro altare cum sera et clavi, set minus honeste quia Corpus X' erat in quodam cofino involutum in pagno canapino maculato et inhonesto, et dict. pagnus fuit combustus eodem instanti; lapis babtisterii non tenet aquam, sed anno lapso una die non fuit reperta aqua in dicto babtisterio; domus ruinatur : cetera bene. Parrochiani conquerantur de curato, quia ibi non facit mansionem nec aliquis pro eo. Parrochia habet circa lx. — Item, eadem die post prandium fecit dominus visitari ecclesiam parrochialem de Torvone, et visitata per eundem reperit omnia ibidem bene et optime stare secundum quantitatem parrochianorum. In eadem ecclesia est capella Sancte + (Crucis), quam fundaverunt illi de Rovoria; munita est omnibus neccessariis, servit ibidem dom. Johannes de Paris : videatur de institutione; et celebrat ibidem ter in edomada. Item in eadem est alia capella Beate Marie Magdalene supra solarium, quam fundavit Hugo Taberne domicellus, et servit dict. curatus et ibidem bis in edomada celebrat, valet iiii flor. annualiter et institutus est. Curatus prefatus bonus homontio est ét bene providet ecclesie et domui sue, licet sit concubinarius. In parrochia sunt XIIII foci.

Item, eadem die jovis hora vesperorum visitavit dominus ECCLE- SIAM parrochialem DE COMBLAVIL; deffectus sunt isti : libri sunt modici valoris, calix est modicum fractus de super; cetera bene stant. In parrochia sunt IIII** foci; confirmati fuerunt totidem. — Item, eadem die jovis XIJ junii separando de Sancto Stephano de Coblavil venit dominus ad parrochialem ECCLESIAM DE VOYRONE circa horam vesperorum, et ibidem cenavit et jacuit; et in crasti- num de mane audita missa visitavit et populum confirmavit: omnia ibidem bene sunt, excepto Missali quod nichil valet. In eadem ec- clesia est capella olim fondata per Aynardum Burdin, et servit ibidem dom. Anthonius Michaelis et tenetur celebrare ter in edo- mada; valet per annum x flor. In parrochia sunt foci XIJ** et x; confirmati fuerunt ibidem quasi IIIJ°. Excomunicati qui non fuerunt absoluti in Paschate : Guigo Colini alias de Vandes, clericus, Ja- quemeta relicta Colini de Vandes, ejus mater, steterunt diu.

Item, die veneris XIIJ° junii retrogressus est dominus apud Co- blavil et ibidem quasdam dissensiones pacificavit, quo super quibus- dam scannis orte erant inter nobilem Anastasiam, uxorem Philippi de Parisius, ex una parte et nobilem Beatricem, uxorem condam nobilis Johannis Veherii, ex altera et ibidem etiam confirmavit quasi XL. — Item, eadem die veneris XIIJ junii separando de Coblavil hora none applicuit dominus ad PRIORATUM Bussye (al. DE B-SIA), et ibidem venit curatus dicti loci unacum fratribus Cartusie obviam domino, cruce et aqua benedicta precedentibus et trahebantur campane; et in dicto prioratu pransus est dominus una cum ejus comitiva, et sumpto prandio ecclesiam et prioratum visitavit et populum ibidem confirmavit: omnia ibidem tam spiritualia quam temporalia bene stant. Sunt in parrochia dicti prioratus circa LX foci; confirmati ibidem quasi IIIJ**. Item cura Sancti Julliani est annexata dicte cure de Bussia, et secundum relationem dicti curati ista sunt nec- cessaria, dicens quod ecclesia est male coperta, it. in januis ecclesie non sunt cardines, sera nec clavis, libri sunt modici valoris : cetera bene. — Item, eadem die veneris circa horam vesperorum venit dominus ad ECCLESIAM SANCTI JOHANNIS PROPE MOYRENCUM (al. Mor-m) et ibidem visitavit, et visitata ecclesia reperit in ea omnia bene stare, exceptis libris qui indigent relligatione, etiam in dicta ecclesia non est nisi unum indumentum modici valoris. Curatus nescit officium suum nec dicit ad usum Grationopolis, et si dicat officium dicit titinellando; in audiendo missam suam magna pietas est, ut dicunt illi (qui) alias audierunt. Sunt in parrochia ʟ foci; confirmati ibidem quasi xʟvi.

Item, eadem die veneris in sero venit dominus ad ᴘʀɪoʀᴀᴛᴜᴍ Moyʀᴇɴci /al. ᴅᴇ Mor-co), ubi fuit receptus per priorem, curatum et monachos, jacuitque dict. dominus ibidem ipso sero; et in crastinum sabati xɪɪɪᵃ junii audita missa visitavit et in dicto prioratu pransus fuit, et sunt hii deffectus : libri sunt male religati et antiqui, specialiter Graduale quod nichil valet; est unus calix fractus et unus alter bonus; corus est fendutus, crota campanilis est destructa; in ecclesia pluit, etiam super capella Beate Marie et super crota horologii; darcsie ferri bene sunt bone, set fuerunt remote per parrochianos quadam vice quando posuerunt in campanile quandam campanam, et ita corus caret daresiis et perduntur, quod est magnum dapnum; in altari defficit una copertura; domus prioratus et claustrum in omnibus suis partibus indiget reparatione. Debent ibi esse sex monachi, ut fertur, et non sunt nisi duo et prior. In parrochia sunt C et x foci; confirmati ibidem quasi CC.

Item, eadem die sabati xɪɪɪᵃ junii post prandium separando de Moyrenco applicuit dominus ad ᴘʀɪoʀᴀᴛᴜᴍ ᴅᴇ ʀɪvɪs, et ibidem cenavit et jacuit; et in crastinum que fuit dies Domini audita missa visitavit et populum confirmavit, et ecclesiam dicti prioratus visitando reperit hos deffectus : primo fontes licet firmantur cum clavi, tamen barra que copertorium tenet per quemcumque potest extrahi, etiam lapis non tenet set infra lapidem est unus platellus stagni ad tenendum ipsam aquam; libri modici valoris, ecclesia male coperta, daresie cori omnino destructe ita quod quisque potest accedere ad sancta sanctorum; clericus qui juvat ad dicendum missam, dum dicta missa celebratur est dict. clericus sine calciamentis et caputio; fenestre eori carent vitreis : cetera bene stant. Est ibi capella fondata ad honorem Beati Vincentii, quam fundavit Guigo Carterii alias Laura et dict. capellam sufficienter dotavit, et ibidem serviunt curatus et unus monachus dicti loci et tenentur ibidem celebrare ter in edomada; valet per annum xx flor. In parrochia sunt C et x foci; confirmati fuerunt quasi C. — Item, eadem die dominica xv mensis junii separando de Rivis post prandium accessit dominus ad Costam Sancti Andree pro videndo dom. gubernatorem, qui tunc denuo de Parisius venerat. Deinde regressus est apud Bellumcrescentem circa horam vesperorum, et antequam ʙᴇʟʟɪɢʀᴇsᴄᴇɴᴛɪs villam intraret unum de sacerdotibus suis dominus ad curatum misit, ut prefatum curatum in agendis circa dicti dom. episcopi receptionem dirigeret; qui dict. curatus in quodam spectaculo, ubi tunc parrochiani tripudiabant, repertus est et sic dict. sacerdos curatum dicti loci alocutus est : « Domine curate, ite ad ecclesiam vestram mecum, quia dominus meus episcopus venit, et ego vobis modum recipiendi indicabo », qui tanquam coactus cum dicto sacerdote ivit. Dom' episcopo recepto, ab eodem populus confirmatus est, deinde ECCLESIA visitata modicum bonum in eadem inventum est: primo Corpus Xpisti licet esset sub sera, tamen erat in custodia frustratum et non decenter involutum ; corus caret daresiis nec in eadem ecclesia sunt janue que possint claudi, ymo canes et cetera animalia habent adhitum per totam ecclesiam, etiam secundum relationem multorum canes jacent sepe super altare ; curatus caret crismate ; fontes male stant quia lapis non tenet, ecclesia omnino indiget reparatione ; curatus edificat in solo alieno et ea que domificavit fratribus suis dedit, nec vult domificare hospitium ecclesie sue licet bene indigeat ; non habet statuta synodalia. Dominus ibidem cenavit.

Item, in crastinum dominus visitavit ECCLESIAM DE RENATICO. cui ecclesie est annexata cura Belliocrescentis, et in eadem reperti sunt isti deffectus : fontes pessime stant quia sine sera, ecclesia minatur ruinam et corruit in parte, corus caret daresiis ut in Bellocrescente, fenestre cori carent vitreis, ecclesia est semper aperta eciam de nocte ; cetera tam in Belliocrescente quam in Renatico male stant. Curatus est excomunicatus et celebrat et per consequens irregularis, etiam est tabernarius.

Item, die lune XVJ mensis junii separendo de Renatico misit dominus curatum de Marchiis ad visitandum ECCLESIAM parrochialem DE VOUREY, et dicta ecclesia visitata reperit in eadem hos deffectus : primo in ecclesia ipsa non sunt nisi duo libri, scil. Missale et unum Graduale, et sunt deligati ; ecclesia male coperta, campane debiliter stant quia non sunt bene ligate, campanile male copertum et est ibi crux modici valoris : cetera bene stant. Predecessor istius curati domum ecclesie depredavit, quia in patronagio suo trabes et postes dicte domus deportavit, ita quod dicta domus omnimoda reparatione indiget ; curatus est ibi novus et pauperrimus.

Item, eadem die lune XVJ junii separando de Renatico accessit dominus ad PRIORATUM DE TULLINO et receptus per priorem, curatum et monachos dicti loci, audita missa visitavit et populum ibidem confirmavit : fontes, Corpus Xpisti et altare decenter stant, libri boni, ecclesia indiget indumentis ; edificia dicti prioratus maxima indigent reparatione. — CAPELLE ecclesie dicti prioratus de Tullino : Et primo capella Sancti° Johannis Babtiste, quam fun-

6

daverunt Magnus Hugo clericus et Aynarda de Ladosa, et celebratur ibidem qualibet die : valet per annum xx flor. ; diebus sabati
una cum missa bassa rector dicte capelle tenetur celebrare unam
missam alta voce per se vel per alium; non fuit institutus. Item
capella Sancti Mauritii, quam fondavit et dotavit dominus dicti
loci de Tullino; celebratur ibidem bis in edomada : valet per annum
x flor. ; munita est omnibus neccessariis; rector non est institutus.
Item capella Sancti Michaelis, quam fondavit et dotavit dict. dominus, et celebratur in eadem bis : valet annuatim x flor. ; munita
est neccessariis : videatur de institutione. Item capella Beati Jacobi,
quam fundavit et dotavit Aynardus Roberti, et servit ibidem dom.
Desiderius Gibertonis, canonicus Sancti Mauritii Vienne : videatur
de institutione et dotatione. Item capella Beate Marie, que comuniter fondata est per illos de villa dicti loci, et servit ibidem dom.
Johannes Hugonis pro nobili dom° Desiderio de Briva, qui dicte
capelle dedit ad beneplacitum xv flor., nec est dict. rector institutus. Item capella fundata per nobilem Johannem Roberti; servit
eidem capelle dom. Anthonius Meysellonis ad beneplacitum fondatoris, celebratur ter in edomada.—Dom. episcopus in eodem prioratu
pransus fuit, et etiam cenavit et jacuit una cum familia sua. Parrochia habet circa IIJ°; confirmati fuerunt quasi V°.

Item, die martis xvij mensis junii separando de Tullino accessit
dominus ad parrochialem ECCLESIAM DE MORESTA, et audita missa
visitavit et populum confirmavit, et reperit hos deffectus: ecclesia
caret Missali et Graduali, alii libri sunt deligati, altare non decenter
copertum; cetera bene stant. In parrochia sunt L foci; confirmati
ibidem quasi C et xxx. Dominus ibidem pransus est. — Item, eadem
die sumpto prandio in domo curati de Moresta, accessit dominus
ad ECCLESIAM parrochialem DE CHANTESSA et secundum relationem
dom¹ Petri Firmini, curati Montismeliani, reperit hos deffectus:
presbiterium est discopertum et indiget novo tecto; calix est de
plumbo.

Item, eadem die circa horam vesperorum dominus ad ECCLESIAM
DE ALBENCO accessit, et ibidem cenavit et jacuit; et in crastinum
visitavit et facta visitatione, relatione dom¹ Petri Firmini talia sunt
reperta : circa Corpus Xpisti tres administrationes et dimidia et
tertia pars, et misce tamen erant infra siricum; statuta synodalia
non habet; curatus non habet domum, in ecclesia est unus arcus
fusteus in tecto qui indiget reparatione. Capelle dicte ecclesie : Primo
capella Guioti Mathei : non habet nisi L flor. semel, servit curatus,
unam missam pro septimana. Item capella Ludovici de Balma, sine

dotatione : servit dicte capelle dom. Guillelmus Bochetl, recipit v sest. frumenti singulis annis. Item capella Sancti Georgii : tenet eam dom. Petrus canonicus de Romanis, habet singulis annis xv flor., ii misse in septimana. Item capella Beate Marie : eam tenet dom. Guillelmus de Magna Ruppe, institutus fuit per dominum, facit deserviri. Ista supra scripta refert dom. Petrus Firmini de facto ecclesie de Albenco. Confirmati fuerunt IIIJ⁰. — Item, eadem die xviii junii separando de Albenco accessit dominus ad ECCLESIAM parrochialem DE POLLYNAS, ubi visitavit et confirmavit; facta visitatione talia fuerunt reperta : in custodia Corporis Xpisti fuerunt reperte xx administrationes integre, set erat unus parvus vormis qui fuit positus in sacrario; defficiunt due verrerie in testitudine presbiterii; Missale religetur et est notatum et ponatur officium Corporis Xpisti, et aliud Missale religetur; due fenestre que sunt inter altare et alium transitum ferrentur; navis ecclesie male coperta est, et arcus fustium qui textum dicte ecclesie tenent putrefiunt et sunt in periculo fractionis. In ecclesia sunt due capelle : una de Sancta Katerina , tenet eam curatus; aliam Beate Marie , servit Petrus Motuelli, presbiter dicte ecclesie; nullus est institutus. Dictum est per aliquos ibi quod dominus Castri Novi tenetur dicte ecclesie ex legatis suorum predecessorum in IIIJᵃ floren. auri et quod ipse dominus occultat testamenta. Dominus ibidem pransus est; confirmati IIJ⁰. Ista in dicta ecclesia de Pollynas relatione dom¹ Petri Firmini fuerunt reperta.

Item, die martis xvii junii qua dom. episcopus separationem fecit ab ecclesia de Moresta, misit dict. dominus curatum de Marchiis ad visitandum ECCLESIAM parrochialem DE CRAS, et ipsa ecclesia visitata dict. curatus hos deffectus sequentes reperit : primo Corpus Xpisti licet sub sera et clavi foret, tamen erat in quodam pagno siriceo maculato et contaminato, et in custodia nemorea invente sunt miscicule dicti Corporis Xᵗⁱ; palle altaris sunt foraminate; in dicta ecclesia non est inventus ignis nec oleum in lampade ; libri sunt antiqui et modici valoris et deligati, excepto Missali in quo defficiunt euvangelia et epistole; corus caret daresiis, etiam janue ecclesie sunt fracte taliter quod animalia possunt intrare usque ad sancta sanctorum; ecclesia male coperta, domus cure reparatione indiget : cetera bene stant. Nonnullorum relatione dict. curatus est concubinarius. In parrochia sunt xxv foci. — Item, eadem die martis separando de Cras applicuit dict. curatus de Marchiis ad ECCLESIAM parrochialem DE VATILLYON et reperit infra dict. ecclesiam coreas, quia tunc flebant nuptie cujusdam nobilis et omnes nobiles totius patrie erant ibidem; nec dict. curatus sue visitationis officium potuit adimplere, tamen reperit hos deffectus : libri nichil valent et est mirum qualiter capellanus potest et scit in talibus libris celebrare, etiam liber cum quo baptizatur nichil valet ; fenestre cori carent vitreis, hostium daresiarum cori non firmat cum clavi nec est sera in dicto hostio ; ecclesia indiget indumentis, non habet statuta synodalia : cetera bene ; sacros fontes non potuit visitare, quia impediti erant ex tripudiatoribus. Curatus est ibi novus nec sacerdotii dignitatem obtinet, set tantummodo subdiaconus ; tenet vicarium presentatum. In parrochia sunt circa C foci. — Item, eadem die martis circa horam vesperorum dict. curatus Marchiarum visitavit ECCLESIAM parrochialem DE FORTALICIA (al. F-LL-a), qua visitata reperit hos deffectus : Corpus Xpisti licet foret honeste, tamen in pagno in quo involutum erat invente sunt quamplurime miscicule ; Graduale dicte ecclesie nichil valet, non habet librum ad dandum extremam untionem, alii libri sunt deligati ; fenestre cori carent vitreis, corus male copertus taliter quod super altare pluit, corus caret dareslis ; casula non valet ı gros. Item dicte cure est annexata capella fundata ad honorem Beati Vincentii prope castrum dicti loci, et in dicta capella sunt sacri fontes set lapis fontium uon tenet, set infra dict. lapidem est unus morterius et infra illum morterium est unus alius morteriolus, ubi est aqua non cum magna quantitate quia infra dict. morteriolum non est una picota aque ; non accepit isto anno sanctum crisma, oleum cathecumenorum nec oleum infirmorum. Dicta capella omnino corruerat, set parrochiani eam funditus domificant ; et in dicta capella Corpus Xpisti et sanctum crisma tenentur propter mansionem curati Dom. Andreas Soni et dom. Symeon Polle, diocesis Viannensis, dict. curam acensaverunt, et ecclesiastica sacramenta ministraverunt et ea que ad animarum regimen incumbunt fecerunt absque superiorum licentia per spatium v mensium, quod redundat in dapnum ecclesie et parrochianorum prout ipsi referunt. In dicta ecclesia est quedam capella quam fundavit Johannes donatus de Fortelicia, et servit dicte capelle curatus dicti loci et celebratur ibidem semel in edomada : valet singulis annis v flor. Item in eadem est alia capella quam construxit Symeon Polle, dicti loci Fortalicie, nec est dotata nec etiam munita neccessariis, set est ibi altare nudum absque aliqua copertura : ecclesiam occupat nec celebratur ibidem. Vicarius dicti loci per curatum fuit presentatus, set de litera presentationis docere non potest ; curatus est guctosus nec potest se juvare. In parrochia sunt circa ı foci.

Item, die martis xvij junii separando de Fortellicia, in sero applicuit dict. curatus Marchiarum ad ECCLESIAM parrochialem DE QUINSIER (al. Q-IACO), et ibidem cum curato dicti loci cenavit et jacuit; et in crastinum visitavit et reperit hos deffectus; fenestre cori carent vitreis, quedam pars muri navis ex parte occidentali corruit, ecclesia male coperta; infra navim ecclesie sunt sex magne arche que dict. ecclesiam occupant, et non sunt dicte arche parrochianis dicti loci set quibusdam nobilibus qui non sunt de parrochia : cetera stant bene; curatus bene se habet circa domum et possessiones dicte ecclesie. In parrochia sunt xv foci. — Item, die mercuri xvij junii separando de Quinsiaco venit dict. curatus Marchiarum ad ECCLESIAM DE SERRIS SEU DE NERPO, et quia curatus dicti loci de Nerpo sciebat quod dict. curatus debebat venire ad ecclesiam suam pro visitando, fugiit vel ascondit se et clausit ecclesiam taliter quod dict. curatus non potuit visitationis officium exercere, et dicitur quod dict. curatus alias non consueverat ita firmiter ecclesiam firmare; non ostantibus januis clausis intravit quidam puer per murum ecclesie ruinatum et dict. curatum cum pulsu campanarum appellavit, ut moris est convocare alios curatos. Retulit Mich. Rocheti de Albenco quod ipse curatus pro emendo sibi unam vestem calicem argenteum impinoravit; breviter, secundum relationem multorum, tam in spiritualibus quam in temporalibus male se habet. Tota pars navis a parte orientali corruit, ecclesia male coperta, domus cure est ruinata; prefatus curatus ad instantiam multorum est excomunicatus et celebrat et per consequens irregularis, eciam est concubinarius nec redditus ecclesie sue sufficiunt ad sustantationem puerorum suorum. Parrochianos habet xL. — Item, eadem die mercuri, non completa visitatione apud Serras propter absentiam curati, accessit dict. curatus Marchiarum ad ECCLESIAM parrochialem DE LUYRIACO, et ibidem dict. ecclesiam visitavit et reperit hos deffectus: Graduale nichil valet, fenestre cori carent vitreis; fontes licet firmantur cum clavi tamen lapis non tenet aquam, sed est infra unus cacabus ad tenendum ipsam aquam; ecclesia est male coperta, domus cure est modici valoris: cetera bene. In parrochia sunt xxx foci. — Item, eadem die hora vesperorum visitavit dict. curatus Marchiarum ECCLESIAM parrochialem DE CHACELAY (al. C-LLAY), et visitata ecclesia reperit omnia in eadem ecclesia bene et decenter stare, exceptis fenestris cori que carent vitreis: dicta ecclesia de Chacelay solebat esse conventus monialium; domus cure est modici valoris. Revera dict. curatus Marchiarum nescit utrum curatus dicti loci teneat focariam, nichillo-

minus testes gradiuntur super terram, scil. filia seu filie que sunt
satis pulcre et nubiles. Parrochia habet circa LV focos.

Item, dicta die mercuri que fuit XVIIJ mensis junii separando de
Pollynas applicuit dominus ad ECCLESIAM DE VIGNIACO, et in domo
dicti curati cenavit et in castro dicti loci jacuit; et in crastinum
visitavit et reperit hos deffectus : libri sunt antiqui et non completi,
fenestre cori carent verreriis, corus caret daresiis, etiam dict. corus
male copertus, ecclesia male coperta, palle altaris sunt modici
valoris, indumenta sunt antiqua, domus cure indiget reparatione.
In eadem ecclesia sunt tres capelle non dotate. In parrochia sunt
C foci; confirmati ibidem quasi IIJ°. — Item, die jovis XIX junii
audita missa et visitatione facta in Vigniaco applicuit dominus ad
PRIORATUM BELLILOCI (al. DE B-loloco), et fuit dict. dominus per
priorem et canonicum suum receptus, candelis illuminatis, cruce
et aqua benedicta dum dict. prior et canonicus ibant obviam domino precedentibus ; deinde audita missa visitavit ecclesiam dicti
prioratus et reperit hos deffectus : libri sunt totaliter deligati,
sacri fontes sine sera, ecclesia male coperta, quedam fenestra cori
caret vitrea ; edificia dicti prioratus bene indigent reparatione, in
eisdem edificiis pluit et qui vidit testimonium perhibet, quia dum
dominus ibi prandebat supra mensas pluebat. Numerus canonicorum non est ibidem completus, quia debent esse in eodem prioratu
IIIJ°r canonici et non est nisi unus debilis et antiquus. Retulit curatus de Techia quod ipse recepit literas excomunicationis contra
dict. priorem nec dict. curatus vidit absolutionem prout dicit, et
prior miscuit se in divinis et per consequens est irregularis ; prior
dicti loci prima facie non videtur esse homo magne efficacitatis,
set potius videtur esse unus vastator bonorum : experientia etiam
docet. Parrochia habet XXXVJ focos; confirmati fuerunt ibidem quasi
XXX. — Item, eadem die jovis post prandium accessit dominus ad
ECCLESIAM DE TECHIA, et dicta ecclesia visitata reperit Corpus Xpisti
decenter stare; fontes, libri et indumenta male et inhoneste stant ;
ecclesia male coperta et totaliter ruinata, corus etiam minatur ruinam propter defectum coperture, domus cure omnino dissipata et
destructa, set curatus modernus eam preparat quantum potest.
Parrochia habet circa XX focos.

Item, eadem die jovis separando de Techia applicuit dominus ad
PRIORATUM SANCTI ROMANI de Grenenco, Yseram tranfretando, et
in dicto prioratu cenavit et jacuit, et in crastinum pransus est ;
dicta die crastina que fuit dies veneris audita missa visitavit et populum ibidem confirmavit, et reperit circa spiritualia breviter

male per omnia : primo Corpus Xpisti non decenter, fontes sine
sera; ecclesia dissipata est et omnino discoperta, campanile trun-
catum et sine copertura; libri deligati et modici valoris. Item eodem prioratui est annexata quedam capella sita infra villam de
Bello Videre; et in dicta capella Corpus Xpisti tenetur sine serra-
tura in quadam archa, positum in pluribus frustris; ibidem sunt
etiam fontes sine sera nec lapis tenet, set infra dict. lapidem est
unus tupinus terre ad tenendum ipsam aquam. Temporalia competenter stant. Curatus dicti loci Sⁱ Romani est concubinarius, non
quod teneat concubinam in prioratu set tenet eam in Bello Videre;
etiam fama ventillat contra priorem et dicitur quod ipse scutit illam
viraginem quam ipse dicit suam consobrinam fore. Parrochia habet
circa C; confirmati fuerunt ibidem '* IIII^{xx}.

Item, eadem die veneris xx^e mensis junii separando de Sancto
Romano post prandium, venit dominus hora vesperorum ad ECCLE-
SIAM parrochialem SANCTI ANDREE IN ROANIS et ibidem jacuit; et in
crastinum audita missa visitavit et populum ibidem confirmavit, et
reperit hos deffectus: libri sunt deligati licet sint novi, fenestre
cori carent vitreis, daresie cori sunt destructe, tectum navis est antiquum et male copertum. Redditus vini ipsius ecclesie non sufficiunt pro potatione dicti curati, licet dict. curatus percipiat singulis annis circa CC somatas vini; in vastando vinum istud multos
vastatores habet, scil. compatres suos Riquetum et Guinardum, et
ipse curatus non est refutandus quia Normanos excedit. Cetera tam
in ecclesia quam in domo bene stant; dominus ibidem die sabati
xxj junii pransus est. In parrochia sunt LVIII foci; confirmati fuerunt circa L.

Item, eadem die sabati xxj junii hora vesperorum applicuit dominus ad PRIORATUM SANCTI JUSTI (IN ROANIS), et ibidem cenavit
dominus sumptibus domⁱ prioris; et in crastinum que fuit dies dominica et xxij junii accessit dominus ad conventum monialium
dicti loci Sancti Justi, et ibidem missam magnam celebravit et ce-
lebrando tres moniales ibidem consecravit; celebrata missa populum confirmavit; confirmato populo, in domo dict. monialium una
cum comitiva sua pransus est. Sumpto prandio accessit ad prioratum Sancti Justi et ibidem confirmavit, et visitavit et reperit in
ecclesia dicti prioratus omnia bene stare. Parrochia habet circa
IIII^{xx}; confirmati quasi C. — Item, eadem die dominico xxij^e junii
separando de prioratu Sancti Justi accessit dominus ad ECCLESIAM
DE ALBA RIPPA et reperit hos deffectus: primo Corpus Xpisti licet
esset sub sera et clavi et custodia dicti Corporis Xⁱ esset satis lata,

tamen ipsum Corpus erat frustratum et positum in pluribus parcellis nec in dicta custodia erat administratio integra; libri sunt deligati et antiqui; et curatus antiqus. Parrochia habet circa xl focos. — Item, eadem die dominica xxij mensis junii visitata ecclesia de Albarippa, applicuit dominus ad PRIORATUM seu ecclesiam parrochialem PONTIS (al. DE P-te) IN ROANIS circa horam vesperorum et venit curatus dicti loci una cum fratribus dicti prioratus obviam dom° episcopo, candelis cerea illuminatis, cruce et aqua benedicta precedentibus et cum pulsu campanarum, priore presente; ipse vero dom. episcopus ab eisdem priore, curato et fratribus receptus, ecclesiam dicti prioratus intravit et facta oratione ad claustrum accessit, deinde in villa hospitatus est, ubi cenavit et jacuit.

Item, in crastinum que fuit dies lune ad ecclesiam antedict. ivit et audita missa dict. dominus vestibus pontificalibus se induit et processionem fecit, in qua processione prior dicti loci ivit et presens fuit unacum curato et fratribus dicti loci; facta processione ·apellanus dicti dom. episcopi populo denunciavit causas adventus dom¹ episcopi; anunciatione facta, ecclesia visitata et prioratu, reperit omnia ibidem bene stare. In parrochia sunt IIII°⁸ foci; confirmati circa C. — Item, dicta die lune xxiij junii ante prandium separando de Roanis ivit dominus ad prioratum Sancti Romani, ubi debebat dietare pro facto reparacionis ecclesie dicti prioratus cum illis de Bello Videre, et ibi mansit tota die et pransus est in eodem prioratu, et erat vigilia beati Johannis Babtiste.

Item, eadem die lune dum dominus a Ponte in Roanis separacionem fecit, curatum de Marchiis ad ECCLESIAM Sancti Stephani DE CHEURACHIIS (al. C-anc-s) causa visitandi misit et visitata reperit hos deffectus: libri nichil valent, et est debatus inter parrochianos et curatum quis eorum libros emere et manutenere debet; item fenestre cori carent vitreis, daresie cori sunt fracte nec est ibi hostium quod possit claudi. Item dicte ecclesie Sancti Stephani est annexata ecclesia Beate Marie de Cheuranchiis, et in dicta ecclesia sunt hii deffectus: libri modici valoris, fenestre cori carent verreriis, lapis fontium non tenet aquam set est unus morterius infra pro aqua tenenda. Ibidem est una capella quam fundavit Petrus Pascalis, et servit eidem capelle curatus dicti loci et celebrat ibi semel in edomada: valet vi flor. singulis annis et est munita omnibus neccessariis. In parrochia sunt xl foci. — Item, eadem die non fuit visitata ECCLESIA BEATE MARIE DE PRATELLIS propter magnam distantiam loci, set relatione curati dicti loci de Pratellis sunt isti deffectus: primo Graduale est antiquum et de nota antiqua, fenestre cori carent vitreis, corus caret daresiis; item dict. curatus juravit super sancta Dei Euvangelia et sub pena pecuniaria quod cetera bene stant, prout dict. curatus Marchiarum ab eo particulariter petiit. Parrochia habet circa xxxvi focos.

Item, eadem die lune xiiij junii prefatus curatus Marchiarum ad PRIORATUM DE NASCONE accessit, et ibidem in-prioratu jacuit cena non facta, quia vigilia beati Johannis Babtiste erat; in crastinum, que fuit dies martis, ecclesiam dicti prioratus visitavit et reperit hos deffectus : primo palla altaris erat modici valoris, Missale in quo sunt epistole et euvangelia non est completum nec religatum, etiam omnes alii libri deligati; fenestre cori carent vitreis, corus caret daresiis, etiam dict. corus male copertus, taliter quod quando pluit a parte venti super altare pluit; crux modicum valet, indumenta sacerdotalia non valent vi gros., excepta una casula que est bene spiritualis et subtilis; in dicto prioratu debent esse duo monachi, unum possidet tantum : cetera bene. Prior domißcat sumptuosissime; curatus dicti loci non dicit officium ad usum Grationopolis nec etiam ad usum monachorum. Parrochia (habet) circa xl focos.

Item, eadem die martis xxiiij junii de mane, qua die fuit festum beati Johannis Babtiste, facta separatione a prioratu Sancti Romani applicuit dominus ad parrochialem ECCLESIAM SANCTI JOHANNIS DE EXEATIS, et magna missa audita visitavit et reperit hos deffectus : primo libri sunt modici valoris, fenestre cori carent vitreis, ecclesia in indumentis debiliter se habet, daresie cori sunt destructe et pro modico possunt reparari, domus cure indiget reparatione non modica. Curatus dicte ecclesie minuit dict. ecclesiam de x libr. annualibus, ut dicitur; vicarius qui ibi servit non dicit officium ad usum Grationopolis : breviter omnes curati seu capellani ultra Yseram mansionem facientes non dicunt officium eorum ad usum Grationopolis, licet in constitutionibus synodalibus sit quod debeant dicere. In parrochia sunt IIIJ^{xx} foci; confirmati fuerunt circa IIIᶜ.— Item, eadem die martis post prandium ivit dominus ad ECCLESIAM DE CUGNINO, et ibidem reperit Corpus Xpisti et crisma, oleum cathecumenorum et oleum infirmorum sine sera et clavi, palle altaris maculate, ecclesia male coperta, libri modici valoris : revera ecclesia debiliter se habet in omnibus. Non est ibi curatus; in parrochia sunt IIIJ^{xx} foci.

Item, eadem die separando de Cugnino misit dominus curatum de Marchiis ad visitandum ECCLESIAM DE REVONE, et reperit Corpus Xpisti positum in pluribus frustris propter artationem custodie, etiam plures miscioule in dicta custodia erant; vestimenta sunt modici valoris, non sunt verrerie in fenestris cori; dicit curatus quod nescit si habet statuta synodalia; non dicit officium ad usum Gratianopolis : cetera bene. Parrochia habet xviii focos.

Item, eadem die martis circa horam vesperorum venit dominus ad ecclesiam parrochialem Sancti Gervasii, et visitata ecclesia reperit hos deffectus : Corpus Xpisti in quadam custodia involutum pagno maculato; fenestre cori carent vitreis; super altare erant palle due, una bona et alia nullius valoris, et credo quod bonam mutuaverat a dominabus de Revestito, alia fuit lacerata per curatum de Marchiis quia non erat decens ad celebrandum; domus cure ruinatur : cetera bene. Curatus est excommunicatus. Parrochia habet IIII͏ˣˣ focos; confirmati fuerunt quasi C.

Item, eadem die martis in sero venit dominus ad ecclesiam Sancti Quintini, et ibidem cenavit et jacuit; et in crastinum visitavit et reperit hos deffectus : fundamentum presbiterii circumcirca est minatum; Graduale est deligatum, non habet statuta synodalia; vitree cori sunt destructe : cetera bene stant. In eadem ecclesia est quedam capella quam antiquitus fondavit dominus dicti loci, et servit dom. Petrus Tarditi et celebrat ad beneplacitum suum, etiam dominus solvit sibi ad beneplacitum; non fuit institutus. Item infra navem ecclesie est alia capella que caret fundatore et dotatione, nec celebratur ibi nisi dumtaxat misse que mulieribus dicuntur post puerperium. In parrochia sunt VI͏ˣˣ foci; confirmati fuerunt xl. — Item, die mercuri xxv mensis junii, audicta missa et visitatione facta in Sancto Quintino, venit dominus ad ecclesiam de Vorey et reperit in eadem ecclesia corum male copertum, lapidem fontium non tenentem aquam set erat infra unus alius lapis ad tenendum ipsam : cetera bene. Est in eadem ecclesia quedam capella quam fundavit curatus condam dicti loci, non est dotata nec colebratur in eadem. Curatus est novus; parrochia habet circa liiii focos. — Item, eadem die mercuri de mane visitata ecclesia de Vorey accessit ad ecclesiam de Noerey (al. N-ero), et audita missa visitavit et confirmavit, et reperit omnia ibidem bene stare; dominus ibidem pransus est. Parrochia habet circa xxx focos; confirmati fuerunt quasi lx.

Item, eadem (die) mercuri xxv mensis junii post prandium misit dominus curatum de Marchiis ad visitandum ecclesiam seu prioratum de Vineis, et est rector aut curatus quidam monachus, et visitatis omnibus in eadem ecclesia reperit hec que secuntur : primo Corpus Xpisti licet honeste foret et cum clavi, tamen erat corrosum et perforatum ab uno verme, qui dict. vermis fuit combustus et in sacrario positus; non habet oleum infirmorum nec statuta synodalia: cetera bene. Parrochia habet xviii focos.

Item, eadem die post prandium separando de Noereto, per loca aquosa transeundo accessit dominus ad ECCLESIAM SANCTI PETRI DE CASTINATICO, et ibidem cenavit et jacuit; et in crastinum, que fuit dies jovis, audita missa visitavit et reperit ista: libri sunt antiqui et modici valoris, curatus non habet statuta synodalia; murus ecclesie a parte occidentali ruinatur. Item in eadem ecclesia est quedam capella ad honorem Beate Virginis Marie fundata, quam fundaverunt Argotenses; dominus dicti loci capit redditus dicte capelle nec in eadem celebratur nisi in festivitatibus beate Marie, non ex debito set ob ipsius Virginis Marie reverentiam. In parrochia sunt circa XL foci; confirmati fuerunt C.

Item, die jovis xxvj junii separando de ecclesia Sancti Petri de Castinatico misit dominus curatum de Marchiis ad visitandum ECCLESIAM DE FONTANIS et reperit hos deffectus: libri, scil. Missale et Graduale, sunt antiqui et deligati; indumenta nichil valent, quia non est nisi una casula que valet i gros.; non habet statuta synodalia; ecclesia male coperta, presbiterium male copertum, quedam fenestra cori caret vitrea, hostia dicte ecclesie sunt sine cardinibus et seris, domus cure est discoperta et reparatione indiget: cetera bene. Parrochianos habet circa xlvi.

Item, eadem die de mane accessit dominus ad parrochialem ECCLESIAM DE CHEISSINO, et in eadem audita missa visitavit et reperit hos deffectus: primo ecclesia ipsa fere caret indumentis, navis ecclesie est discoperta taliter quod tectum in brevi corruet, in quadam janua ecclesie non sunt cardines ad sustantationem ipsius janue, palle altaris et corporalia non satis munda, corus discopertus est. Eidem parrochie est annexata ecclesia Sancti Petri de Cheissineto, et reperit curatus Marchiarum hos deffectus: palle altaris sunt fracte et perforate, ecclesia ipsa indiget libro in quo sint epistole et euvangelia. In ecclesia de Cheissino sunt due capelle non dotate, nec celebratur in eisdem set impediunt ecclesiam: cetera bene. Parrochia habet circa IIII**; confirmati fuerunt quasi lx. — Dominus eadem die jovis xxvj mensis junii post prandium separando de Cheissino transivit Yseram in portu Rupis et ad domum suam episcopalem Grationopolis accessit.

Anno quo supra et die xij' octobris, separando de Sancto Ylario accessit dom. episcopus ad parrochialem ecclesiam Sancti Petri de Cartusia, et ibidem audita missa visitavit et populum confirmavit: dicta ecclesia debiliter se habet in libris, specialiter defficit unum Graduale; cetera in eadem ecclesia bene stant. Confirmati fuerunt quasi IIII^a. Dominus ibidem pransus fuit et sumpto prandio ad Magnam Cartusiam accessit.

Item, in crastinum de mane separando de Magna Cartusia accessit dominus ad ecclesiam de Sapeto, et prius audita missa visitavit et reperit in eadem ecclesia omnia competenter stare. Dominus ibidem pransus est; confirmati fuerunt quasi xl. Relicto Sapeto ad Grationopolim accessit.

Item, die xxj mensis octobris de mane separationem fecit a Grationopoli et Ysaram tranfretavit, deinde ad parrochialem ecclesiam de Parisius pervenit et visitata ecclesia per curatum de Marchiis reperit dict. ecclesiam debiliter munitam videl. in indumentis, fenestra cori caret vitrea : cetera bene. Curatus est pauperrimus. — Item, die xxj octobris visitavit dominus ecclesiam Sancti Nicesii et reperit hos deffectus : ecclesia a parte anteriori sine muro, justa portam dicte ecclesie defficit unus lapis pro tenendo aquam benedictam, daresie non sunt, ecclesia indiget vestimentis sacerdotalibus : cetera in eadem ecclesia bene stant. Curatus est ebriosus, rixosus et concubinarius, et dicti curati concubina vocatur Raymonda : cognomen ipsius concubine in scriptis habere non potui. Parrochia habet circa xxx^s. — Item, eadem die visitavit dictus dom. episcopus prioratum de Lancio, et audita missa processionem fecit et populum ibidem confirmavit, et reperit hos deffectus : primo ecclesia duabus stolis indiget et ii albis, Antiphonarium et Responsorium nichil valent, fenestre cori carent vitreis, crota cori est fenduta in tribus locis et bochiamento indiget; forme cori sunt totaliter destructe, licet daresie sint bone, tamen in eisdem non est hostium; crux est argentea sed summe indiget reparatione, quia non potest se tenere in baculo propter deffectum unius pissidis; edificia dicti prioratus indigent bona reparatione : cetera in ecclesia competenter stant. Parrochia habet circa VII^xx; confirmati quasi IIII^xx.

Item, eadem die separando de prioratu in Lancio accessit dictus dom. episcopus ad ecclesiam parrochialem Sancti Boneti Villaris de Lancio hora vesperorum, et ibidem cenavit et jacuit; et in crastinum de mane audita missa prefatam ecclesiam visitavit et reperit omnia ibidem bene stare, exceptis fenestris cori que carent vitreis, et crota cori que est fenduta et indiget bochiamento. Item in eadem ecclesia sunt tres capelle que carent dotatione et fundatore, excepta capella de + (Cruce) que valet vi flor. annuales et celebratur in eadem bis in edomada; et dict. capellarum est rector curatus dicti loci. Edificia dicte cure optime stant. Parrochia habet quasi II°; confirmati fuerunt circa IIII°. — Item, die xxii octobris que fuit dies mercuri de mane separando de Villari in Lancio ad ecclesiam parrochialem de Miandres accessit, et in eadem reperit hos deffectus : corus caret vitreis, daresie carent januis, in eadem ecclesia non est Graduale nisi unum antiquum modici valoris et de nota antiquissima, crux indiget reparatione in pede : cetera bene stant; domus ecclesie indiget reparatione. Curatus est ibi novus et sine malitia. Parrochia habet circa IIIIˣˣ; confirmati fuerunt quasi C.

Item, dicta die mercuri hora vesperorum separando de Miandres accessit dominus ad parrochialem ecclesiam Sancti Nycolay de Outrans, et ibidem cenavit et jacuit ; et in crastinum audita missa visitavit et populum confirmavit, et in eadem ecclesia reperit hos deffectus: primo Corpus Xpisti licet foret sub sera et clavi, custodiebatur in quadam bustia rotonda sine aliquali involutione, et dict. Corpus Xⁱ recipientibus est periculum quia sapor dicte bustie vomitum provocat; ecclesia indiget casulis, corus non firmat cum clavi; in eadem ecclesia non fuit repertus ignis. Ibidem est quedam capella quam fundaverunt illi de Ruinis et est sufficienter dotata, set non sufficienter munita necessariis. In eadem ecclesia est alia capella facta ad crotam, que caret fundatore et dotatione. Cetera ibidem bene stant ; domus cure reparatione indiget. Confirmati fuerunt CC ; parrochia habet quasi VIˣˣ. Dom. episcopus a dicta ecclesia recessit et ad Grationopolim accessit, prius prandio sumpto.

Item, die dominico que fuit xxvii (26) mensis octobris, post prandium accessit dict. dominus ad ecclesiam parrochialem Sancti Petri de Varcia, et visitata ecclesia reperit ea que secuntur : in Corpore Xpisti una tantum administratio et quarta pars alterius et mice parve ; indiget Graduale uno psalterio, deficiunt verrerie tres, prope altare in corporalibus erat quedam macula Sanguinis; in eadem ecclesia non est nisi unica casula modici valoris. Ibidem sunt tres capelle sine aliquali dotatione. In ipsa parrochia sunt xxv excomunicati; dominus ibidem cenavit et jacuit. Parrochia habet circa VIˣˣ; confirmati fuerunt II°. — Item, eadem die visitavit dominus prioratum de Rivosico et reperit hos deffectus : primo ecclesia est male coperta, taliter quod pluit in eadem fere per totum, et in libris debiliter munita, etiam de vestimentis sacerdotalibus ; verreria justa altare est fracta, in lampade non erat oleum ; edificia ipsius prioratus male coperta, etiam dicta edificia in parte minantur ruinam : breviter male per omnia, relatione dom⁴ Petri Firmini..

Item, die lune xxvij mensis octobris visitavit dominus ecclesiam parrochialem de Claysio, et secundum relationem dom⁴ Petri Firmini sunt isti deffectus : non sunt verrerie in duabus fenestris prope altare, testitudo presbiterii male coperta et alia fenestra ubi est verreria indiget reparatione ; Responsorium, Missale, Epistolare sunt deligata. Ibidem est capella Crucis sine dotatione. Patena calicis est fracta, calix renovatione indiget, sunt due casule modici valoris ; domus cure minatur ruinam in pluribus partibus. Curatus tenet vicarium non presentatum ; sunt excomunicati numero xxxv. Parrochia habet VIˣˣ ; confirmati fuerunt circa C et L. — Item, eadem die visitavit dominus ecclesiam parrochialem Sancti Pauli de Varcia, et relatione dom⁴ Petri Firmini fuerunt ista reperta: corporalia erant foraminata et macule in corporali quod calici supponitur, non est lampas nec luminare in ecclesia, deficiunt due verrerie juxta altare ; in eadem ecclesia non sunt Responsorium nec Psalterium, nulla casula alicujus valoris est ; lapis fontium est fractus et est morterium infra, et non obstante quod fontem fractum sciret implevit fontem et expargitur. Sunt viij° excomunicati ; habet IIIIˣˣ focos ; dominus ibidem confirmavit C et x. Relatione dicti dom⁴ Petri Firmini deficit in cletis una porta sive sera dicte ecclesie, quod fiat sicut clete sunt facte. Est una capella medieta? discoperta : dicunt parrochiani quod est communis parrochie et sepeliuntur infra; et curatus aliquando cantat ibi, nullam habet dotationem.

Item, eadem die que fuit vigilia beatorum apostolorum Symonis et Jude, separando de ecclesia Sancti Pauli post solis occasum dictus dom. episcopus ad priotatum de Vivo accessit, et ibidem per priorem et monacos dicti prioratus una cum curato honorifice fuit receptus, prout est moris prelatum suum in visitationis officio recipere ; dominus ibidem jacuit et in crastinum, audita magna missa, visitavit et populum ibidem confirmavit, et reperit omnia tam in spiritualibus quam in temporalibus competenter stare. Dict. dominus cum comitiva sua tota die ibi mansit et etiam pernoctavit. Confirmati fuerunt circa III°.

Item, in crastinum que fuit xxix octobris, separando de Vivo dict. dominus accessit ad ecclesiam de Pasqueriis et reperit in ea

hos deffectus ; libri sunt totaliter deligati , mape altaris sunt nulllus
valoris , fenestra cori caret vitrea; dom. Johannes Agni servit
ibidem nec fuit presentatus , curatus non est ordinatus ; in eadem
ecclesia non est nisi una casula que nichil valet : cetera bene. Parrochia habet xxx. — Item , eadem die separando de Pasquerlis
dominus ad ecclesiam de Clusa accessit et reperit in ea que secuntur :
libri sunt antiqui et deligati , non habet statuta synodalia ; ecclesia
est male coperta , corus male copertus , daresie carent hostiis; non
habet Legendarium, crux indiget reparatione ; ecclesia caret indumentis, excepta una casula que non valet grossum : cetera bene.
Non est ibi cimisterium, set parrochiani sepeliuntur in cimisterio
ecclesie de Pasqueriis; etiam Corpus Xpisti in Pasqueriis tenetur
et sacri fontes. In domo dicti curati de Clusa dominus pransus est
Parrochia habet circa xxx; confirmati fuerunt quasi IIIJ××. —Item,
eadem die xxix octobris hora vesperorum separando de Clusa, dict.
dominus ad ecclesiam de Genebreto applicuit et in eadem hos deffectus reperit : libri sunt antiqui et deligati, fenestre cori carent
vitreis; ecclesia indiget indumentis, quia non est nisi una casula
tele picte; crux indiget reparatione in pede, quia non potest sus-
tantari in baculo sine ligamine : cetera bene. Isti sunt qui non fuerunt absoluti in Paschate : primo Joh. Bernardi alias Vilda, Jo. de
Ponte, Petrus de Humberta, Joh. de Serro et Andreas ejus fillus
alias de Gova. Parrochia habet VI×× et xij; confirmati fuerunt
VII××. — Dominus ab ecclesia de Genebreto separationem fecit et
ad prioratum de Vivo accessit, et ibi sumptibus curati de Genebreto
cenavit et jacuit.

Item, in crastinum que fuit dies jovis et peneultima (30) octobris,
de mane accessit ad parrochialem ecclesiam Sancti Bartholomei
justa fontem ardentem et reperit in ea hos deffectus : libri sunt
deligati et antiqui, daresie sunt destructe, ecclesia male coperta,
janue ecclesie sunt fracte; cetera bene. Parrochia habet xxv; confirmati xxx. —Item, eadem die jovis separando de Sancto Bartho-
lomeo dominus ad ecclesiam de Incastris accessit et reperit in ea
hos deffectus : primo Corpus Xpisti in quadam bustia nimis arta,
nam dict. Corpus X' integre non potest custodiri set erat frustratum
et miscicule quamplurime in fundo, etiam erat involutum in quodam pagno piloso; fenestra cori caret vitrea, indumenta sunt nullius valoris, libri sunt deligati licet sint boni; dicit curatus quod
ipse habet quemdam parrochianum suspectum de fide, vocatum
Andream Arduini, quia non veretur nec timet excomunicationis
sententiam, nec confessus fuit in Paschate dicto curato nec alicui

capellano : cetera bene stant. Parrochia habet xliiii; confirmati fuerunt CC.

Item, eadem die peneultima octobris visitavit dom. Petrus Firmini ecclesiam parrochialem de Deserto alias de Capella : Corpus Xpisti erat infra bustiam parvam de cupro et in pagno de sirico, set bustia erat perforata de subtus et pagnus siriceus etiam foraminatus, tenebat Corpus X¹ in una cassa fustea parva set ponebatur infra seram : ordinatum est quod a latere dextro altaris fiat armarium infra murum, foderatum de postibus, et ibi teneatur Corpus X¹; lapis fontium expargit aquam et tamen non omnino set distillando, et ipse tenet unam gralam fusteam infra plenam dicta aqua : cetera optime stant. — Item, eadem die visitavit dictus dom. Petrus Firmini ecclesiam de Prato Lenfredo, et reperit quod non erat ignis; in ecclesia deficit una verreria justa altare; non habet Epistolare nec librum Euvangeliorum, non habet statuta synodalia; deficiunt vestimenta sacerdotalia. Non habet nisi unum excomunicatum tantum.

(2) B add. satis. — (3) B add. sanctum. — (4) A en m. Nota. — (5) B add. foca. — (6) B var. lampia. — (7) B var. ejus. — (8) B chang. postér. Sancte Crucis. — (9) B var. bene. — (10) A en m. Vide quia. — (11) B var. verreria. — (12) B var. cure. — (13) A en n. Fama laborat contra eum de concubinatu. — (14) B add. circa.

Anno Domini mill'io quatercentesimo et die decima mensis aprilis, visitavit (dominus) ecclesiam de Pozeriis et repertum est in eadem ut sequitur : et primo prebiterium disruptum licet copertum, tamen fit de novo per priorem et est discencio inter parrochianos et priorem super factura dicti prebiterii; fons bonus et novus, sed est collocatus nimis basse; Corpus Xpisti non est in ecclesia sed tenetur in Vorapio, quia ecclesia est foraminata in prebiterio; in corporali quod ponitur super calice erat magna macula; nescio an sit Sanguinis vel vini; pes fustium textum ecclesie sustinentium putrescit licet sint novi; curatus non habet statuta sinodalia; non est lampas in ecclesia, nullum habet excommunicatum, habet xxx parrochianos sive focos. — Item, eadem die visitavit dominus ecclesiam de Vorapio: male est munita in libris pro missa cantanda; Corpus Xpisti tenetur in una parva caysia fustea super altare, licet dicta caysia sit clausa clave; habet VI²⁵ focos, habet xxx excommunicates; homo ebriosus est curatus, relatione prioris dicti loci; fons sera firmatur, tamen ipso firmato potest copertorium in tantum elevari quod aqua dicti fontis potest auriri; dicit quod habet statuta sinodalia, non tamen hostendit. Sunt tres capelle: Sancte Caterine, Sancti Johannis, Sancti Petri; capella S' Johannis non est bene dotata; capella S' Petri nullam dotem habet. Non habet nisi unicum calicem. Dicit prior quod opportuit sepe ut ipse iret ad audiendum confessiones et prebere ecclesiastica sacramenta, alias parrochiani essent mortui sine confessione, et hoc de quamplurimis accidit. Fecit ibi sermonem magister Anthonius Coste, magister in sacra pagena; fuerunt ibi confirmati II°. — Item, eadem die visitavit ecclesiam Sancti Agrippani et fuit in ea repertum ut sequitur : primo curatus est homo impotens ad serviendum dicte ecclesie, et est senex et talis quod sunt sex anni quod non celebravit missam nec contulit alicui sacramenta ecclesiastica; calix ecclesie fractus de subtus, non habet Psalterium nec Breviarium integrum; pluit in navi ecclesie. Est unum altare pro Johanne Repellini : non est dotatum. Bona est cura et recte non regitur; habet duos pueros quos habuit ex ejus concubina Goneta, quorum unus vocatur Petrus et alius Johannes. Habet parrochianos sive focos IJ°; fuerunt ibi confirmati C. LX. — Item, eadem die post prandium visitavit ecclesiam Sancti Vincentii de Plastris : Corpus Xpisti est et tenetur in uno armario facto de manibus super altare, quod non claudit cum clave; crisma eciam ibidem; ecclesia est male munita in libris et vestimentis; maritus sue concubine, quam tenet in Vorapio, fuit conquestus quod ipse curatus tenet ipso invito suam uxorem et filiam que est etatis XII annorum. Fuerunt ibi confirmati circa L.

Anno quo supra currente M° IIII° et die xx° mensis augusti, reverendus in Xpisto pater et dominus dom. Aymo episcopus Grationopolis visitavit ecclesiam de Ferreria et ibi confirmavit circa LX personas ; in ecclesia defficiunt due verrerie in fenestris juxta altare : cetera competenter exstant; nullus est ibi excomunicatus. Dominus ibi reconciliavit cimenterium quod erat sanguine polutum.

Item, eadem die fecit visitari ecclesiam de Pinsotto per me Petrum Firmini, capellanum suum, ubi ecclesia bene stat; defficit unum Graduale, quia illud quod est est in multis partibus fractum et illuminatum ; fons erat clausus, sed erant in lapide aliqui vermes parvi; Corpus Xpisti bene stat et crisma; due verrerie defficiunt juxta altare, nec sunt cancelli in dicta ecclesia qui dividant pre-

biterium a navi ecclesie. Habet xxx focos; sunt ii excommunicati, sed habuerunt suam absolutionem in Paschate ad tempus.

Cum reverendus in Xpisto pater et dominus dom. Aymo, Dei et apostolice sedis gratia episcopus Grationopolitanus, tempore retroacto personaliter visitasset majorem partem sue dyocesis et adhuc restaret visitandus decanatus Grationopolis, volens posse suo visitacionem per ipsum inchoatam perficere, volens etiam inmitari et sequi vestigia beatorum Xpisti apostolorum, *etc.* Hinc est quod anno a Nativitate Domini M° CCCC° IIJ° et die xv° mensis maii, dictus rev^{dus} pater... de civitate Grationopolitana arripuit iter eundi, causa visitationis flende per totum dict. decanatum, et tendens versus prioratum de Comeriis, associatus multis viris ecclesiasticis honestis et decentibus, scutiferis et servitoribus aliis necessariis, venit primo ad ECCLESIAM parrochialem DE BRESSONE cum dicta comitiva sua; et dum ibi aplicuit trahebantur campano omnes ipsius ecclesie et curatus cum clerico suo, induti superpelliciis, stola, portantes crucem exierunt obviam dicto dom. episcopo processionaliter cum parrochianis ad sonum dict. campanarum ibidem congregatis usque ad introitum cimenterii satis decenter et reverenter, ubi ipse dom. episcopus descendit de mula sua quam equitabat et reverenter osculans crucem processit cum dicta turba, cantantes *Salve regina,* usque ad ecclesiam de Bressone predict.; qua(m) intrans cum predictis, accessit ad medium altaris et ibidem flectens genua ejus, devota oratione emissa ad Deum et Virginem matrem ejus gloriosam, surrexit et osculatus est medium altaris; quibus peractis fuerunt nunciate populo ibidem asistenti cause sui eventus et quod quilibet confirmandus esset in bona devotione, quia sacramentum confirmationis ab alio conferri non potest nisi ab episcopo, et eciam quod si essent aliqui qui non fuissent confessi peccata de quibus ei tantum absolucio pertinet, quod facta confirmatione per eundem venirent ad eum, quia paratus erat benigne eos audire et beneficium absolutionis conferre et penitenciam eis injungere salutarem. Demum facta fuit processio per ecclesiam et cimenterium solenniter, et ipse d. episcopus animas absolvit fidelium defunctorum tam in dicta ecclesia quam cimenterio inhumatorum; quo facto, processit ad suam confirmationem faciendam, et confirmavit ibi circa IIII^{xx} personas utriusque sexus; et interim quod ipse confirmabat, fuit visitatum Corpus Xpisti et locus ubi tenebatur, ubi

satis honeste repertum est[1] ; fuit eciam visitatum altare, cujus altaris propter combustionem ignis lapis erat fractus, mape altaris et
corporalia sufficienter stabant; dict. Corpus X[i] firmatum erat sera ;
verreria una deficit in quadam fenestra que est juxta altare a parte
Grationopolis; fuerunt eciam visitati fontes et ecclesia [2] et omnia
supradicta ibidem per me Petrum Firmini, capellanum et secretarium dicti d. episcopi, de ejus speciali mandato, et in scriptis re-
dacta prout supradictum est.— Item, eadem die recedendo de dicta
ecclesia de Bressone, accessit dictus dom. episcopus ad ecclesiam prioratus (BEATE MARIE) DE JARRIA et quia nondum populus
erat ibi congregatus, et attendens quod erat prope castrum suum
de Herbesio et una alia die poterat faciliter visitari, transivit ad
SANCTUM GEORGIUM DE COMERIIS et dum ibidem applicuit trahebant-
tur campane, populus erat ibi congregatus et exierunt sibi obviam
usque ad introitum cimenterii cum cruce et prout dictum est
superius, et intrans ecclesiam audivit ibi missam et fuit facta
processio et absolute anime defunctorum per ipsum, et confirmavit
ibidem circa C personas utriusque sexus[3]; visitata fuit ecclesia per
me Petrum predict.: primo Corpus Xpisti, quod satis honeste erat
et firmabatur sera[4]; fontes bene stabant; in dicta ecclesia sunt tres
fenestre juxta altare que indigent vereriis, in ecclesia pluit et est
male cohoperta, presbiterium indiget reparatione. Curatus dicte
ecclesie satis est honestus homo et bene decenter recepit dict. d.
episcopum in prandio et ejus comitivam; et fuit dominus pransus
in castro Sancti Georgii, sumptibus curati, cum domino de Campo
et ejus uxore et pluribus aliis. — Item, eadem die post prandium
recedendo de dicta ecclesia Sancti Ge(o)rgii, direxit dictus dom.
episcopus gressus suos ad ecclesiam SANCTI PETRI DE COMERIIS,
que est annexa dicte ecclesie S[i] Georgii, et dum ibi applicuit curatus cum aliis prebiteris et cerelicis, inducti superpelliciis, campanis
pulsantibus, et crucem portantes exierunt obviam dicto d. episcopo usque ad introitum cimenterii, ubi ipse d. episcopus de sua
mula descendens osculatus est reverenter crucem et sequutus est

---

(1) Var. Tenetur Corpus Xpisti in quadam cassicula fustea super altare
que sera firmata erat, et infra capsam erat panus albua ubi involutum erat
Corpus X[i]; interrogatus curatus quare non tenebat Corpus X[i] in tali loco
quod cacsa non posset deferri, respondit quod non est diu quod capsa super altare fuit combusta et quod jam de novo facta est alia, nondum tamen
sera firmatur quam ostendit. — (2) Var. Alia non fuerunt visa propter
festinationem. — (3) Add. Et sunt foca juramento curati, tam in parrochia S[i] Georgii predicti quam in parrochia S[i] Petri de Comeriis, LX. —
(4) Var. Tenetur in quadam cacsa fustea parva, que deportari posset.

curatum et alios predictos, et introivit ecclesiam et ipsi cantantes
Salve regina, flexis genibus circa medium altaris dicte ecclesie,
facta oracione dict. d. episcopus surrexit et osculatus est medium
altaris: quibus peractis fuit facta processio per ecclesiam et cimenterium, et ipse d. episcopus absolvit animas fidelium defunctorum in dict. ecclesia et cimenterio requiescentium; et ipse d.
episcopus reintrans ecclesiam cum predictis, processit ad confirmationem faciendam et confirmavit ibi circa L.ª personas utriusque
sexus; fuit visitata dicta ecclesia per me Petrum predict. et reperii
in eadem deffectus sequentes: primo quod inter mapas altaris et
corporalia erant multi vermes bladorum, quia granerium est infra
ecclesiam; item sunt due fenestre juxta altare in quibus defficiunt
verrerie, it. prebiterium dicte ecclesie minatur ruynam: cetera in
dicta ecclesia competenter stant. — Quibus sic peractis, de dicta
ecclesia recessit dictus dom. episcopus et direxit gressus suos ad
prioratum de Comeriis, ubi circa horam vesperorum applicuit,
campanis dicti prioratus pulsantibus, cannonici et curatus dicti
prioratus, existentibus eisdem obviam eidem d. episcopo cum cruce
usque ad introitum cimenterii, ubi dict. d. episcopus descendit et
osculatus est crucem, et procedentes omnes dict. d. episcopus,
canonici et curatus, presente eciam fratre Johanne Reymundi,
priore dicti prioratus de Comeriis, dict. d. episcopum associante
et cum eodem.. in dicta visitatione existente, gaudentes et psallen-
tes Domino introierunt ecclesiam dicti prioratus, et facta ibi
devota oratione surrexit dict. d. episcopus et osculatus est medium
altaris, et recessit de dicta ecclesia et ivit ad cameram suam, et
in dicto prioratu cenavit et jacuit, et tam ipse d. episcopus quam
tota sua familia multum ibidem honorifice et splendide fuit per
dict. priorem receptus.

Item, in crastinum mane XVIª mensis maii prediciti, prefatus dom.
episcopus visitavit ecclesiam PRIORATUS DE COMERIIS et inquisivit quomodo servitium divinum ibi agebatur, quot misse in die diceban-
tur, et de vita et conversatione religiosorum dicti prioratus; et
audivit ibi missam cum nota dicta, cantata per suos cantores, qua
audita confirmavit ibi circa XL.ª personas utriusque sexus [1]; qua
confirmatione peracta vidit libros, calices et ornamenta ipsius
ecclesie et altaris, Corpus Xpisti et fontes et alia que visitanda
erant; et reperit quod est una fenestra prope altare, in qua fenestra
est verreria foraminata que periculose stat nisi attetur (?), quia

_____

(1) *Add.* Sunt foca juramento curati XXXV.

est in oppositum altaris et ventus potest nocere celebranti in dicto
altari, et est periculum de Corpore Xpisti propter ventum subintrantem dicta foramina ne proosternat eum ad terram ; item est una
trabs in tecto dicte ecclesie que renovari indiget, quia fracta est
et appodiata una alia trabe erecta ; visitavit etiam dict. d. episcopus domos ipsius prioratus et reperiit quod sufficienter stabant :
cetera autem tam in dicta ecclesia quam in domibus competenter
stant. Et hiis peractis dict. d. episcopus cum sua familia et comitiva
in dicto prioratu egregie fuit pransus, et ibidem modicum dormivit ; qua dormitione habita direxit gressus suos versus ecclesiam
parrochialem de Jardenco. — Item, eadem die mercuri post
prandium dictus dom. episcopus visitavit ECCLESIAM parrochialem
DE JARDENCO, in qua quidem ecclesia curatus non facit residentiam
personalem, sed servitur ibi per vicarium : dicta ecclesia cohoperta
est de paleis ; item juxta altare sunt due fenestre in quibus non
sunt vereria, que periculose stant propter ventorum agitationem ;
in dicta ecclesia non est nisi unica casula ; it. reperi Corpus Xpisti
divisum in quatuor peciis, et erant IIII hostie sic divise, propter
parvitatem bustie ubi debebatur teneri dict. Corpus ; domus cure
simili modo cohoperta est de paleis et in aliquibus locis discohoperta, et pluit in eadem fere per totam domum. Confirmavit dict.
d. episcopus in dicta ecclesia circa C personas utriusque sexus [1] ;
et fuit ibidem dict. d. episcopus cum sua comitiva merendatus.
Deinde direxit gressus suos versus ecclesiam de Avilihans ; item
eadem die de sero dict. d. episcopus cum sua comitiva cenavit in
domo cure dicti loci d'Avilihans, et ibidem jacuit.

Item, anno quo supra et die jovis XVII° mensis maii, dictus dom.
episcopus mane visitavit dict, ECCLESIAM parrochialem DE AVILIHANS
(al. A-lh-s), ubi magnam missam audivit ; qua audita fuit facta
processio modo debito et consueto, qua facta fuit dicta ecclesia
visitata, ubi presbiterium est apodiatum fustibus, alias testitudo
ipsius minata fuisset ruinam [2], muri etiam ecclesie minantur ruinam ; item visitato altari reperi in corporalibus tres maculas que
videbantur esse Sanguinis Xpisti, licet corporalia fuissent et stetissent abluta ; it. est quedam fenestra juxta altare in qua est vereria, sed tamen foraminata ; dicta ecclesia est cohoperta de paleis [3].
Curatus tenet ancilam juvenem, licet videatur esse honestus homo ;

---

(1) *Add.* Sunt foca in dicta parrochia XLVIII medio juramento vicarii dicte
cure. — (2) *Var.* Testitudo tam presbiterii quam ecclesie est apodiata fusto,
alias corruisset. — (3) *Add.* Est unum altare non dotatum.

Johannes Grassi, castellanus dicti loci d'Avilihans, habet uxorem cum qua non moratur, set tenet et tenuit concubinam diu est que Dominica vocatur. Confirmavit ibidem dict. d. episcopus circa IIII^{xx} personas utriusque sexus [1]; et fuit dict. d. episcopus cum sua comitiva pransus in domo dicti curati, et etiam dominus de Mota cum ejus filia. Deinde post prandium direxit gressus suos versus ecclesiam Beate Marie de Vallibus. — Item, eadem die post prandium visitavit ECCLESIAM BEATE MARIE DE VALLIBUS dict. d. episcopus, in qua est quidam curatus juvenis: cloquerium dicte ecclesie indiget infra reparatione, et testitudo presbiterii minatur ruinam et nisi fuisset fustibus apodiata jam cecidisset, et dicta ecclesia est cohoperta de paleis; cetera in dicta ecclesia competenter stant. Et confirmavit ibi dict. d. episcopus circa IIII^{xx} viginti personas utriusque sexus; deinde direxit gressus suos ad ecclesiam Sⁱ Johannis de Vallibus. — Item, eadem die visitavit ECCLESIAM SANCTI JOHANNIS DE VALLIBUS, in qua erat curatus dom. Johannes Grasseti, et presbiterium ecclesie male est cohopertum quia pluit in eodem, et in parte boree infra ecclesiam predict. est murus fractus prope terram; curatus non habet bonum librum in quo cantetur missa, ymo indiget uno libro vocato Ufeser (al. Effusier): cetera competenter stant. Confirmavit ibi dominus circa VI^{xx} personas [2]; item deinde direxit gressus suos ad ecclesiam Sⁱ Theoffredi. — Item, eadem die visitavit dict. d. episcopus ECCLESIAM parrochialem SANCTI THEOFREDI, in qua est curatus dom. Nycholetus; in qua quidem ecclesia pluit per navem ecclesie et presbiterium male est cohopertum, fundamenta presbiterii corruunt, fustes sustinentes campanas sunt putrefacti, in dicta ecclesia deficit unum Ufeser (al. Effusier) [3]. Est una mala baucis in dicta parrochia, vocata Caterina Mathee, que cum sortilegiis dicit se curare pueros, et facit maleficia inter sponsum et sponsam et etiam sortilegia, et includit animalia verbis suis nephandis et multa alia mala perpetrat, que sunt contra fidem. Et confirmavit ibidem dict. d. episcopus circa LXe personas utriusque sexus [4]; et ibidem dict. d. episcopus cum sua comitiva merendavit in quodam viredario dicte ecclesie, infra quandam logiam factam de rama quercus, deinde direxit gressus suos ad ecclesiam parrochialem de Festegnino. — Item, eadem die

(1) *Add.* Et sunt foca juramento curati in dicta parrochia xxxviii — (2) *Add.* Sunt lx foca juramento curati. — (3) *Var*. Ibi non est bonus liber l'Ofusier, set indiget curatus meliorem habere — (4) *Add.* Sunt foca juramento curati xxiii.

de sero applicuit in ecclesia de Festegnino, et ibidem in domo capituli dict. d. episcopus cenavit et jacuit cum sua comitiva.

Item, die veneris XVIII* maii visitavit dictus dom. episcopus dict.
ECCLESIAM DE FESTEGNINO, in qua audivit missam cum nota et fuit
dicta per suos cantores; fuit facta processio solenniter et confir-
mate fuerunt ibi circa CC⁰ᵉ persone utriusque sexus. Defectus in
ecclesia: presbiterium dicte ecclesie a parte exteriori corruit et
jam in parte fractum est, sunt tres fenestre circumcirca altare in
quibus deficiunt vererie; ecclesia predicta male est munita in libris,
nam deficit ibi Effusarium (al. E~ser~m), liber euvangeliorum et
epistolarum, et liber Lectionarius: cetera in dicta ecclesia competenter stant. Item, relatu Peroneti Reyuerii, parrochie de Avillians
(al. Abi-s), est unus homo qui vocatur Dalphinus in dicta parrochia de Festeguino, qui includit verbis nephandis animalia. Curatus
est in dicta ecclesia satis antiquus, magnus lusor tasillorum, multum brigosus et egregie fuit verberatus, qui etiam noluit solvere
pisces dicta die veneris qua dominus fuit pransus in dicta domo
dicti capituli, malum vinum propinavit nobis licet esset de bono in
domo sua; tota vita sua tenuit vitam inhonestam. Fuit ibi dict. d.
episcopus pransus cum sua comitiva et dom. Johannes Reymondi
solvit pisces, quia curatus noluit solvere licet bene reperisset si
voluisset, et volebat quod dominus comederet ova in die veneris
contra statuta synodalia.

Item, die XIX mensis maii visitavit dominus ecclesiam Sancti
Arrigii, in qua sunt due acue a parte meridiei que sustinent murum testitudinis que indigent reparatione, et debet fieri una capsa
fustea ubi Corpus Xpisti teneatur: cetera competenter stant. Et
sunt foca juramento curati XXXV. — Item, eadem die visitavit dominus ecclesiam de Mayres, ubi pala altaris est fracta, veyreria
deficit in una fenestra juxta altare, prebriterium e(s)t fenditum in
ejus testitudine. Curatus non residet, set vicarius presentatus; conqueruntur parrochiani de servicio ecclesie: vicarius magnus loquax
et tenebat crucem in altum supra altare non consecratam. Et sunt
foca juramento vicarii ... Item libri indigent religatione in dicta ecclesia; it. infra lapidem foncium est unum morterium ubi tenetur
aqua foncium, et lapis magnus non tenet aquam. — Item, eadem
die visitavit ecclesiam de Roac, que est coperta de paleis et presbiterium est fenditum in ejus testitudine; liber epistolarum et euvangeliorum nichil valet, stola (et) manipulum nichil valent; in
fenestra una juxta altare est unum foramen. Et sunt foca juramento curati ipsius ecclesie .

Item, die xx mensis maii visitavit dominus ecclesiam prioratus de Mura, in qua ecclesia sunt deffectus : primo in texto quia ecclesia coperta est de palea, et sunt fenestre magne in navi ecclesie quatuor que indigent vererlis ; sunt deffectus, quia deficit in campanili unum solerium de postibus, item campane non sunt ligate in bonis fustibus ; sunt eciam alii deffectus, quia lapis fontis baptismalis est fractus in pluribus partibus et non potest reparari, fiat novus ; item est in altari una palla sive mapa inhonesta, quia est foraminata et est de multis peciis.

Die xxi maii in ecclesia de Selvo dominus visitavit : defficiunt due veyrerie in duabus fenestris juxta altare ; cetera bene stant, preter lapidem baptisterii qui fractus est et aquam foncium distillat quasi usque ad medietatem ipsius lapidis ; liber Effusier nichil valet, habeatur novus. — Item, eadem die visitavit ecclesiam de Aureis, in qua est una fenestrula que lucem non dat altari : oportet eam cressere et scindere unam branchiam nucis que visum offuscat altaris ; palla altaris est fracta ; presbiterium fenditum est in multis partibus, et navis ecclesie est coperta de insindolis et pluit per totum, pes fontis fiat de lapidibus cisis ; item Missale religetur et aptetur, quia in aliqua sui parte est illu(mi)natus. — Item, eadem die visitavit ecclesiam dominus meus predict. de Villeta, que in omnibus stat competenter ; sunt foca juramento curati in dicta parrochia xiiii.

Item, die xxii mensis maii dominus visitavit ecclesiam Vallis Dentis, in qua prebriterium dicte ecclesie est fenditum in multis locis et pluit ibidem, acue dicte ecclesie minantur ruinam ab utroque latere ecclesie, veyrerie in tribus fenestris sunt foraminate ; et sunt lxxv foca in dicta parrochia juramento curati. — Item, die eadem visitavit ecclesiam de Nanta, in qua deficit Breviarium et l'Efusier novus, quia antiquus non valet, ecclesia coperitur de novo : cetera competenter stant ; sunt foca juramento curati lxxi. — Item, eadem die visitavit dominus ecclesiam Sancti Honorati, in qua deficit l'Efusier novus, calix fractus in pede et in copa percussus indiget reparatione, prebriterium est fenditum, acue ecclesie indigent reparatione ; navis ecclesie et de testitudine, est tamen apodiata fustibus, indiget reparatione ; sunt foca juramento curati lxvi. Item deficit Psalterium.

Item, die xxiii mensis maii visitavit dominus ecclesiam de Vilario Sancti Xpistofori, in qua deficit unum Effusier : cetera competenter extant ; et sunt foca juramento curati xl. — Item, eadem die visitavit ecclesiam de Calma Longua, ubi sunt deffectus :

primo pluit in prebriterio, indiget copertione nova; Pistolarium indiget reparatione et complectione, quia non est integer; acue indigent reparatione; Corpus Xpisti indiget caosa fustes, que ponatur super altare. — Item, eadem die visitavit dominus ecclesiam Sancti Petri de Mesatico, ubi oloquerium pro majori parte corruit et indiget reparatione : cetera competenter stant; sunt foca juramento curati xxix. Pluit in prebriterio. — Item, eadem die visitavit dominus ecclesiam Beate Marie de Mesatico, in qua deficit Effusarium; prebriterium male copertum est quia pluit in eodem, item in navi ecclesie pluit per totum; fontes non erant clausi sera; item pars domus cure est omnino discoperta ut vidi; acue sunt due que sustinent presbiterium, una ab oriente, alia a meridie, que sunt omnino, discoperte et indigent reparatione festinosa.

Anno Domini mill'io CCCC°IIJ° et die xxi junii, visitavit capellam Beati Bartolomei de Sichilina, in qua non baptisatur nec Corpus Xpisti tenetur : pro capella bene stat.

SEQUITUR CONTINUACIO DICTE VISITACIONIS FACTA PER DICTUM dominum episcopum anno Domini M° CCCC° X° in decanatu Grationopolis predicto, presente me Anthonio Actuherii notario.

SUBSEQUENTER autem, anno Domini mill'io CCCC°° decimo, prefatus dom. episcopus continuando dictam visitationem suam in dicto decanatu Grationopolis, iter suum dirigendo ad partes Oysencii nundum visitatas per eumdem una cum sua comictiva, visitavit et officium visitationis jure suo ordinario exercuit in personis, ecclesiis et locis infra scriptis, servatis solempnitatibus supra in principio presentis visitationis descriptis et aliis in talibus requisitis, illam decretalem extravagantem que incipit *Vas electionis Paulus* etc. et alios sacros canones in hac parte edictos observando, et per familiam et servitores suos observari faciendo.

Et primo, eodem anno et die xxvii° mensis maii, prefatus dom. episcopus discedendo a domo sua episcopali Grationopolis de mane accessit ad prioratum Visilie, et ibidem reperto fratre Johanne Faverii, priore dicti prioratus, ordinis Cluniascensis, cum monachis et curato ac pluribus notabilibus viris de dicto loco Visilie, campanis pulsantibus, cruce et aqua benedicta precedentibus, ut moris est et supra in prohemio latius declaratur; fuit receptus et admissus idem d. episcopus cum tota sua comictiva per dict. d. priorem ad visitandum et visitationis officium exercendum; et

factis processione, missa celebrata. sermone facto ad populum et
aliis peractis que in doctrina superius inserta continentur, idem d.
episcopus confirmavit ibidem circa IJ° personas et deinde visitavit
ipsum prioratum, presentibus dict. priore, curato et monachis :
primo ecclesiam dicti prioratus, quam reperiit satis competenter
edifficatam et edifficia ipsius prioratus satis bene ; custodiam Corporis Xpisti. sanctum crisma, oleum infirmorum honeste et
decenter, cum fonte baptismi ac libris et ornamentis ; relatu etiam
nobilis Johannis Alamandi, Johannis de Ruyna et plurium aliorum
parrochianorum, prior, monachi, curatus et ceteri servitores bene
se habent in vita et honestate, in spiritualibus et temporalibus. In
dicto prioratu sunt due capelle seu capellanie cum altari : una ad
honorem Beati Nycholay, fundata per nobilem Humbertum Alamandi, valoris xx⁴ flor. per annum vel circa ; et alia ad honorem
Beati Johannis, modice dotationis : in quibus competenter servitur,
secundum relatum dom⁴ Petri Guillocti, curati ipsius loci. In dicta
parrochia Visilie sunt circa IIII³ˣ foca ; fuit inquisitum etiam cum
dicto curato si ibi sint aliqui sortilegi, divinatores, adulteri aut
alii qui sint puniendi et qui coram dicto d. episcopo debeant evo-
cari : qui respondit quod non, nisi 7 *non confessi ;* concubinarii
sunt Petrus Galliani, serviens curie, Telmonus Hupinelli, notarius.
Fuit injunctum per dict. d. episcopum prefato curato quod ipsos
assignet et remittat coram officiali Grationopolis justiciam subitu-
ros ; necnon dict. priori, monachis, curato et servitoribus quatenus
honestam vitam ducant, parrochianos suos bonis moribus instruant,
hospitalitatem servent et alia faciant ad laudem Dei, augmentatio-
nem divini cultus et bonum exemplum prebendum populo, et circa
curam animarum sibi commissarum taliter se habeant quod inde
in die extremi judicii coram omnium Creatore legitimam possint reddere pro dicto d. episcopo rationem, qui consciencias eorum super
hoc onerat, suam penitus exonerando. Et deinde ibidem pransus fuit
idem d. episcopus in dicto prioratu cum sua comitiva. — Deinde
eadem die sumpto prandio idem d. episcopus visitavit ECCLESIAM
parrochialem SANCTI PETRI de MISSATICO *(al.* DE S-to P-ro M-ci*)*,
cujus est curatus dom. Anthonius Masuerii, et reperiit ibidem altare
dicte ecclesie cum ornamentis ipsius satis bene, custodiam Corporis Xpisti, sacri crismatis, olei infirmorum satis bene et decenter,
etiam fontem baptismi et libros ; campanile dicte ecclesie dirruptum ; capellam Sancte Crucis a parte destra ecclesie, cui servitur
per curatum, male copertam, quam parrochiani tenentur reparare
et coperire. De excomunicatis et aliis deffectibus refert dict. cura-

tus quod nulli sunt de quibus sit informatus; quinymo dixit quod
prior Sancti Michaelis de Connessa est patronus dicte ecclesie,
qui prior et etiam prior Sancti Laurentii Grationopolis ibidem
percipiunt decimas dicte parrochie, in qua sunt circa xxv foca.
Et ibi confirmavit dict. d. episcopus tam de dicta parrochia quam
de parrochia Beate Marie de Mesatico circa lx personas. Parrochiani, videl. Petrus de Morta, Stephanus Peytamini et plures alii
referunt bene de vita et regimine curati in spiritualibus et temporalibus dicte cure, que modici valoris existit; cui curato fuit
injunctum et preceptum ut supra. Et deinde idem d. episcopus
rediit apud Visiliam, ad prioratum ubi cenavit et jacuit, commisit-
que dom° Johanni Villaboys, ejus capellano, quatenus visitet
ecclesiam B° Marie de Mesatico et eidem d. episcopo referat de
statu ejusdem.

Cujus commissionis et precepti vigore prefatus dom. Johannes
Villaboys, capellanus et commissarius predict., accessit personaliter ad dict. ECCLESIAM BEATE MARIE DE MESATICO, cujus est curatus dom. Johannes Marcellini, et reperiit prebiterium dicte ecclesie
quod minatur ruynam et quod indiget maxima et celeri reparacione,
fienda per priores Sancti Michaelis de Connessa et Sancti Laurencii Grationopolis, qui percipiunt decimas hujus parrochie;
defficit in ecclesia custodia pro Corpore Xpisti, una casula, unum
Effuserium: cetera bene stant. Hec ecclesia est de patronatus dicti
prioris S¹ Michaelis, modici valoris. Johannes Pignocti, Guigo
Ambroyseti, Petrus Roberti et plures alii dicte parrochie dicunt
quod dict. curatus bene se habet circa regimen ecclesie et minis-
trationem sacramentorum; habuit tamen concubinam non est diu,
a qua liberos procreavit, sed metu visitacionis noviter eam dimisit,
ut credunt. In hac parrochia sunt circa xxv foca; confirmati fuerunt inde apud S°ᵐ Petrum de Mesatico circa xxxᵗᵃ. Fuit injunctum
curato ut precedentibus et supra in prohemio.

Item in crastinum, videl. die mercurii xxviiiᵃ mensis maii, de
mane prefatus dom. episcopus separans se a dicto prioratu Visilie
cum sua comitiva gressus suos direxit ad PRIORATUM SECHILINE (al.
DE S-illina), transeundo per iter novum inter Visiliam et dict. prioratum juxta aquam Romanchie, et dum fuit prope dict. prioratum
Sechiline frater Glaudius de Portis, prior dicti prioratus sub abba-
cia Case Dei, ordinis Sancti Benedicti, venit eidem obviam, campanis pulsantibus, cum cruce et aqua benedicta, ut moris est,
curato dicti loci secum existente; et deinde facta processione,
missa celebrata, sermone facto ad populum ac aliis solempnitatibus

in talibus requisitis, prefat. d. episcopus confirmavit ibidem tam de Sechilina quam de S° Bertholomeo circa XL personas et deinde visitavit dict. prioratum, presentibus dict. priore et curato ipsum ad visitandum recipientibus, et reperiit ecclesiam dicti prioratus et parrochie predicte sufficienter edifficatam et illuminatam. excepto quod vitrea unius fenestre est fracta, bene munitam in libris, calice et ornamentis; Corpus Xpisti, sanctum crisma et oleum infirmorum ac fontes bene et honeste custodiuntur ibidem, licet custodia Corporis X' nullius sit valoris et est necoesse providere de una nova ; libri qui ibi sunt sunt modici valoris ; campanile minatur ruynam et dixit prior quod parrochiani tenentur ipsum repararo, tamen hoc facere recusant licet ipse prior paratus sit contribuere in reparacione dicti campanilis pro rata. Ipse prior et dom. decanus percipiunt decimas in parrochia de Sechilina et S' Bertholomei ipsius loci ; habet ipse prior sub dicto prioratu dict. ecclesiam parrochialem et (CAPELLAM) SANCTI BERTHOLOMEI *(al.* BAR-i) et ecclesiam de Liveto, in quibus presentat d° episcopo curatum et nunc est curatus earum dom. Johannes Martini, qui secundum relatum dicti prioris et parrochianorum bene se habet in ministracione sacramentorum et aliis spiritualibus, et est bone vite ut credunt: tenet tamen boves et plura alia animalia ad comandam et medium incrementum, et magis vacat circa temporalia quam spiritualia, et servit in officio seculari domini dicti loci nec facit processionem a festo Crucis maii usque ad aliud festum sancte Crucis mensis septembris. prout est consuetum in locis circonvicinis. Sunt in dicta parrochia, inclusis S' Bertholomeo et Avorando, circa L foca. Refert ipse curatus quod plures sunt in parrochia sua qui sibi non fuerunt confessi nec receperunt Corpus Xpisti in festo Pasche : fuit sibi injunctum et preceptum ut ceteris precedentibus, et etiam dicto priori nec non dicto curato quod nomina dict. non confessorum in scriptis redigat et procuratori fiscali dicti d. episcopi ut brevius poterit transmitat. Edifficia dicti prioratus sunt modici valoris, et etiam fructus ejusdem parum ascendunt. Et deinde pransus fuit ibidem dict. d. episcopus in domo dicti prioratus cum sua comictiva. — Eadem die, sumpto prandio prefat. d. episcopus accessit apud Livetum in Oysencio causa visitandi ecclesiam dicti loci, ubi fuit hospitatus in domo Lancelocti Nychole albergatoris quia ecclesia parrochialis nullam habet ibi domum, et ibidem fuit receptus per dict. priorem Sechiline et curatum predict. ut moris est; visitavitque ipsam ECCLESIAM DE LIVETO, ipsis presentibus ac etiam parrochianis quamplurimis, et reperiit ipsam ecclesiam satis com-

petentem in edifficiis, excepto quod ibi deficit una fenestra a parte
destra ad dandum lumen supra altare et ex agitacione venti quando
pluit aqua intrat infra ipsam ecclesiam; debiliter est provisum de
ornamentis et indumentis sacerdotalibus, libri nullius valloris, calix
bonus; fons, Corpus Xpisti, sanctum crisma et oleum bene et competenter custodiuntur. Lanceloctus Nychole predict., Petrus Coste,
Petrus Guillocti, Guillelmus Clavaonis et Disderius Mouncrii, ac plu-
(r)es alii et quasi omnes parrochiani conqueruntur de servitio divino
et ministracione sacramentorum: nam curatus predict. moratur
apud Sechilinam, et propter distantiam locorum et inundationes
aquarum ac nivium vix possunt habere sacramenta ecclesiastica nec
ibi celebratur nisi de xv in xv diebus, et multum vellent habere
proprium curatum propter scandala animarum et corporum evic-
tanda; dicta ecclesia modicas et quasi nullas habet facultates nisi
oblaciones que ibidem offeruntur, nam dom. prepositus Ulciensis
percipit decimas dicte parrochie et nichil inde dimittit dicto curato,
sic quod non potest ibi servire; et predicta exposuerunt dicto d.
episcopo, qui respondit quod libenter circa hoc provideret, habito
consensu dicti d. prepositi Ulciensis: cetera bene. In hac parrochia
sunt circa xxv foca; confirmati fuerunt circa IIII^{xx}, et deinde fuit
preceptum dict. priori et curato quatenus quam frequencius pote-
runt ibidem servient et divina officia peragant ac curam animarum
exerceant ut supra. Ibidemque cenavit dict. d. episcopus et jacuit
in albergaria predicta, sumptibus dict. prioris et curati.

Item, die jovis xxix^a mensis maii, que fuit dies octabarum festi
Corporis Xpisti, de mane prefatus dom. episcopus cum sua commitiva
accessit ad ECCLESIAM parrochialem ALEMONIS (al. DE A-ne), ad
quam visitandam dom. Michael Galberti, curatus ipsius ecclesie,
ipsum d. episcopum et ejus comictivam recepit cum cruce, aqua
benedicta, campanis pulsantibus ut moris est, et collocatus in domo
dicti curati et etiam in domo patrimoniali fratris Johannis Richardi,
prioris Bellimontis; et deinde missa celebrata per cantores et
alios servitores capelle dicti d. episcopi, processione facta, sermone
facto ad populum et omnibus solempnitatibus servatis, idem d.
episcopus confirmavit circa II^c personas et deinde visitavit dict.
ecclesiam parrochialem, quam reperiit bene et sufficienter edifficatam, fundatam ad honorem Sancti Nicesii, et que ecclesia est propria ipsius d. episcopi et de ipsa disponere pro libito voluntatis
consuevit, bene munitam in omnibus ad divinum officium peragendum, excepto quod Missale est modici valoris; et eciam est ibi
capella Beate Marie ante Crucifixum, cui servitur per dict. cura-

tum : cetera bene, excepto quod dicunt aliqui ex parrochianis quod curatus diu est tenuit concubinam, uxorem Pasqueti, a qua succepit liberos; de excommunicatis, sortilegiis et aliis nichil reperitur. In hac parrochia sunt circa IIII^{xx} foca; prepositus Ulciensis ibi percipit decimas; debet.... In hac ecclesia fuit edifficata quedam capella a latere sinistro ad honorem Beati Johannis Baptiste per nobiles viros fratrem Johannem Richardi, priorem Belli Montis, Rymonetum et Avalonum Richardi, ejus fratres, de dicto loco Alemonis, que nundum erat dotata, sed ipsam pro tunc dotaverunt dicti fratres de eorum patrimonio tam in possessionibus quam redditibus, modo et forma contentis in quod. publico instrumento inde sumpto manu mei Anthonii Actuherii notarii publ. die penultima dicti mensis maii; et postmodum ipse d. episcopus dict. capellam consecravit, et dicti fundatores presentaverunt rectorem novum dicto d. episcopo ad dict. capellam et dict. d. episcopus ipsum instituit. Ibique pransus fuit in domo dicti d. prioris et cenavit etiam ibidem, et curatus ministravit expensas pro cena, et jacuit ibidem.

Item, die veneris penultima (30) dicti mensis maii, prefatus dom. episcopus applicuit apud Ossum et fuit collocatus in domo heredum dom^i Johannis Leussonis, et fuit receptus ibidem per dom. Petrum Villaris capellanum, vicarium et vices gerentem dom^i Guigonis Grossi, studentis in decretis, curati dicti loci, more solito et deinde visitavit ipsam ECCLESIAM parrochialem DE OSSO sub nomine Beati Ferreoli fundatam; et reperiit ipsam competenter et bene edifficatam secundum facultatem parrochie, excepto quod indiget copertura et quod muri induantur cum calce et arena et fiant vitree in fenestris, provideatur etiam de Missali novo et Responsorio ad dicendum horas: cetera sunt bene. Parrochiani, videl. Johannes Colli, Johannes Girardi, Rodulphus Clareti, Glaudius Quarterii et alii parrochiani bene contentantur de servitio divino, et bene referunt de vicario predicto quod est bone vite. Hec ecclesia est propria dicti d. episcopi et de illa, quando casus evenit vacationis, pro libito voluntatis disponere consuevit ; sunt in parrochia circa LX foca. Prepositus Ulciensis percipit decimas ipsius parrochie, excepta parte dicti d. episcopi... ; debet.... Confirmati fuerunt ibidem, tam de ipsa parrochia quam de Alemone et Voujania, circa IJ°. In hac ecclesia est capella ad honorem Beate Caterine, fundata per illos de cognomine Leussonorum, ad quorum presentationem idem d. episcopus rectorem instituere consuevit in eadem, et nunc eam tenet dom. Johannes Veteris, capellanus. Et deinde sumpto ibidem prandio, dict. d. episcopus ivit ad jacendum apud Gardam in prioratu dicti loci: precipiens et committens dom° Guigoni Ollerii, capellano suo et curato Pererii, quathenus visitet ecclesiam parrochialem de Voujania et sibi referat.

Eadem die, post prandium prefatus dom. Guigo, commissarius predict., accessit apud Voujaniam et visitavit ipsam ECCLESIAM DE VOUJANIA, cujus est curatus dom. Petrus Barnoudi et in qua ecclesia sunt reliquie beati Stephani, beate Marie et beati Felicis; et reperiit ipsam ecclesiam satis sufficienter edificatam, excepto quod quedam parva fenestra a parte destra dicte ecclesie indiget reparacione et navis dicte ecclesie indiget reparatione eciam; ornamenta, libri, calix et cetera ad ecclesiam decentia secundum facultatem ejusdem bene se habent. Stephanus de Osso, Johannes de Michalono, Petrus Oudeyardi, Hugo Falconis et alii parrochiani dicte parrochie testificantur de eorum curato quod bene servit et bene se habet in spiritualibus et temporalibus. In hac parrochia sunt LX foca vel circa; confirmati fuerunt de ipsis apud Ossum circa C. Prior de Garda percipit ibi terciam partem decimarum, prepositus Ulciensis terciam partem et curatus ipsius loci Voujanie aliam terciam partem; faciunt....

Item, die ultima (31) dicti mensis maii, prefatus dom. episcopus visitavit dict. PRIORATUM DE GARDA ad nomen Beati Petri fundatum, sub preposito Ulciensi, ordinis Beati Augustini, in quo prioratu ad visitandum fuit receptus reverenter per fratrem Johannem Meyherii, priorem de Garda predict., dom. Johannem Maquayre curatum et ceteros servitores dicti prioratus ut moris est; et deinde celebrata missa solempni, processione facta sermoneque facto ad populum, dict. d. episcopus confirmavit ibidem tam de parrochia ipsius loci de Garda quam de Hues et de Villario Reculato circa CCCtum. Deinde visitavit ipsa die ecclesiam dicti prioratus, quam reperiit satis sufficienter edificatam; item visitavit altare majus dicte ecclesie et ipsum reperiit sufficienter munitum mapis et ornamentis ac eciam indumentis sacerdotalibus, excepto quod cape sunt antique et modici valoris; it. visitavit libros dicte ecclesie et reperiit ipsos satis competentes, excepto Psalterio qui nichil valet licet sit valde neccessarius pro dicendis horis; it. visitavit Corpus Xpisti et locum in quo custoditur, et reperiit ipsum bene et honeste custodiri, excepto quod custodia cum maxima difficultate apperitur propter deffectum clavis, etiam piscida in qua custoditur sanctum crisma non valet, fontes et cetera bene stant; in dicta ecclesia non est aliquis urceolus pro aqua benedicta; navis dicte ecclesie est male coperta et parrochiani ipsam recoperire recusant, licet requisi(ti) fuerint per dict. priorem. In hac ecclesia est quedam capella ad honorem Beate Caterine fundata et nulhathenus dotata, nullusque servit in eadem; item est ibi capella Berardorum sufficienter dotata, in quâ est institutus rector dom. Johannes Gueyraudi capellanus et celebrat in ea iiii vicibus in septimana, fuitque institutus per bone memorie dom. Rodulphum episcopum Grationopolis, ut constat littera per ipsum d. Johannem exhibita, data die xxi mensis decembris anno Domini M° (CCC°) LXI°, et quia ipsa littera lacerata est et talis quod fidem non faciebat plenariam, prefatus d. episcopus dict. capellam Berardorum prefato d. Johanni Gueyraudi iterum et de novo contulit et eum instituit, concedens eidem litteras opportunas. Johannes Jaquemini, Andreas Chalvini, Glaudius Fineti et plures alii parrochiani dicte parrochie super hoc interrogati, dixerunt de dict. priore et curato ac ceteris servitoribus quod bene se habent circa divinum servitium, et dict. prior specialiter circa temporalia et jura recuperanda ac edifficia dicti prioratus : dicunt tamen quod non tenet tot canonicos et servitores sicut solebant ejus predecessores; interrogati quot religiosos debet tenere, dixerunt quod nesciunt numerum; dict. d. Johannes Gueyraudi dixit quod retroactis temporibus solebant esse in dicto prioratu duo vel tres canonici cum priore, et modo non est ibi nisi unus. Refert curatus quod 5 non fuerunt confessi in festo Pasche nec receperunt Corpus Xpisti; in parrochia ejusdem sunt circa xl foca : super ceteris officium visitationis conscernentibus nichil fuit repertum reparandum. Dict. curatus comedit ad mensam dicti prioris; percipit dict. prior decimas parrochiarum Villarii Reculati, de Hues, de Bessiis, de Clavaone insolidum, item medietatem decimarum parrochie de Auriis et ultra medietatem suam percipit nonam partem dict. decimarum, et consimiliter percipit decimas in parrochia de Freyneto sicut in Auriis, et prior Sancti Roberti residuum in ipsis ambabus parrochiis; item in manso de Cloeys percipit dict. prior de Garda decimas insolidum et prior Sancti Roberti in Podio Guigonis insolidum, in parrochia vero de Voujania percipit dict. prior de Garda terciam partem decimarum et dom. prepositus Ulciensis aliam terciam partem et curatus de Voujania aliam terciam partem. Debet.... — Stetit ibidem dictus dom. episcopus cum sua comitiva die sabbati ultima maii et die dominico i° mensis junii, visitando et populum instruendo, sumptibus dicti prioris ipsum reverenter recipientis et in mandatis sibi factis obedientis. Et quia ipse d. episcopus, propter gravitatem persone sue, non potuit accedere ad loca de Villario Reculato, de

Hues, de Auriis et de Freyneto, fatigatus ex labore itineris et eciam ne curati dict. ecclesiarum sumptibus gravarentur, ipse d. episcopus voluit quod confirmandi de dict. parrochiis venirent ad ipsum in dicto loco de Garda et apud Lentum, et dom. Guigonem Ollerii capellanum, curatum Pererii, direxit ad dict. ecclesias ut ipsas visitaret et se diligenter informaret et sibi referret, comitens eidem totaliter vices suas.

Qui quidem dom. Guigo capellanus et commissarius predict., obtemperando mandato dicti d. episcopi, visitavit dict. ECCLESIAM DE VILLARIO RECULATO relatu dom¹ Hugonis Villareti, curati dicti loci, actento quod locus est difficilis in accessu, et reperiit dict. ecclesiam cum ornamentis et bonis ejusdem fore sufficienter dispositam et ordinatam ad servicium divinum, et quod parrochiani bene se habent erga eam secundum eorum facultates, et nichil est ibi reformandum attenta paupertate et inhabilitate loci in quo sunt, de quo dict. d. episcopus fuit sufficienter informatus ; et predicta fuerunt facta dicta die dominico 1ᵃ mensis junii apud Gardam ubi convenerant parrochiani dicte parrochie pro confirmacione obtinenda. — Item, eadem die dict. d. Guigo capell. et comiss. predict. visitavit ECCLESIAM parrochialem DE HUES, cujus est curatus dom. Johannes Bernardi, et reperiit ipsam ecclesiam bene preparatam et edifficatam ad nomen Beati Ferreoli, et competenter munitam libris, calice, ornamentis, campanis et aliis neccessariis secundum facultatem parrochie, in quo sunt circa LX foca. Curatus predict. relatu Johannis Arnoudi, Petri Bructini, Gueyraudi Gueyraudi et Petri Juliani, ac plurium aliorum parrochianorum bene se habet circa servicium divinum et curam animarum. In hac parrochia est capella DE BRANDIS (al. B—DES), in qua solebat esse argentaria. Sunt in hujusmodi ecclesia parrochiali reliquie sancti Vincentii, sancti Blasii et sancte Caterine ; cum capella ipsius Beate Caterine, cujus est rettor dom. Johannes Giraudi, institutus per d. episcopum, fundata per illos de cognomine Revollorum, satis competentis valoris. In hac parrochia percipit decimas dict. prior de Garda ; debet.... — Eadem die visitavit dict. d. Guigo capell. et commiss. predict. ECCLESIAM parrochialem DE AURIIS, cujus est curatus dom. Johannes Reymundi, quam reperiit sufficienter edifficatam ad honorem Beati Juliani, cujus sunt ibi reliquie et eciam de beata Maria et de beato Johanne Baptista ; reperiit eciam Corpus Xpisti, sanctum crisma, oleum infirmorum, fontes et cetera neccessaria pro sacramentis ministrandis et missis celebrandis bene et sufficienter conservari. Dict. curatus refert quod ejus parrochiani

8

bene se habent erga ecclesiam tamquam boni et fideles Xpistiani,
etiam Guillelmus Chastagnii, Guigo Fabri, Aymo Juvenis, Johannes
Fabri, Johannes Bectonis dicunt quod dict. curatus bene se habet
circa curam animarum et servicium divinum. In hac parrochia
sunt circa LX foca; debet....

Item, die lune II° mensis junii prefatus dom. episcopus de mane,
tendendo apud Lentum, descendit in plano Romanchie et deinde
ascendit apud Lentum ubi fuit hora prandii, et fuit collocatus in
domo cure dicti loci et reverenter receptus per dom. Humbertum
Bruni capellanum, curatum dicte ecclesie. ad visitandum; et ibidem reperiit cimenterium violatum seu polutum sepultura dom'
Guillelmi Reymundi quondam, ultimi curati dicti loci, excomunicati, quare non potuit visitationis officium exercere dicta die, sed
fuit inquisitum cujus culpa dict. cimenterium erat violatum et
provisum super modo reconsiliandi dict. cimenterium. Et ibidem
circa premissa vacavit dict. d. episcopus dicta die, comictens visitationem ecclesie de Freyneto prefato d. Guigoni Ollerii capellano.

Qui quidem dom. Guigo capellanus et commissarius predict.,
vigore dicte commissionis et precepti sibi facti, dicta die lune II°
mensis junii visitavit dict. ECCLESIAM DE FREYNETO, fundatam ad
nomen Beati Arigii, cujus reliquie et eciam sancti Blaysii ibidem
devote custodiuntur, cujus ecclesie est curatus dom. Guigo Michaelis; et reperiit ipsam ecclesiam aliqualiter edificatam, campanile
dirruptum, quod de novo edificatur; custodia Corporis Xpisti,
sacri crismatis et olei infirmorum, funtis baptismi bene conservatur; luminaria bona, altare bene et honeste munitum mapis et
indumentis sacerdotalibus, libri sunt modici valoris et antiqui.
Parrochiani bene se habent erga ecclesiam et bene servitur ibidem
per curatum, relatu Ponseti Reymundi, Petri Serreti et aliorum
parrochianorum. Confirmati fuerunt apud Lentum illi de hac parrochia; habet hec parrochia circa XXX° foca; debet....

Item, die martis III° dicti mensis junii prefatus dom. episcopus,
exhumato corpore dicti d. Guillelmi Reymundi, quondam curati de
Lento, et ipso posito extra cimenterium per aliquos homines qui
fuerant presentes in ejus sepultura, et ipso absoluto per dict. d.
episcopum una cum omnibus culpabilibus, reconsiliavit dict. cimicterium et ordinavit corpus dicti quondam curati ibidem sepeliri,
quod et factum fuit per modernum curatum dicti loci; deinde fecit
processionem in dicto cimenterio, subsequenter fuit factus sermo
ad populum ipsum instruendo, ubi erat magna multitudo de dicta
parrochia Lenti nec non de parrochiis Freyneti et de Auriis et de

Mysoen; et ibidem consecravit altare majus dicte ecclesie, quod
fuerat a suo loco amotum et aliqualiter dampnificatum, quia testudo prebiterii dicte ecclesie ceciderat supra ipsum; et hoc facto
celebrataque missa solempni, dict. d. episcopus confirmavit ibidem
de parrochiis predict. circa IIIJ°. Deinde visitavit dict. ECCLESIAM
parrochialem DE LENTO, fundatam ad honorem Beate Marie Virginis,
cujus est curatus modernus dom. Humbertus Bruni, Lugdunensis
diocesis, noviter institutus per dict. d. episcopum; quam ecclesiam
cum campanili et aliis pertinenciis reperiit bene et sufficienter
edificatam et in bono statu: in ipsa ecclesia sunt ornamenta et
alia neccessaria nec non libri, excepto Responsorio qui modici
valoris est, nullus est ibi Crucifixus. Dict. curatus ibi bene et
sufficienter servit, et parrochiani bene se habent erga ecclesiam;
fuit facta informatio de vita et regimine dicti curati cum Lantelmo
Odonis, Petro Clapperii, Stephano Albergie, Lantelmo Pelortie ac
pluribus aliis parrochianis dicte parrochie, qui deposuerunt quod
dict. curatus est bone vite et bene reparat ac domificat domum et
edificia dicte ecclesie, et bene se habet in spiritualibus et temporalibus. In hac ecclesia est quedam capella, ad honorem Beate
Marie fundata per dom. Petrum Clapperii capellanum condam, que
dotata est in possessionibus et argento penes mercatores existente,
quam tenet Petrus de Chissiaco clericus ex donatione dicti d. episcopi, qui ipsam confert absque presentatione. Habet ipsa parrochia
VJ^xx foca vel circa, et est de patronatu propositi Ulciensis, qui
propositus percipit medietatem et nonam partem decimarum dicte
parrochie et prior Sancti Roberti residuum; debet.... Et deinde
pransus fuit ibidem dict. d. episcopus. — Eadem die prefatus dom.
episcopus, recedendo a loco de Lento et gressus suos dirigendo
apud Bessias, visitavit ECCLESIAM parrochialem DE MISOEN, cujus
est curatus dom. K(a)rolus Oliverii, fundatam ad honorem Beati
Xpistofori, cujus et plurium aliorum sanctorum ibi sunt reliquie,
et reperiit ipsam sufficienter secundum paupertatem parrochie
edificatam et munitam libris et ornamentis ac ceteris neccessariis;
et habet circa L foca, inclusis illis de Parisius. Interrogati Johannes Vincentii, Humbertus Humberti, Johannes de Orto alias
Pascalis, Petrus Humberti et plures alii dicte parrochie si sciunt
aliquod deffectum in servicio divino aut cura animarum, dixerunt
quod non. Confirmati fuerunt ibidem circa LX; debet.... — Dicta
etiam die prefat. d. episcopus visitavit ecclesiam parrochialem de
Clavone, fundatam ad honorem Beatorum Disderii et Martini, cujus
est curatus dom. Petrus Eymari, et reperiit ipsam ecclesiam cum

mobilibus ejusdem et aliis neccessariis ad servicium divinum bene disposltam secundum facultatem parrochie et situationem loci, excepto quod crocta seu testudo est modicum discoperta : cetera bene stant. Petrus Pellisserii, Disderius Giroudi, Petrus Goraudi, Michael Pellisserii et plures alii parrochiani fuerunt interrogati de vita et honestate dicti curati, et si ibidem bene et devote servitur et aliis visitacionem tangentibus, et inde bene retulerunt. Habet hec ecclesia circa xlv foca; confirmati fuerunt circa lx. Dom. prior de Garda percipit ibi decimas; debet.... Et deinde ivit ad jacendum apud Bessias.

Item, die mercuri iiii^a dicti mensis junii prefatus dom. episcopus de mane existens in ecclesia de Bessiis, fundata sub honore Beati Andree, ibidemque celebrata missa, factis processione et sermone ut moris est, confirmavit tam de Bessiis quam Clavaone et Misoen, tam sero precedenti quam dicta die mercuri, circa mille; et deinde visitavit dict. ecclesiam de Bessiis, cujus est curatus dom. Johannes Jayllii, et facta debita diligencia, habita etiam informacione cum parrochianis, nullos ibi reperiit deffectus in spiritualibus et temporalibus, nisi quod crocta seu testudo prebiterii dicte ecclesie minatur ruynam adeo quod periculosum est ibi celebrare et indiget celeri reparacione valde sumptuosa, et dicunt parrochiani quod prior de Garda, qui percipit decimas dicte parrochie, hoc debet facere. In hac parrochia sunt circa VII^{xx} foca; debet.... Et deinde sumpto prandio idem d. episcopus, ascendendo superius per montem Rivi Torti et transeundo per dict. montem et planiciem ejusdem, ivit ad jacendum apud Arenas Inferiores, ibi fuit in domo curati collocatus, et ibidem cenavit cum sua comitiva.

Item, die jovis v^a mensis junii de mane dictus dom. episcopus, existens in ecclesia parrochiali dicti loci de Arenis Inferioribus officium visitacionis exercendo, audita missa, facto sermone, benedixit duas casulas pro parrochia nec non capud ymaginis sancte Urce magnum et de argento in aliqua parte factum, eciam deauratum ut videtur, quod fuit emptum per parrochiam diu est ut in Missali dicte ecclesie describitur, et unam ymagem Magdalenen de Altareto, et deinde confirmavit tam de Arenis Inferioribus quam Superioribus circa mille. Hec ecclesia est fundata ad honorem Dei et Beate Marie, de patronatu prepositi Ulcionsis qui percipit decimas dicte parrochie; curatus est dom. Jacobus de Bria, bacalarius in legibus et decretis, Francigena ibidem residens, et interrogati Aymo Judicis, Petrus Arthoudi, Johannes Gonterii, Johannes Girardi, filius Petri Girardi quondam, et Johannes Mathonis

notarius ac plures alii parrochiani dicte parrochie de vita et
regimine dicti curati, retulerunt quod est bone vite et honeste
conversationis et bene servit eisdem; eciam dict. curatus refert
quod parrochiani dicte parrochie sunt boni et veri catholici et bene
se habent erga ecclesiam, excepto quod non bene colunt festa et
nictuntur retinere quasdam tachias debitas ecclesie, et super hoc
litigat cum eis dict. curatus; et dict. d. episcopus ipsos curatum et
parrochianos admonuit quatenus velint inter se super hoc concor-
dare taliter quod ecclesia non ledatur. Debet... ; ecclesia parrochialis predicta indiget reparacione in uno angulo suo a parte superiori
ubi minatur ruynam, et celeriter est providendum. Et ibidem dict.
d. episcopus comisit visitacionem ecclesie parrochialis Arenarum
Superiorum d. Guigoni Ollerii, capellano predicto, actento quod
idem d. episcopus labore fexus ad ipsam ecclesiam accedere non
potest.

Qui quidem dom. Guigo, capellanus et commissarius predict.,
ipsa die post prandium accessit ad dict. ECCLESIAM ARENARUM SU-
PERIORUM *(al. DE A-nis S-ribus)*, ad honorem Beati Blaysii fundatam, et ibidem reperto dom° Johanne Davidis, curato dicte ecclesie,
vocatisque Martino Arnaudi, Rembaudo Rembaudi, Johanne Donne-
rii et pluribus aliis parrochianis dicte parrochie, visitavit dict.
ecclesiam parrochialem et reperiit ipsam ecclesiam bene dispositam et omnia utencilia ejusdem bona et sufficiencia, et quod dict.
curatus bene et sufficienter servit dicte ecclesie et parrochianis
ejusdem, et servivit jam spacio LVIJ annorum, et quod parrochiani
dicte parrochie bene et devote veniunt ad ecclesiam et alia faciunt
que boni Xpistiani facere debunt, sic quod ibi nulli sunt deffectus
corrigendi. Hec ecclesia est in fine diocesis Gronopolitane quantum
se extendit parrochia ejusdem usque ad summitatem collis Altareti,
et in ea sunt circa LX foca; et est de patronatu prepositi Ulciensis,
qui ibi percipit decimas et consuevit presentare curatum dicto d.
episcopo quando casus evenit; debet.... Illi de hac parrochia fuerunt confirmati apud Arenas Inferiores.

Item, die veneris VI° mensis predicti junii, prefatus dom. episcopus cum sua comitiva recedens a dict. Arenis Inferioribus, per
Malam vallem et per villam Lenti ac alpem de Lento ivit pransum
apud Vennostum in domo curati dicti loci, ubi fuit receptus per
dict. curatum ad visitandum, campanis pulsantibus et alias ut
moris est, et ibidem sumpto prandio aliquos confirmavit et ibidem
tota die se informavit de aliquibus impedimentis matrimoniorum,
super quibus petebatur ab eo dispensatio, nec non super pluribus

aliis casibus ipsi domino reservatis et eidem revellatis, et alias populum instruendo: et deinde cenavit et jacuit ibidem. — In crastinum vero, videl. die sabbati vii' dicti mensis junii, prefatus dom.
episcopus audita missa, processione facta, sermone ad populum
facto, confirmavit ibidem tam de Vennosto quam Sancto Xpistoforo
circa IJ°; deinde visitavit dict. ECCLESIAM DE VENNOSTO, in qua est
curatus dom. Johannes Odonis et est fundata ad honorem Sancti
Petri, et reperiit hos deffectus : primo ibi deficit unum Effuserium,
Psalterium et Legendarium, turribulum ; et ecclesia minatur ruynam : quoad servicium divinum et alia bene sunt et competenter.
Guillelmus Molerie, Vincentius Alloudi notarius et Johannes Galberti, parrochiani, deponunt quod curatus se bene habet in servitio divino et nesciunt ibi aliquem deffectum; etiam dict. curatus
refert de parrochianis quod sunt bone vite et honesto conversationis, et se habent ut boni Xpistiani. In hac parrochia sunt circa
LX foca; prior Sancti Laurentii de Lacu percipit ibi decimas,
excepto jure curati dicti loci; debet.... Quibus sic actis dict. d.
episcopus commisit visitacionem ecclesie Sancti Xpistofori prefato
d. Guigoni Olleri capellano; actento quod propter diversitatem loci
ipse d. episcopus ad dict. ecclesiam S' Xpistofori accedere non posset ;
et deinde sumpto prandio in dicto loco de Vennosto, iter suum arripuit ad prioratum Sancti Laurentii de Lacu cum sua venerabili commitiva et ibidem applicuit ipsa nocte, cenavitque et jacuit ibidem.

Dictus vero dom. Guigo Ollerii, capellanus et comissarius predict., accessit ad dict. ECCLESIAM parrochialem SANCTI XPISTOFORI
(IN OYSENCIO) et ipsam visitavit nomine dicti dom. episcopi, presente dom° Johanne Clareti, curato dicti loci, ac pluribus parrochianis ipsius parrochie, et reperiit ipsam ecclesiam bene aptatam
et edifficatam, et ornamenta ac mobilia ejusdem bene disposita ad
servicium divinum, quodque ibidem diligenter servit dict. curatus
et parrochiani secundum ruditatem eorum et patrie in qua sunt bene
se habent erga ecclesiam, sed multociens propter diversitatem
patrie ad ipsam ecclesiam venire non possunt; deficiunt ibi una
casula nec non due albe, unum Psalterium, una custodia ad por-
tandum Corpus Xpisti ad infirmos; campanile indiget reparacione
maxima, videl. in copertura et aliis locis in quibus dirruitur; item
altare dicte ecclesie est nimis bassum et ipsum oportet alciare et
reparare; est etiam ibidem quedam canalis movens de tecto prebiterii, que eciam indiget reparatione quia ex stilicidio defluenti
ex ea desruitur murus crocte. Habet hec parrochia circa VJ** foca;
prior Sancti Laurentii de Lacu percipit ibi decimas; debet....

Item, die dominico vii* /8/mensis junii prefatus dom. episcopus
existens in dicto PRIORATU SANCTI LAURENCII DE LACU, ordinis monachorum nigrorum Beati Benedicti, dependente a prioratu Sancti
Laurencii Cracionopolis sub abbatia Beati Theofredi, et cujus prioratus est prior reverendus in Xpisto pater et dominus dom. P(etrus)
miseratione divina tituli Sancte Susanne prebiteri cardinalis de
Tureyo vulgariter nuncupatus, causa visitandi jure ordinario et
visitacionis officium exercendi ibidem, presentibus ven^bus et rel^.
viris dnis Disderio Michaelis, curato dicti loci procuratoreque ac
rectore dicti prioratus pro dicto dom. cardinali, et priore ac eciam
firmario et accensatore ejusdem nec non fratre Petro Jargelli alias
Vincentii, sacrista et duobus aliis monachis dicti prioratus, ipsum
d. episcopum ut moris est ad visitandum reverenter et debite ad-
mictentibus et recipientibus, presentibus eciam pluribus aliis viris
ecclesiasticis, nobilibus eciam, burgensibus et aliis ydoneis personis de Burgo et patria Oysencii in multitudine copiosa affluen-
tibus in ecclesia dicti loci ; celebratis prius pluribus missis
submissa voce, deinde idem d. episcopus cum clero et populo
secum existentibus missa solemni alta voce cum processione celebrata et decantata, factoque sermone ad populum monitis saluta-
ribus ipsum instruendo tamquam verus pastor eorumdem, confirmavit ipsa die tam de dicta villa Burgi et parrochia ejusdem quam
de parrochiis Villarii Aymonis, de Olla et de Ornone ac aliis circonvicinis circa VJ* et L; et totam ipsam diem expendit ibidem
circa premissa vacando, et aliquos clamores ac questiones ibidem
existentes sedando et ad bonum pacis reducendo, ac eciam casus
sibi reservatos in foro confessionis audiendo aut aliis personis com-
mictendo, et alia faciendo que officium visitationis concernunt. —
In crastinum vero, videl. die lune ix* dicti mensis junii, prefatus
dom. episcopus ibidem ut supra visitando, in dict. prioratu et
ecclesia missa, processione et sermone ut supra prosecutis ac aliquibus personis confirmatis, processit ad visitandum dict. ecclesiam
parrochialem et dict. prioratum, priorem et religiosos ac servitores
ejusdem, et reperiit dict. ecclesiam indecenter ac turpiter ordinatam, taliter quod repugnat seu repugnare videtur devotioni fidelium:
nam male coperta, male ordinata et tempore ventorum et yemis
frigidissima, et quoddam solarium seu statio postium in medio
ecclesie per modum planchiamenti retro capellam Sancti Petri de
novo fundatam indecens et multum deformans dict. ecclesiam;
item in dicta ecclesia non servitur prout decet, specialiter in altari
principali; edificia dicti prioratus labuntur in ruynam, licet dict.

procurator et accensator aliquam reparacionem fecerit in eo dem; deficiunt ibi Missale, Effuserium, Psalterium et plures alii libri, quia illi qui illic sunt nullius vel modici valoris existunt; chorus dicte ecclesie male ordinatus, deformis et indevotus, et generaliter ipsa ecclesia maxima indiget reparacione, actenta facultate ville et valore dicti prioratus, etiam quia ut pro majori parte asseritur dicta ecclesia non est consecrata nec ibi est numerus religiosorum solitus. De cura animarum curatus predict. satis bene se habet et nullus defectus apparet de presenti in aliquibus ipsum tangentibus; et habet ipse curatus in dicta parrochia Sancti Laurentii circa VJ° foca et in parrochia de Olla sibi annexa xx° foca; ipse curatus habet sumptus suos de mensa prioris et in ea comedit, et est secularis institutus per d. episcopum et percipit medietatem decime de Olla. Infra ecclesiam predict. sunt capella Beate Caterine, quam tenet dom. Stephanus de Clottis et male servit ibidem, et est possime ordinata et male coperta, et multum deformat ecclesiam; et est questio inter fundatorem et rectorem ejusdem capelle ac consules dicte ville, quis debet coperire ecclesiam de super dict. capellam, que est modice dotacionis et confertur per dict. d. episcopum. Item est ibi capella Beati Johannis Baptiste, fundata per Johannem de Clavone, quam tenet dom. Johannes Michaelis, sufficienter dotata et de consensu domini nostri dalphini, et in qua sufficienter servitur. Item est ibi capella Sancti Jacobi, debiliter dotata per nobilem Johannem de Vienneysio, cujus est rector dom. Johannes Veteris. Item est ibi capella Sancti Petri, fundata per Hugonem Galberti de novo, quam tenet dom. Petrus Gallonis: et in ipsis capellis d. episcopus instituit rectores quando casus evenit seculares et sibi subdictos jure suo ordinario. Item Reymundus de Hues facit celebrari qualibet die in altari Beate Marie de Gaudio, in dicta ecclesia sito, unam missam ad notam per servitores dicti prioratus, quorum distribuciones ascendunt xxxvj flor. per annum, et nulli sunt adhuc redditus assignati quia non reperiuntur de franco alodio: ipse tamen Reymundus solvit dict. servitoribus annuatim prout est obligatus. Etiam visitata fuit ecclesia de Olla, per relatum dicti curati et accensatoris bene disposita secundum modicam facultatem ejusdem, que pauper parrochia est. Debet....

Item, die martis x° dicti mensis junii, prefatus d. episcopus cum sua comitiva predicta recedendo a dicta villa Sancti Laurentii de Lacu, accessit ad ecclesiam Ornonis et ibidem applicuit de mane et fuit receptus ad visitandum in eadem per dom. Jacobum Odonis,

d. episcopo cum cruce processione et campanis pulsantibus, ut in
ceteris ecclesiis per ipsum visitatis; et deindo existens in ecclesia
dicti prioratus multos ibi confirmavit, cenavitque ibidem et jacuit.
— In crastinum vero, videl. die xiii dicti mensis junii, prefat. d.
episcopus visitationis officium exercendo ibidem, celebrata missa,
processione facta, sermone ad populum, plures ibi confirmavit et
de vita et honestate ac regimine dicti prioratus et cure animarum
se informavit et diligenter inquisivit, et omnia fecit que per dioce-
sanum et ordinarium visitando fieri debent et sunt assueta;
ibidemque dicta die pransus fuit et cenavit ac jacuit. — In crastinum vero, videl. die sabbati xiii^ma mensis junii, prefat. d. episcopus
visitavit ecclesiam dicti prioratus et edifficia ejusdem, ac loca in
quibus Corpus Xpisti, sanctum crisma, oleum sanctum et infirmorum ac fontes baptismi conservantur, et ea reperiit satis competenter
et honeste; navis dicte ecclesie indiget reparacione maxima,
quoniam coperta est paleis et materia fustea coperture ejusdem est
putrefacta adeo quod indiget celeri reparacione, ad quam faciendam parrochiani paratos se obtulerunt. Ibi sunt religiosi dicti
ordinis numero   ; debet... et de hac pensione constat instrumento transactionis facto inter bo. me. dom. Rodulphum, D. gr.
episcopum Grationopolitanum, ex parte una et dom. Johannem
Rodulphi alias de Bessio, priorem dicti prioratus Vallis Boneysii,
ex altera, instrumento recepto et confecto per Guillelmum Vachonis
notarium, sub anno Dom^i M° CCC° LXIX°, indicione vii^a, die iii^a
mensis febroarii, et recognitione postmodum facta per dict. priorem,
instr^te recepto per Roletum Viondi notarium, sub anno Dom^i M° CCC°
LXXXVI° et die xxv^a mensis aprilis, indicione ix^a. Institucio vero
rectoris hospitalis dicti loci Vallis Boneysii pertinet episcopo Grationopolitano, ut constat instr^te recepto manu Guillelmi Vererii
notarii, sub anno Dom^i M° CCC° LXI°, indicione xiiii^a et die xi^a
augusti. Et deinde officio visitacionis adimpleto prefat. d. episcopus
a dicto prioratu ceparavit.

Item, eadem die xiiii^a mensis junii prefatus dom. episcopus visitavit ecclesiam parrochialem Beati Johannis de Syevol (al. Sie-l),
cujus est curatus dom. Franciscus   , qui curatus cum-
dem d. episcopum cum sua comitiva ad visitandum recepit, et
ibidem plures confirmavit; visitavitque dict. ecclesiam tam in
spiritualibus quam temporalibus, et reperiit quod dicta ecclesia
habet plures fenestras quas est necessarium vitreyare et male est
ibi provisum de libris, etiam baptisterium nichil valet sed indiget
quod de novo fiat ibi; parrochiani contentantur de servicio divino

et regimine dicti curati, et etiam dict. curatus de devocione ipsorum erga ecclesiam: cetera bene stant. Et deinde multos ibi
confirmavit et pransus fuit ibidem, sumptoque prandio ivit cenatum
in prioratu de Mura.

Item, ipsa die sabbati XIIIJ mensis junii in sero prefatus dom.
episcopus cum sua comitiva veniens ad dict. PRIORATUM MURE,
causa visitandi ipsum prioratum, priorem et servitores ejusdem
jure ordinario, prout decet fuit receptus per dom. Petrum Cassardi,
priorem dicti loci, cum suis monachis et religiosis ac vicario dicti
loci eidem d. episcopo cum cruce, campanis pulsantibus, et aliis
solempnitatibus obviam venientibus et ipsum d. episcopum ad
visitandum ibidem recipientibus et in dicto prioratu introducenti-
bus; et ibidem cenavit ipsa nocte et jacuit. — Deinde in crastinum,
videl. die dominico xv° dicti mensis junii, idem d. episcopus visitacionis officium exercendo in eodem prioratu, ibidem post celebra-
cionem misse, sermone facto ad clerum et populum in magna
multitudine congregatum, tota ipsa die vacavit in inquirendo de
vita et honestate dict. prioris et religiosorum ac servitorum, et de
regimine eorumdem in spiritualibus et temporalibus, et qualiter
ibidem divinum officium peragitur et cura animarum exercetur, et
qualiter subdicti parrochiani dicti loci se habent erga ecclesiam et
cultum divinum, et eciam super casibus eidem d. episcopo reservatis et personis ad eum recurrentibus in foro confessionis, et alias
providendo et bonis moribus instruendo. — Et deinde in crastinum, videl. die lune xvj dicti mensis junii, idem d. episcopus
visitavit ecclesiam dicti prioratus, quam reperiit sufficienter edificatam una cum edificiis ejusdem; reperiit eciam quod Corpus
Xpisti non custoditur ibidem ita honeste sicut decet et quod custodia
nullius est valoris, eciam fons baptismi nullius valoris est. Et est
etiam in ecclesia predicta fundata quedam capella ad honorem
Sancte Crucis, in qua est rector dom. Franciscus Imperatoris, et
celebrantur ac debent celebrari in eadem capella tres misse in
qualibet septimana. Item sunt ibidem due capelle, videl. una a
parte destra et quedam alia a parte sinistra, fundata ad honorem
Beati Michaelis, in quibus ob deffectum dotacionis non celebratur
nec servitur eisdem. Item sunt in eadem ecclesia due alie capelle
fundate, videl. una a parte domus prioris dicti loci, ad honorem
Beati Georgii, in qua tres misse in qualibet septimana celebrantur,
et alia a parte est ad honorem Beate Marie Magdalene, cujus est
rector dom.   , curatus de Ponsonatis, et celebratur in
eadem qualibet septimana una missa pro quodam prato dicte

capelle sito in dicta parrochia, cujus prati preysia valet annuatim vi flor. salvo pluri. Item est eciam ibidem quedam alia
capella, ad honorem Beati Petri fundata prope magnum altare,
quodam muro intermedio; cui servire debet et tenetur dom.
Gononus Porcherii, quod tamen non facit nec fecit eciam diu est,
quoniam se absentavit a dicta parrochia Mure et suam mutavit
mansionem in parrochia de Jardenco, prout dom. Albus Pollacti
vicarius dicti loci asserit. Et deinde idem d. episcopus se ceparavit
a dicto prioratu, gressus suos dirigens versus ecclesiam parrochialem Sancti Honorati, d. Guigoni Olerii et d. Johanni Villaboys capellanis visitationem ecclesie parrochialis de Nanta, actento quod ad
ipsam comode accedere non potest, commisit *(leg.* c–ittendo).

Qui quidem dni Guigo Olerii et Johannes Villaboys ad dict.
ECCLESIAM DE NANTA accesserunt et ipsam visitaverunt, presente
dom' Guigone Martini, curato dicte ecclesie, et se informaverunt
comodo ibidem servitur in divinis et cura animarum exercetur per
dict. curatum, nec non de vita et honestate ipsius cum parrochianis
dicte parrochie et qualiter parrochiani se habent erga ecclesiam
nec non de excommunicatis, usurariis, sortilegiis et aliis casibus
corrigendis, et nullos ibidem reperierunt deffectus secundum
possibilitatem dicte ecclesie.

Dictus vero dom. episcopus eadem die lune xvi' mensis junii
visitavit ecclesiam parrochialem VILLARII SANCTI HONORATI, cujus
est curatus dom. Johannes Trosselli, et ibidem peractis que officio
visitacionis concernunt multos confirmavit et reperiit ecclesiam
ejusdem satis competenter edifficatam; deffectus vero sunt in custodia Corporis Xpisti que non valet, et ibi deficit unum Officiarium
Nove Legis, eciam fontes baptismi reperti fuerunt sine clausura et
infra una grossa limassia: cetera reperiit competenter. Est eciam
ibi quedam capella fundata per dom. Guillelmum Masuerii capellanum, curatum de Ponsonatis, ad honorem Sancte Lucie, in qua
celebrantur iii misse in septimana et est rector dom. Johannes
Masuerii; cujus dotatio consistit in quadam modica pensione iii
flor. et in possessionibus annuatim circa xxv flor. Et deinde ibidem
pransus fuit et sumpto prandio ivit ad jacendum apud Festin(i)num,
causa visitandi ecclesiam parrochialem dicti loci; ad quam visitandam per dom. Rostagnum Pagani capellanum, curatum dicti
loci, reverenter fuit admissus ut decet, et deinde ibidem cenavit et
jacuit.

Item, in crastinum de mane, videl. die martis xvii mensis junii,
visitavit dictus dom. episcopus ipsam ECCLESIAM DE FESTIGNINO

(al. F–leg–o:, presente dicto curato, et reperit ibidem dict. ecclesiam satis competenter edificatam, excepto quod campanile de novo edificatur et in ipso companili furtive capta fuerunt duo simbala hoc anno; crota vero seu testudo dicte ecclesie indiget reparatione, quam facere debent dni decanus et capitulum ecclesie Grationopolis, qui ibi percipiunt decimas; Epistolarius sive Legendarius indiget reparatione[1]. Deinde ipse d. episcopus se coparavit a dicta ecclesia, gressus suos dirigendo ad prioratum Vallis Navigii. — Item, eadem die martis xvij mensis junii prefatus dom. episcopus, circa horam terciarum veniens ad dict. PRIORATUM VALLIS-NAVIGII causa ipsum visitandi, fuit receptus per dom. Petrum Rollandi, priorem dicti prioratus, campanis pulsantibus et alias prout decet, et deinde intravit ecclesiam dicti prioratus ad honorem Beati Johannis fundatum, et ibidem missa celebrata factaque processione et sermone facto ad populum, confirmavit circa XIJ^xx; visitavitque dict. ecclesiam et dict. priorem ac curatum ejusdem, et reperiit ipsam male munitam libris, reliquie inhoneste custodiuntur, Corpus Xpisti etiam male et indecenter, custodia nullius valoris; sacrista ibi non residet et vocatus dom. Petrus Domengii. Iste prioratus dependet a preposito Ulciensi; in parrochia ipsius loci sunt circa VIJ^xx foca. Et deinde ibidem pransus fuit dict. d. episcopus cum sua comitiva, et sumpto prandio ivit ad jacendum in castro suo Herbeysii.

SEQUITUR CONTINUATIO VISITACIONIS PREDICTE IN DECANATU Grationopolis in anno Domini M° IIIJ° XIIIJ^o, in ecclesiis nundum visitatis in decanatu predicto per dictum dom. episcopum.

ET PRIMO, eodem anno Domini M° CCCC^mo XIIII^mo et die dominico xvij° dicti mensis junii, prefatus dom. episcopus Grationopolis hujusmodi officium visitacionis continuendo et exercendo, associatus diversis personis tam probiteris quam clericis et scutifferis ut moris est, ad locum parrochialis ecclesie de GERIA, dicte Grationopolis dyocesis, se personaliter transtulit ipsamque ecclesiam parroch. Gerie modo debito visitavit, cujus.... pro presenti cappellanus, curatus et rector per eumdem d. episcopum institutus existit dom. Guillelmus Sontisonis; qua siquidem ecclesia visitata, reperiit omnia pro nunc bene et condecenter esse, ibidemque J

(1) *En marge* Est ibi capella nova.

missa prius celebrata quamplurimos confirmavit, deinde pransus fuit et de soro ipsa die in castro Gerie jacuit et cenavit [1].

Item, ... die lune xviii° dicti mensis junii dictus dom. episcopus visitavit ecclesiam parrochialem de MURIANNETA, in qua reperiit deffectus sequentes: primo quod ibidem defficit unum Missale, quoniam deffectu Missalis vix potest ibidem celebrari, quod precepit fieri et provideri per parrochianos, et unam ymaginem ad honorem Dei et beati Johannis: injungendo eciam dom° curato dicti loci quod premissa procuret fieri cum effectu et sub pena excomunicacionis hinc ad proximum festum Nativitatis Domini; cetera autem in dicta cura M-te reperiit satis suffcienter, nullusque ibidem de dicto curato conqueritur nec eciam curatus de parrochianis ejusdem loci. — Item, eadem die dictus dom. episcopus, existens in dicta parrochia Muriannete, precepit et commisit michi notario subscripto quod super visitacione alias facta per ipsum d. episcopum et alios duos prelatos ecclesie Grationopolis, predecessores suos, in ecclesia DOMENE me informarem; quapropter ego.... processi ad sumendum informaciones... a personis infrascriptis...: Et primo discr. vir Aymonetus de Luysino, notarius etatis LXVIIJ annorum, dixit et juramento suo per eum prestito... quod ipse vidit et presens fuit quando dom. Rodulphus..., condam episcopus Grationopolis, dict. ecclesiam parrochialem Domene visitavit, cujus pro tunc erat prior dom. Hugo de Campo Dextro, prout credit, vel dom. Soffredus Morardi, in quo prioratu honorabiliter fuit receptus ipseque d. episcopus pro tunc post visitacionem ecclesie predicti prioratus D-e ibidem cum sua comitiva quam ducebat pransus fuit; deinde interrogatus de tempore quo premissa facta fuerunt, dixit quod xxxv anni effluxi sunt salvo pluri. Item Petrus Anthonii, ejusdem parrochie Domene, etatis LXX annorum salvo pluri et sane memorie quinquagneta, pariter juramento... per eum prestito deposuit et dixit quod ipse tempore sue memorie vidit dict. d. episcopum Rodulphum visitare dict. prioratum Domene jam sunt xxxvi anni salvo pluri effluxi, cujus pro tunc erat prior dom. Joffredus Morardi, qui deponens per eumdem d. episcopum ibidem fuit confirmatus fueruntque pro tunc ejus patrini nobilis Villenus Morardi et Franciscus Bosonis; in quo prioratu D-e dict. d. episcopus per dict. d. priorem fuit

---

(1) Que quidem ecclesia parrochialis Gerie pro nunc libris neccessariis et aliis ornamentis altaris condecenter est munita, parrochianique quamplurimi propterea interrogati de vita et moribus dicti curati bene et laudabiliter refferunt prout convenit.

receptus ibidemque cum sua comitiva pransus fuit. Item.... Anthonius Jordani, dicte parrochie Domene, sane memorie LX annorum,... dixit et deposuit juramento suo quod ipse vidit et presens fuit quando d. episcopus Grationopolis dict. ecclesiam prioratus Domene visitavit; interrogatus quis erat pro tunc episcopus Grationopolis, dixit quod non bene recordatur sed videtur sibi quod erat episcopus Rudulphus, qui post visitacionem ecclesie dicti loci quamplures confirmavit ipseque met A—s deponens fuit ibidem confirmatus, et postea ipse d. episcopus in eodem prioratu cum sua comitiva quam ducebat pransus fuit; deponit eciam quod idem episcopus, qui dict. ecclesiam.. visitavit et fuit episcopus Grationopolis, postmodum fuit archiepiscopus Tharantasiensis: aliud nesciret... Item.. Laurencius Pelati de Versatorio juramento suo deposuit dict. d. episcopum Grationopolis modo et forma predictis dict. prioratum Domene visitasse XXX anni et ultra sunt effluxi. — Quibus quidem anno et die... prefatus dom. episcopus Grationopolis, causa visitacionis sue exercende existens in ecclesia predicti prioratus Domene volensque ibidem ipsam ecclesiam visitare, verumtamen dom. prior ejusdem prioratus officium huj^{di} visitacionis dicto d. episcopo prohibuit et quantum potuit impedivit et contradicit, non permictens ipsum dict. suam visitacionem exercere; de qua quidem prohibicione dict. d. episcopus fuit solempniter protestatus et de premissis omnibus... peciit instrumentum.... Acta fuerunt predicta in dicta ecclesia prioratus Domene, presentibus nobilibus viris Guigone Ranerii, Petro de Chissiaco, conreario Grationopolis, Johanne de Bardonenchia, Guillelmo de Bardonenchia, scutifferis dicti d. episcopi, dnis Guigone Olerii, Johanne Villaboys, Nycolao Mestaderii, Petro Raillieti alias Merlini et pluribus aliis testibus ad premissa vocatis... et rogatis.   A. ACTUHERII.

Item, eadem die lune XVIIIe dicti mensis junii dictus dom. episcopus Grationopolis visitavit ecclesiam parrochialem DE VERSATORIO, cujus est presencialiter curatus et rector dom. Petrus Villaris, Beatus Laurentius ibidem est patronus; et reperiit oroctam et prebiterium ipsius ecclesie ita dirruptas quod vis possunt se sustinere, sed presencialiter sunt apodiati cum quodam trabe debili ad ipsos sustinendum, curatusque propterea cum magno tremore ibidem celebrat; corporalia existencia super altare modicum valent, quia sunt antiquissima et quasi laxerata; custodia vero in qua Corpus Xpisti conservatur nichil valet sed refficienda, quia est nimis stricta nec est alia custodia seu vas honestum in quo posset Corpus X^i infirmis portari; de libris competenter provisum est

ibidem: injunctum fuit dicto d. curato ut predict. deffectus reparari faciat et procuret et de neccessariis provideri ibidem, ita quod
culpa et negligentia ejusdem divinum officium ibidem non dimi-
nuatur nec inde retardetur. Dom. prior Domene, prout refferunt
parrochiani, percipit decimas ibidem; dict. d... curatus reffert
quod ibidem sunt xii foca. — Item, eadem die prefatus dom. episcopus visitavit ecclesiam parrochialem VILLARIS BONOUDI, cujus
est curatus et rector perpetuus dom. Johannes Mariaca capellanus,
Beatus Martinus est patronus ejusdem parrochie; campanile....de
novo edifficatur per parrochianos.., dict.que d. curatus et Guillelmus Avidis, filius Guill⁴ A-s condam, habent onus operis dicti
campanilis....; deinde visitando ipsam ecclesiam... reperiit quod
de calice et libris sufficienter provisum, fontes baptismi et altare
bene et condecenter reperti fuerunt: tamen in ipsa ecclesia fuit
reperta quedam quantitas calcis, que ibidem per longum tempus
stetit et est nobilis Guigonis de Comeriis qui infra ecclesiam tenere
voluit, tamen non pro edifficio ejusdem ecclesie quia aliunde habent provisionem; in ipsa ecclesia defficit ymago bᵗ Martini patroni,
dict.que d. episcopus precepit eam ibi fieri per parrochianos con-
cessitque licteras contra eosdem opportunas pro compellendo eosdem ad adimplendum et observandum premissa et alia ad que
tenentur pro reparacione ecclesie facienda, casu quo ad hoc essent
negligentes vel morosi. Sunt ibidem lx foca; dict. d. prior Domene
percipit ibidem decimas estque patronus ejusdem parrochie. Item
dicte parrochie de V-rio B-odo est quedam cappella vocata Beata
Maria DE LANCIACO annexata, quapropter idem curatus habet licenciam ex parte dicti. d. episcopi bis celebrandi in die. Deinde ivit
cenatum apud Sanctam Agnetem.

Item,... die xix⁸ dicti mensis junii prefatus dom. episcopus.....
visitavit ecclesiam parrochialem SANCTE AGNETIS, cujus est curatus
dom. Anthonius Thome, factaque ibidem processione... visitavit
altare et ornamenta in eodem apposita, que reperta fuerunt competenter et in statu debito et bene ordinata; ibidem defficit unum
Effuserium ac eciam unum Missale, ibidem eciam sunt certi libri
antiqui neccessarii quos precepit religari, it. defficit unus liber ad
baptisandum et sepeliendum, ac eciam defficit una cappa pro sacerdote neccessaria pro servicio divino ibidem manutenendo; it. ordinavit reffici navem ecclesie: pro quibus adimplendis d. episcopus
concessit licteras opportunas contra parrochianos qui ad premissa
tenentur. Ibidem multi fuerunt confirmati circa CC et postmodum
aliqui tonsurati, tam de ipsa parrochia Sᵗ Agnetis quam de cap-

pella SANCTI MAURICII MONTIS AYMONIS [1], que ibidem eciam fuit visitata, suntque ibidem in S' Agnete circa LX' foca. Dni de cappitulo ecclesie Beate Marie Gronopolis percipiunt decimas in dicta parrochia S' Agnetis et in ecclesia pred. S' Mauricii, cujus est pro presenti curatus dom. Guillelmus Mercerii cappellanus; it. in dicta ecclesia Montis Aymonis percipit decimas dom. camerarius Domene, suntque ibidem XVIII' foca. Cetera autem in dict. ecclesiis bene sunt: curatus tamen S' Mauricii suspectus est de incontinencia, tamen fuit injunctum eidem quo se emendet sub pena excomunicationis et C francorum etc. — Item, .. die XIX' mensis junii dictus dom. episcopus Grationopolis visitavit ecclesiam VALLIS (SANCTI STEPHANI), ibidemque reperiit defficere fenestram vitreatam a parte altaris, defficit etiam unum Effuserium et unum Psalterium: altare et fontes atque cetera in dicta ecclesia honeste reperta fuerunt. Deinde facta dicta visitatione dict. d. episcopus confirmavit multos est dicta parrochia et tonsuravit; sunt ibidem IIII'' foca. Deinde post premissa idem d. episcopus pransus fuit cum sua comitiva in domo nobilis viri Johannis Alamandi, sumptibus curati dicti loci. — Item, eadem die dictus dom. episcopus visitavit ecclesiam parrochialem DE FROGIIS, cujus est curatus dom. Johannes de Ponte et sunt ibidem XXX foca; percipitque ibidem capitulum ecclesie B' Marie Grationopolis decimas, super quibus dec. curatus percipit I eminam bladi pro suo jure... In qua quidem ecclesia Frogiarum fuit facta generalis processio, deinde visitati fontes baptismi, qui reperti fuerunt fenduti ita quod aquam non possunt tute servare; curatus predict. certam partem cimicterii sua auctoritate occupavit ibidemque plantari fecit vineam ad opus cure ejusdem loci; domus cure est quasi dirrupta; in eadem ecclesia defficiunt unum Psalterium, unum Responsorium et unum Legendarium: in aliis satis competenter reperitur esse provisum et pauci deffectus preterquam supra declaratur, tamen pauci sunt in ipsa ecclesia sive parrochia qui tempore Paschatis receperunt Corpus Xpisti, fuitque injunctum dicto curato sub pena XXV franchorum quod mictat procuratori dicti domini nomina illorum qui non receperunt sacramenta ecclesiastica tempore Pascali.—Deinde dictus dom. episcopus Grationop. eadem die... venit ad ecclesiam parrochialem DE CAMPO, quam eccl. visitavit prout decet; ibidem fecit processionem, populo ibidem presente... ; qua quidem proces. facta, post missam circa L' personas confirmavit ibidem; et reperiit

_____

(1) On a effacé: que est eidem ecclesie S' Agnetis annexata.

deffectus quod in altari defficiebant de subtus due mape et de super una, ysadree vitree fracte sunt et valde indigent reparacione quia prope altare, Corpus Xpisti satis bene custoditur, pariter fontes baptismi, reliquie conservantur ibidem per sacristam. Eidem cure de Campo est annexa cappellá DE PETRA : de libris et aliis ornamentis neccessariis satis competenter est ibidem provisum ; in ipsa ecclesia est curatus dom. Johannes Chivallerii ; dóm. Franciscus de Arciis est prior ejusdem loci. Premissa acta fuerunt presentibus nobilibus Anthonio de Comerlis, Francisco de Monte Forti, Flormundo Berlionis, Petro de Chisslaco, Johanne et Guillelmo de Berdonenchia, fratre Jacobo Mercerii, priore Predicatorum Gratienopolis, dnis Johanne Villaboys, Petro Railleti, Stephano Balfredi et Johanne Grinde.

Item... die xxᵉ dicti mensis junii dictus dom. episcopus visitavit ecclesiam de THEYSIO, cujus est curatus dom. Petrus Rondeti et vicarius ibidem dom. Hugoninus Chaboudi ; ibidem fuit facta processio generalis per ipsum d. episcopum modo pontificali et celebrata missa, in qua visitacione reperiit altare satis bene et honeste munitum, Corpus Xpisti pariter bene, in ysadris non sunt vitree sed defficiunt, postarmentum navis ejusdem ecclesie indiget reparacione et domus cure pariter, quia quasi cadit in ruynam deffectu reparationis ; ibidem defficit ymago beati Pauli, quia in die festi sᵗ Pauli celebratur sacrum[1] ; in ipsa ecclesia defficiunt duo calices, quoniam unus calix est fractus et alius parum valet, sed est prout asserit curatus in pignore pro factura et reparacione ejusdem. Ibidem sunt cappelle Sancti Spiritus, cui servit dom. Petrus Pichacti, ad collacionem Leussonorum ; item cappella Beati Michaelis, quam servit dom. Petrus Oulardi et dom. Anthonius Mugnerii, sub patronatu Girardorum seu illorum de Theysio ; alia autem cappella Crucifixi, fundata pro confratria dicti loci, cui etiam servit d... Petrus Pichacti ; item alia cappella castri dicti loci Theysii, in qua dict. d. P—s Pichacti celebrat diebus festivis. Sunt ibidem CCᵃ foca et fuerunt confirmati circa Vᶜ, et certi alii ibidem tonsurati ; curatus... asserit tradidisse Petro Terrailii, procuratori dicti d. episcopi, nomina excommunicatorum qui non fuerunt confessati tempore Pascali, qui sunt in numero circa xlᵃ. Ibidem dom. prior Domene percipit decimas, excepto jure ipsius d. episcopi ; curatus vero... debet annuatim dicto d. episcopo... v flor... pro faciendo sanctum crisma.... Deinde idem d. episcopus cum sua comitiva

_____

(1) On a effacé : *quia patronus est ejusdem ecclesie.*

pransus fuit et jacuit. — Ipsa enim die dict. d. episcopus comisit visitationem ecclesiarum de Adextris et de Urteriis d. Guigoni Olerii, cappellano suo et canonico Sancti Andree; qui.... suam relacionem fecit, cujus tenor talis est:

Anno Dom' M° CCCC° XIIII° et die xx° mensis junii, ego Guigo Olerii de mandato domini mei episcopi Grationopolis accessi ad ecclesiam parrochialem DE Adextris, dict. curam ibidem visitando una mecum dom' Petro Oulardi capellano, fuimusque ibidem recepti per dom. Johannem Allioudi, vicarium dicti loci, et visitando dict. ecclesiam reperi altare munitum de omnibus, videl. de IIII. mapis seu mantilibus, de una palla, de corporali decenti; item Corpus Xpisti honorifice reperi, cum custodia clave firmo; item reliquias Beati Andree apostoli, patroni dicte cure, cum reliquiis beati Blaysii martyris; it. sanctum crisma, oleum sanctum, oleum infirmorum cum ampulis nitidis, fontes cum clave clausos; item libros neccessarios in dicta cura, excepto Graduali seu Effusario qui est modici valoris propter ejus antiquitatem; it. reperi croctam prepiterii dicte cure fendatam, debilem atque refficiendam in aliqua sui parte; in dicta cura est campanile et cimicterium condecens, et de ornamentis altaris competenter esse provisum; it. dicta cura habet ibidem domos et domicilia condecentes. Item interrogando dict. curatum sive vicarium qui est curatus perpetuus dicti loci, dixit quod dom. Johannes Reymundi, sacrista Campi; it. interrogando eumdem quot sunt parrochiani, dixit quod circa IIII^{xx} utriusque sexus; interrogatus si sint boni catholici et boni Xpistiani, dixit quod sic; interrog. si sint aliqui excommunicati, dixit quod non ad presens quoniam omnes excommunicati obtinuerunt eorum absolucionem in Paschathe. — Item, eadem die visitando CAPPELLANIAM DE URTERIIS, annexam de Adextris (al. eidem cure A-rorum a-ata), fundatam ad honorem Beati Xpistofori martyris, reperi primo altare condecenter munitum et libris neccessariis; fontes bene clausos, Corpus Xpisti cum crismate sancto repositum honorifice, item et reliquas b' Xpistofori cum clave; interrogando dict. curatum seu vicarium quot sunt parrochiani in dicta cappellania.., dixit quot sunt circa xxvi utriusque sexus; it. interrogatus si sint veri Xpistiani, dixit quod sic; item si sint aliqui excommunicati, dixit quod non ad presens.

Item, subsequenter die jovis xxi° dicti mensis junii fuit visitata per dictum dom. episcopum ecclesia parrochialis de MORESTELLO, ubi est patronus Beatus Michael, in qua ecclesia ipsam visitando fuerunt reperte fenestre sine veyreriis, altare satis bene et honeste munitum, sanctum crisma ibidem defficit quia non accepit de novo, libri male sunt religati, Missale est modici valoris, navis ecclesie indiget copertura; deinde post missam et processionem fuerunt tonsurati certi ex parrochianis et circonvicinis, et parrochiani circa LX° confirmati. Dom. Anthonius Bermundi, curatus dicti loci, habet circa L foca; ecclesia male regitur per eum, quia non celebrat missas ordinatas pro quibus percipit anno quolibet XL° sestar. frumenti census vel circa; item permictit perdi ipsos census deffectu regiminis et prosequcionis, fuitque diu et est idem curatus concubinarius¹, item et nobiles Guillelmus Guiffredi, frater dom¹ Anthonii Guiffredi, in legibus licenciati condam, Anthonius Guiffredi alias Civellet. Estque ibidem cappella Guiffredorum, quam regit dom. Anthonius Coques qui moratur in Sancta Maria d'Aloy.

Item,... die sabbati XXIII° mensis junii dictus dom. episcopus dict. visitacionis officium exercendo visitavit ecclesiam parrochialem prioratus SANCTI PETRI DE ALAVARDO, ibidemque ven^lis et rel^us vir dom. Guillelmus Veteris, magister hospitalis Sancti Bernardi Pontis Sancti Vincentii, ordinis Sancti Augustini, Tullensis dyocesis, ibidem exhibuit et presentavit eidem d. Grationopolis episcopo quasdam litteras apostolicas a summo pontifice papa Johanne XXIIIJ° emanatas, datas Bononie, VIII° kalendas junii, pontificatus dicti domini anno I°, necnon processum super ipsa gratia factum per... dom. Petrum.. episcopum Orelensem, excequtorem ad hoc una cum suis certis collegis... deputatum, datum Bononie in palacio apostolico, sub anno Nativitatis Dom! M° CCCC° XIIII°, indicione VII° et die ultima mensis maii, hora vesperorum vel quasi, pontificatus prefati dom¹ nostri pape anno V°..... continentes gratiam expectativam de una ex porcionibus canonicis ecclesie Grationopolitane, etc.; deinde ipsam ecclesiam S¹ Petri de Alavardo visitando.., in presencia ven^lium et rel^rum virorum dd. Johannis Alamandi, ordinis Clugniascensis, prioris, Johannis Grangerii, sacriste dicti prioratus, Jacobi Guiffredi, Petri Albi, Andree Veherii, monachorum ejusdem loci, et reperiit altare competenter et satis honeste munitum; Heucaristiam, sanctum crisma cum clave honeste interclusum; fontes baptismi eciam bene et honeste coperti et clausi, tamen male tenent et propterea fuit injunctum dicto d. curato quod illos reffici faciat et procuret prout decet; de libris et aliis ornamentis altaris competenter provisum, tam(en) aliqui sunt antiqui et male ligati. Dom. Petrus Nycholay

---

(1) On a effacé les mots *i. c. c.*

est curatus ejusdem loci et sunt circa IX^{re} foca; interrogatus idem
curatus si sint aliqui concubinarii ibidem, dixit quod non; interr.
si sint aliqui excommunicati, dixit quod sic et nomina ipsorum
tradidit Petro Torrallii, procuratori dicti d. episcopi, in synodo
mali. Facta processione et missa ibidem celebratâ, dominus confirmavit circa VIes et aliquos tonsuravit; dictusque d. episcopus
de sero jacuit in Alavardo. Ibidem in crastinum visitavit ecclesiam
parroch. dicti loci Alavardi et quamplurimos confirmavit, ibidemque omnia bene esse reperiit, excepto campanili... quod precepit
reparari. — Qua siquidem die... dict. d. episcopus Grenop. comisit dicto d. Guigoni Olerii, capellano suo, cannonico Sⁱ Andree,
visitationem ecclesiarum de Pinczocto, de Ferreria et de Mostereto;
qui... suam relacionem fecit ut sequitur infra :

Anno quo supra et die sabbati xxiij° mensis junii, ego Guigo
Olerii de mandato domini mei episcopi Gratianopolis accessi ad
parrochialem ecclesiam DE Pinczocto, ibidemque fui receptus honorifice per dom. Guillelmum Ludovici capellanum, curatum dicti
loci, et visitando dict. curam... reperi altare.. bene et honeste
munitum de omnibus, item Corpus Xpisti seu Heucaristiam monde
et honeste et cum clave clausam; it. reliquias Beati Mauricii martyris, ad cujus honorem est fundata ecclesia.., honorifice repositas,
it. reperi cum dict. reliquiis alias reliquias tamen sine breveto;
item reperi in eadem ecclesia libros, calicem argenteum, luminariam competenter, it. fontes clausos cum clave bene et decenter.
Item interrogando dict. curatum quot sunt parrochiani, dixit quod
sunt circa xxx^{ta} utriusque sexus; interrogatus si sint excomunicati,
dixit quod non; interr. si sint veri Xpistiani et boni catholici, dixit
quod sic; interr. de quo patronatu existit dicta cura, dixit quod de
patronatu prioratus Domene, qui... decimas percipit. Deinde visitavi domum cure.., quam reperit totam desolatam quia predecessores sui curati dicti loci nichil domificaverunt in eadem. —
Deinde... die predicta... ego dict. Guigo Olerii commissarius...
visitavi ecclesiam parrochialem DE Ferreria, ad honorem Beati
Maximini fundatam et de patrimonio prioratus Domene; ibidem
receptus fui per dom. Anthonium Ouderuti, curatum dicti loci,
cum magna et laudabili reverencia, ipsamque ecclesiam visitando
reperi altare munitum condecenter de omnibus ut decet, Heucaristiam reperi condecenter cum clave retro altare in quodam armario interclusam, et eciam reliquias bⁱ Maximini in reliquiario
decenter ibidem cum clave, duas cruces cum duabus ymaginibus
beate Marie una cum ymagine bⁱ Maximini episcopi et confessoris,

item sanctum crisma, oleum cathecumenorum et oleum infirmorum atque fontes condecenter clausas; it. reperi ibidem libros neccessarios, videl. Missale novum mixtum, unum Effuserium seu Graduale eciam novum, unum Graduale eciam novum, ydrias, calicem, albas, casulas, suppellicium in eadem neccessarias, item luminariam condecenter; item in eadem ecclesia est cimiterium competens, tres campane. Retulitque idem curatus quod sunt ibidem tam a longe quam prope xxxvi foca; dict. d. prior Domene ibidem percipit decimas, curatus vero satis bene et condecenter domificatus; nulli autem consueverunt ibidem fore excomunicati et pro presenti nulli sunt.

Subsequenter vero... die lune xxv⁴ mensis junii prefatus dom. episcopus a dicto prioratu Sancti Petri de Alavardo applicuit apud CAPPELLAM DE BARO, cujus est curatus dom. Johannes Balbi et est de patronatu dicti prioratus S¹ Petri de A-do, ipsamque ecclesiam ibidem visitando ut moris est reperiit altare honestum, bene mondum et condecenter ornatum et munitum de pannis neccessariis, Corpus Xpisti et reliquie ac eciam sanctum crisma cum clave tute et bene munde servantur; defficiunt vitrie in fenestris, quia fracte sunt ille que prope altare sunt; crotta presbiterii est fenduta et debilis indigetque celeri reparacione; campanile ejusdem parrochie de novo edifficatur. Sunt ibidem circa xlv foca, deinde post premissa et facta processione quamplurimi fuerunt confirmati, et deinde applicuit apud Altum Villarium. — Eadem die dictus dom. episcopus... applicuit... ad ecclesiam parrochialem Beate Marie ALTI VILLARIS, estque ibidem prioratus habens curam animarum, cujus pro presenti prior existit dom. Petrus Chanacie, qui dict. d. episcopum cum tota sua comitiva bene et laudabiliter recepit, ibidemque visitando reperiit altare bene et honeste munitum, Heucaristiam cum sua custodia, etiam sanctum crisma cum clave firmiter clausum; vitree sunt fracte a parte altaris, ibidem defficiunt Missale et Responsorium sive Graduale, campanile de presenti de novo edifficatur, pars autem ecclesie a parte orientali a parte campanilis est decoperta, fontes baptismi honeste clausa et coperta servantur. Ibidem sunt xl⁴ foca; deinde facta visitacione debita, ibidem tam de dicto loco Altivillarii quam de Mostereto fuerunt confirmati circa C persone. Qui quidem d. episcopus sumpto prandio ad conventum Carmelistarum Ruppecule applicuit.... — Deinde dicta die... dictus dom. episcopus venit ad conventum CARMELISTARUM predicti loci de RUPPECULA, qui conventus est fundatus infra parrochiam Sancti Mauritii de Destreriis et infra dyocesim Grationopolis, duratque dyocesis a parte illa usque ad aquam de Joudron ut ibidem fuit repertum fide dignorum testium relatu et deposicione, una cum carreria de Villa Nova, et quod ibidem bo. me. dom. Rodulphus pro tunc episcopus Grationopolis in tempore suo visitabat et visitare consueverat; qui quidem d. episcopus paratum se obtulit ibidem visitare et alia facere ad que tenetur tamquam dyocesanus, per longum tempus cum sua comitiva expectando, tamen nullus ibidem venit: protestans quod per ipsum non stat quin ipse faciat et adimpleat ea que ad exercitium huj[us] visitacionis fienda sunt, si populus et alii parrochiani adessent et venirent ibidem prout tenentur...; de qua quidem diligencia visitandi, protestatione et aliis sic peractis prefat. d. episcopus peciit sibi fieri publ. instrumentum.... Acta fuerunt premissa in dicto loco conventus Carmelistarum prope Ruppeculam, in eadem parrochia S[ti] Mauricii, presentibus rel[di] et ven[ber] viris fratribus Jacobo Arneysii priore, Girardo Chivillardi suppriore, Johanne Bucileti, Petro Canali sacrista, Reymundo Veysselleti, Petro Chivillardi, Petro Littere, Johanne Galandi, prebiteris dicti conventus, nobilibus Johanne et Guillelmo de Bardonenchia, Nicoleto Berthacti, fratre Jacobo Mercerii, priore conventus Fratrum Predicatorum Gronopolis, Johanne Villaboys, Petro Railleti, rel[eo] viro dom. Petro Chanacie, priore Alti Villaris, dom[o] Michaele Turjacti, curato ejusdem loci S[ti] Mauritii de Destreriis, testibus.... Quibus sic in dicto ordine Carmelistarum peractis, dict. d. episcopus visitavit ecclesiam parrochialem prefict. SANCTI MAURICII DE DESTRERIIS, presente dicto d. Michaele Turjacti, cui cure est annexa cappella Beati Martini de Destreriis, suntque in eadem ecclesia.. XI foca et in dicta cappella.. VI foca; dom. prior Alti Villaris est patronus earumdem. Deinde visitando ibidem.. reperiit altare bene et honeste, tamen est ibidem prope una fenestra que non est vitreata, que multum indiget reparacione propter pericula que possent occurrere per cursum venti: actenta facultate loci fuit inde preceptum curato quod illam reparari faciat et procuret; item defficiunt... Epistularium, Sanctuarium et (librum) officiorum festorum solempnium: de aliis libris competenter est ibidem provisum; fontes baptismi et cetera.. satis honeste cum clave clausa prout decet servantur. Reffert Michael de Bertino alias Giroudi, ejusdem parrochie, quod dicta parrochia durat usque ad aquam de Joudan prout supra; idem curatus tenetur ministrare sacramenta ecclesiastica pauperibus Xpisti hospitalis dicti loci.

(Item),... die XXVI[a] dicti mensis junii dictus dom. episcopus visitavit curam seu ecclesiam parrochialem DE MOSTERETO, fundatam ad honorem Beati Johannis Baptiste et de patronatu dicti prioratus Altivillaris, ejusdem loci est curatus dom. Anthonius Ruffi suntque ibidem circa XL. foca; cujus altare bene et honeste munitum de omnibus pannis et ornamentis neccessariis, et eciam de calice et libris; item Heucaristia honorifice cum sacro crismate in locis honestis et cum clave firmiter clausa; it. reperte fuerunt reliquie b¹ Johannis Baptiste et beati Blaysii et de aliis pluribus sanctis, et cetera bene et hone(ste) cum clave firmiter interclusa; it. fuit injunctum dicto curato quod faciat fieri in navi dicte ecclesie unam fenestram bonam, fortem et honestam et vitreatam, a parte venti ad ibidem clarificandum prout neccessarium est. Curatus pro servicio dicte cure satis bene domificatus, refferuntque ceteri parrochiani et tam vicini quam ejusdem loci ipsum curatum fore bone vite et honeste conversationis; idemque curatus reffert dict. suos parrochianos fore bonos catholicos et quod non consueverunt in sententia excommunicationis perseverare et quod tempore Pascali absolucionem omnes obtinuere, continueque tam mares quam mulieres continuant et frequentant ecclesiam tamquam fideles et veri Xpistiani, colentque et adhorant festa juxta sibi per sanctam matrem Ecclesiam precepta et injuncta, et ea observant fideliter prout informatus est... de vita et moribus ipsorum parrochian. de tempore XXV annorum quo in eadem cura servivit. — Item,... eadem die... dictus dom. episcopus visitavit ecclesiam parrochialem Beate Marie CAPPELLE ALBE; cui est annexa cappella Villaris Rodulphi, cujus est curatus dom. Anthonius Vivancti habetque X foca; dom. prior Avalonis percipit ibidem decimas in quacumque ecclesia : in ecclesia Villaris Rodulphi bene sepolitur, tamen non baptizatur ; ecclesia Sancti Petri de Souciaco dividit dy(o)cesim. Et ipsam curam visitando reperiit Missale satis bonum ac etiam Epistolarium, Graduale est modici valoris ; fontes baptismi, sanctum crisma, Corpus Xpisti et reliquie ibidem bene et honeste cum clave clausa, sunt ibidem duo crucifixi antiqui, in fenestra defficit vitrea : cetera bene sunt. Ibidem fuerunt confirmati circa XII et alii qui non potuerunt venire fuerunt remissi apud Avalonem ; ad quem locum idem d. episcopus venit de nocte ad jacendum et ibidem cenavit in domo heredum dom¹ Johannis Leuzonis condam, ibidemque solvit ipsa nocte expensas curatus Vennonis.

Deinde... die martis (1) XXVII° mensis junii prefatus dom. episcopus visitavit dict. ecclesiam prioratus AVALONIS, cujus est prior dom. Vionetus Morardi, ordinis Sancti Benedicti, estque ibidem patronus

Beatus Johannes; dom. Bartholomeus Giroudi est curatus ejusdem
loci et dom. prior Villaris Benedicti percipit decimas ibidem,
suntque in eadem parrochia xxx foca. Deinde ipsam ecclesiam
parrochialem B' J-nis A-is (visitando) reperiit altare bene mondum
et honestum, sufficienter munitum de pannis opportunis, Heucaristia Domini et sanctum crisma bene et honeste cum clave servantur;
fontes baptismi nichil valent, sed fuit injunctum eidem d. curato
quod hinc ad proximum festum Pasche refficiantur. Deinde facta
ibidem processione et missa celebrata, dict. d. episcopus confirmavit
ibidem tam de Avalone quam de aliis locis circonvicinis circa CCC
persone. — Item, eadem die.., sumpto prandio ibidem in dicto
loco A-nis, fuit visitata ecclesia parrochialis SANCTI MAXIMINI,
mandamenti Avalonis, cujus pro nunc est curatus dom. Claudius
Terralili, cannonicus ordinis Beati Augustini, de patronatu prioratus Villaris Benedicti, suntque ibidem C foca. Crotta presbiterii
fenduta et dampnificata est et dubitatur ne de proximo cadat in ruynam, difficiunt etiam ibidem reparaciones fenestrarum de vitreis:
dom. prior Villaris Benedicti, qui ibidem percipit decimas et habet
et tenuit ibidem continue suum granerium, prout dicunt parrochiani, ipsam croctam tenetur reparare et manutenere, (tamen) contradicit.., licet ad hoc... pluries per dict. parrochianos requisitus fuerit;
fuitque injunctum et preceptum dicto d. curato quod ipse procuret
fontes sacri baptismi reparare hinc ad proximum festum Pasche, quoniam.. nichil valent, sed jam diu equam benedictam ad baptizandum
ordinatam tenent et conservant in uno morterio valde turpissime, et
super hoc dominus concessit licteram dicti precepti. Deinde tam de
Avalone quam de Grignione fuerunt confirmati ibidem circa CC.

Postque... die mercuri xxviii^a (27) dicti mensis junii dictus dom.
episcopus visitavit ecclesiam parrochialem Beati Blaysii prioratus
VILLARIS BENEDICTI, cujus est curatus et rector.. dom Johannes
Morellerii, sacrista ejusdem prioratus, suntque ibidem circa xxxv
foca: ipsa ecclesia et domus dicti prioratus edifficantur de novo
seu reparantur; repertum fuit ibidem visitando altare ejusdem loci
bene et honeste munitum, fontes bene et honeste, Corpus Xpisti
cum clave clausum, reliquie b' Blaysii et plurium aliorum sanctorum ibidem honeste servantur; dict. d. sacrista et curatus ibidem
confessiones parrochanorum audit et sacramenta ecclesiastica
ibidem parrochianis diligenter ministrat, et est homo laudabilis et
honeste vite prout parrochiani ejusdem loci retulerunt. Deinde post
missam et processionem fuerunt confirmati ibidem tam de dicto
loco V-s B-i quam de Moletis circa CC persone.

Item,. die jovis xxviii° dicti mensis junii supra nominatus
dom. Guigo Olerii, cappellanus dicti dom. episcopi, ex commissione
orethentis sibi super hoc facta visitavit ecclesiam parrochialem
Sancti Mauricii DE MOLETIS, que est ultima parrochia in illa parte
(citra Yseram prope finem) dyocesis et conjungitur parrochie S¹
Petri de Souciaco, prout dividuntur mandamentum de Moletis et
mandamentum Clarimontis; cujus ecclesie parroch. de M-s presen-
tialiter curatus existit dom. Anthonius Ranerii et est de patronatu
prioratus Sancte Helene de Lacu, qui prior percipit decimas ibidem
et sunt xxxv foca. Qui quidem d. G-o O-i dict. visitacionem... faciendo reperiit altare satis honeste et de pannis copertum; de libris
satis competenter, excepto de uno Antiphonerio; non est ibi Psalterium nec etiam ymago Crucifixi: dictoque d. curato fuit injunttum
quod de eisdem provideri faciat et procuret; sunt ibidem reliquie
b¹ Mauricii et sancti Laurencii; erecta prebiterii est pro presenti
satis bona, attamen non est embochiata ab infra; navis ecclesie
quoad presens male coperta; parrochiani consueverunt tenere
scanna infra ecclesiam, quam propterea occupant; infra ipsam
ecclesiam est quedam cappella fustea Johannis Curati, que nundum dotata est nec ibidem celebratur, sed indebite et sine causa
occupat ecclesiam: cetera alia satis bene et honorifice ibidem reperta fuerunt, et parrochiani boni catholici cotidie tempore injuncto
festa precepta debite colentes.

Eadem die xxviii° ejusdem mensis junii dictus dom. episcopus
visitavit ecclesiam parrochialem DE GRIGNIONE; ibidem facta fuit
processio et missa celebrata more solito, reperiitque altare munitum de pannis honeste, fontesque baptismi coperte et clause, item
Corpus Xpisti cum reliquiis et sanctum crisma cum clave firmiter
et honeste ibidem servantur; in libris competenter provisum, tamen
Legendarium antiquum est. Curatus bone vite existit, pariter idem
curatus refert de parrochianis ejusdem loci quod catholici sunt,
festa colentes juxta precepta Ecclesie, licet aliqui excommunicati
sint ibidem; tamen tempore Pascali recipiunt sacramenta eorum et
obtinent eorum absolutionem. — Item, dicta die revertendo a
dict. parrochiis Avalonis et Grignionis dictus dom. episcopus de-
clinavit ad locum et parrochiam CHEYLASII, ibidemque visitando
reperiit Corpus Xpisti bene et munde, altare honeste copertum et
munitum de pannis competenter, defficiunt vitree in una fenestra
prope altare, defficit eciam una casula, Missale nichil valet sed
defficit unum: fuit preceptum dom° Petro Chaberti, cappellano et
curato dicti loci, quod ea que sunt reparanda reparet et que sunt

neccessaria provideri faciat et procuret cum effectu. Sunt ibidem xxv foca et dom. prior Sancti Petri percipit ibidem decimas, ipsaque cura est de patronatu ejusdem prioratus ; ibidem fuerunt confirmati lx persone. Deinde dict. d. episcopus ivit ad jacendum apud Goncellinum.

(Item),.. die xxix° dicti mensis junii prefatus dom. episcopus audivit missam suam in ecclesia Sancti Disderii de GONCELINO; ibidem facta fuit generalis processio, presente populo ; deinde visitando reperiit altare honeste munitum de pannis, fonte(s) bene clausos et copertos, sanctum crisma et Corpus Xpisti cum clave honeste servantur; fenestre a parte altaris non sunt vitreate nec eciam desuper ubi sunt cappelle : fuitque preceptum curato dicti loci, qui vocatur dom. Petrus Policis, quod illas claudi et preparari faciat hinc ad Sanctum Michaelem. Dominus quamplurimos ibidem confirmavit et primam tonsuram cl(er)icalem eciam aliquibus per ipsum ibidem examinatis contulit; multi sunt ibidem excomunicati qui non receperunt eorum sacramenta tempore Pascali, quorum nomina idem curatus tradidit in sancta synodo dom° procuratori episcopali. — (Item),.. die predicta... fuit visitata ecclesia Beati Johannis DE TENCINO, cujus est curatus dom. Hugoninus Chaboudi et vicarius ejusdem dom. Bartholomeus Oyselli, et... ibidem reperiit altare satis honeste provisum et munitum, Corpus Xpisti cum sancto crismate cum clave bene clausos; defficit ibidem Missale, quoniam ille qui est modici valoris existit, Epistularium totum delaniatum ; crotta presbiterii est fenduta indigetque seleri reparacione : cetera alia bene sunt. Sunt ibidem xxx foca; dom. prior de Campo percipit decimas ibidem.

REGESTRUM

ORDINUM ET PRIMARUM TONSURARUM [1]

Anno a Nativitate Domini mill'io CCC. XC. VIJ et die xvij men- sis marcii, reverendus in Xpisto pater et dominus dom. Aymo episcopus Grationopolitanus, in capella Sancti Michaelis domus episcopalis Grationopolis, sacros ordines generales celebravit (sab- bato iiij" temporum post Cineres) et promovit infra scriptos quem- libet ad ordinem ad quem est scriptus, examinatis prius infra- scriptis per me Petrum Firmini, vigore comissionis michi facte per ipsum rev. pat. d. episcopum oretenus; et eciam de ejus expresso precepto presens regestrum manu propria scripsi, et hic me subscripsi in fidem et testimonium premissorum. P. FIRMINI. Et est sciendum quod littere.. promotorum die predicta fuerunt signate signo predicto et sigillo rotundo pontificali ipsius dom. episcopi sigillate. Acoliti 20 (...; Amedeus Guiffredi, Johannes Revolli, canⁱ Sᵗ Martini; Artaudus de Turre, can. Ulciensis; fr. Johannes Firiburgi, Cartusien.; fres Guillᵉ Bruc, Johannes Oyardi, de ord. Minor.; fr. Johannes Bornonis, Predicator). Subdiaconi 5. Diaconi 4 (Moraudus Toscani, can. Ulcien.; fr. Johannes Filioli, Cartusien.). Presbiteri 2 (fr. Raymundus Fabri, Cartusien.) —... S. ordinibus celebratis, primam tonsuram contulit infra scriptis, prius examinatis per me Petrum Firmini, socium d. episcopi; et juraverunt.. esse obedientes et fideles dicto d. episcopo, ecclesie et successoribus dicti d. episcopi canonice intrantibus. Clerici 25 (Guigo fil. nob. Raymundi de Sala).

xxiiij marcii, in dicta capella, contulit prim. tonsuram cler. 1.

vij aprilis, die sabbati ante dominicam de Passione qua can- tatur in ecclesia Dei Scicientes, in dicta capella, celebravit gene- rales ordines.... Acoliti 2. Subdiaconi 15 (Johannes Jofredi, can. Sᵗ Andree Grationopolis; Amed. Guifredi, Johan. Revolle, canᵉˡ Sᵗⁱ Martini de Miseriaco; Artaud. de Turre, can. Ulcien.; fr. Stephanus Flotonis, Carmilita de Rupicula; Bartholomeus Aubertini, mon. Sᵗ Romani in Roanis; Petrus Pellerini, mon. de Tulhino; fr. Guillᵉ

---

(1) Quelques mots, d'un emploi fréquent et d'une interprétation facile, ont été abrégés comme il suit : canonicus, can.; capelle, cap.; curatus, cur.; ecclesia, e-ie, eccl.; filius, fil.; frater, fr.; fratres, fres; Miseriaco, Miser.; monachus, mon.; nobilis, nob.; ordine, o-nis, ord.; rector, rect.; sacrista, sacr.; vicarius, vic.

Bruc, fr. Oiardi, de ord. Minor.). Diaconi 7 (Guill' Myusardi, can. Ulcien.; Franciscus Argoudi, Petrus Borrascii, Glaudus de Portis, mon. S' Roberti). Presbiteri 5 (Petrus Mineti, can. de Garda; Morard, Toscani, can. Ulcien). — Clerici 10 (fr. Stephanus Mostardi, Carmilita de Rupicula).

xi aprilis, in *dicta* capella, contulit prim. tonsuram cleric. 5, habita prius dimissoria a... dom' Guillelmo, episcopo Gebennensi...

xxii maii, in ecclesia Herbesii, contulit tonsuram cler. 1.

xiiii junii, in capella S' Michaelis domus episcopalis Grationopolis, contulit prim. tonsuram clericalem 1.

xvi junii (sabbato post Pentecosten), in ecclesia sua Grationopolitana, celebravit generales ordines.... Clerici 9. Acoliti. 7 (Johannes Moriane, cur. S' Quintini; fr. Aymarus de Condriaco, mon. Bone Vallis Cistercien. ord.; Johannes Bajuli, Petrus Rancurelli, mon' S' Roberti). Subdiaconi 4 (fr. Johan. Firiburgi, Cartusien.; Bertonus Faverii, cur. SS. Georgii et Petri de Comeriis; Petrus de Serro, rect. cap. S' Nicolai de Vado). Diaconi 8 (Johan. Revolle, can. S' Martini de Miser.; Johannes Brocherii, cur. Montis Bououdi; Jacobus Cassardi, mon. de Mura; Barthol. Albertini, mon. S' Romani in Roanis; Petrus Pellerini, mon. Tollini). Presbiteri 6 (fres Henricus de Longua Curia, Michael de Tullino, mon' Bone Vallis ord. Cisterc.; Johannes Champi, mon. prioratus Mure; fr. Johannes Filioli, ord. Cartusie).

ix augusti, in capella castri S' Hylarii, cont. prim. tonsuram 2.

xxiii decembris, in capella S' Michaelis domus episcopalis Grationopolis, contulit primam tonsuram 2.

ANNO M° CCC° XCVIIJ°.

xvii januarii, in *dicta* capella, contulit primam tonsuram 1.

xvii februarii, in *eadem* capella, contulit primam tonsuram 1.

ii marcii (post Cineres), in capella S' Michaelis sue domus episcopalis Grationopolis, celebravit generales ordines.... Acoliti 15 (fr. Petrus Militis, Predicator Gronopolis). Subdiaconi 14 (fr. Jofridus de Blanis, Cartusien. de magna Cartusia; Jacobus Monteus, cur. Tullie; Petrus Ruffi, cur. Vivi; Antonius Terralhii, mon. Lemenci; fr. Guill' Durandi, mon. prioratus Vallis Bonesii; fr. Johannes Burnonis, Predicator Gronop.; Georgius Tivelli, rect. cap. S' Johannis in eccl. de Serris; fr. Hymbertus de Prissino, sacr. S' Petri de Sonna). Diaconi 6 (Jacobus de Briva, can. Romanis; fr. Johan. Phiriburgi, de Cartusia; fr. Johannes Bajuli, mon. Mirabelli; fr. Sadoc Bergon, Predicator Gronop.). Presbiteri 4 (fr. Joh. Revolle, can. S' Martini de Miser.; Johan. Muriane, cur.

S¹ Quintini; Antonius Rostagni, cur. de Vatillliaco). — Clerici 2¹
(Hynardus, fil. dom¹ Francisci de Bellomonte, domicellus; Petrus
Bonerii, de Fontanis, domicellus). .

vj, x, xiiij, xvj, xvij, xxij *et* xxx marcii, in dicta capella, c. p. t. 8.

xxiij marcii (Sciicientes), in *dicta* capella, celebravit ordines
générales.... Acoliti 4 (Johannes Ruffi, can. Vallis Navigii). Subdiaconi 11 (fres Petrus Mignonis, Bartolomeus Varnerii, Antonius
Visselli, Cartusien. de Allione). Diaconi 12 (fr. Gofred. de Balmis,
de Cartusia; Jacob. Monteus, cur. de Tullia; fr. Anton. Terralhii,
mon⁵ Lemenci; fr. Guill¹ Bruc, de ord. Minor.; Hymbert. de Prissino, sacr. B¹ Petri de Sonna, cum di(missoria)). Presbiteri 5
(Jacob. de Briva, can. Romanis; fr. Joh. Firiburgi, Cartusien. de
Cartusia). — Clerici 8 (Antonius *et* Hugonetus, filii nob. Guigonis
de Briansone, domini de Varcia; Johannes Philomene, ord. Predicator. Gration.)

vij maii, in capella predicta, 1 recepit prim. tonsuram.

v junii, in capella   , contulit prim. tonsuram 1.

xiiij julii, in capella   , contulit prim. tonsuram 1.

xx octobris, in capella castri S¹ Hilarii, contulit dominus primam tonsuram Amblardo, filio domini Bellimontis.

xxvi octob., in aula domus episcopalis Grationopolis ubi capella
ejus tenebatur, contulit primam tonsuram 2.

vj, vij, x *et* ultima novembris, in dicta aula, contulit primam
tonsuram 7 et dispensavit 1 super defectu natalium auctoritate sua
et auctoritate majoris *(al.* summi) penitenciarii, ad beneficium
eciam curatum.

iij, ix, xij, xiij *et* xxiij decembris, in aula predicta, contulit
primam tonsuram 7 (Catalano fil. Petri Chantarelli, secretarii con-
silii dalphinalis et civis Grationopolis).

Anno M⁰ CCC⁰ XC⁰ IX⁰.

xj *et* xxiij januar., in dicta aula, contulit primam tonsuram 2.

viij februarii, in dicta aula, contulit primam tonsuram 5.

xxij februarii, sabbato iiij⁰ʳ temporum post Cineres, in aula sue
domus, celebravit sacros ordines... Acoliti 2¹ (Johannes de Mussiaco, can. S¹ Georgii in Sabaudia; fr. Antonius Brocherii, can.
S¹ Martini de Miser.; fres Johannes Gaudereti, Stephanus Burgun-
dionis, de Cartusia; Gonetus Molaris, cur. de Vatilliaco; fres Guill
Coste, Guill¹ Rigaudi, mon¹ Domene; Guffredus Mistralis, Guigo
Ranerii, mon¹ S¹ Laurencii Grationop.; Julianus Ruffi, mon. S¹
Michaelis de Connexa; Johannes Martini, mon. S¹ Roberti). Subdiaconi 10 (fr. Rodetus Henrici, can. Grationop.; fr. Johan. Ruphi,

can. Vallis Navigii; Johannes Aloardi, cur. S' Xpistofori in Matessena; fr. Johannes de Comeriis, mon. S' Laurencii Gracion.). Diaconi 8 (Johannes Jofredi, can. S' Andree Grationop.; fr. Artaud. de Turre, can. Ulcien.; Gononus Guilhoudi, cur. de Vallibus). Presbiteri 5 (fr. Janfrid. de Balmis, de Cartusia; fres Bartolomeus Barnerii, Petrus Nugonis, Cartusien. de Allione; fr. Glaud. de Portis, mon. S' Roberti). Clerici 18.

vj marcii, in camera sua dom. ep. Grat. cont. prim. tonsuram 1.

x marcii, in aula domus s. ep. Grat. contulit primam tonsuram 2.

xv marcii, die sabbati ante dominicam de Passione (Sciciontes), in aula domus sue episcopalis, celebravit ordines generales.... Acoliti 5 (.. atitulatus..; fr. Antonius Coirardi, Carmilita Bellivisus). Subdiaconi 14 (fr. Johan. de Mussiaco, can. S' Georgii; fr. Anton. Brocherii, can. S' Martini de Miser.; Gonet. Molaris, cur. de Vatiliaco; fr. Johannes Gautereti, mon. Cartusie; Guill° Coste, mou. Domene; Julian. Ruffi, mon. S' Michaelis de Connexa; fr. Johan. Philomene, ord. Predicator.). Diaconi 10 (fr. Johan. Ruffi, con. Vallis Navigii; Johan. Aloardi, cur. S' Xpistofori in Matessena; fr. Franciscus de Comeriis, decanus Grationopolis; fr. Johan. de Comeriis, mon. S' Laurencii Grationop.). Presbiterii 6 (Artald. de Turre, can. de Comeriis; Johan. Jofredi, can. S' Andree; Gonon. Guilhoudi, cur. de Vallibus). Clerici 20.

1°, xvj, xxiij et xxvj aprilis, in dicta aula, cont. prim. tons. 7.

v maii, in dicta aula, contulit primam tonsuram 6.

Secuntur clerici facti in visitatione domini.

ix maii, in prioratu de Toveto sive ejus ecclesia, c. pr. ton. 5.

x maii, in ecclesia de Buxeria et in ecclesia de Barralibus, c. p. t. 4.

xj maii, in ecclesia de Chaparulenco, contulit prim. tonsur. 5.

xiiij maii, in ecclesia de Aquis, contulit primam tonsuram 4.

xv maii, in ecclesia Clarifontis, contulit primam tonsuram 1.

xvj maii, in ecclesia Vilaris Valmaris, contulit prim. tonsuram 1.

xvij° maii, in ecclesia S' Leodegarii Chamberiaci, contulit primam tons. 27 (Francisco fll. dom' Johannis Salvagii, de Chamberiaco).

xix maii, in ecclesia Lemenci, contulit primam tonsuram 20 (Petro Guerrerii, Glaudo de Nanto, Petro Oliverii, Petro Ranerii, Bartolomeo Riveti, ord. Minor. Chamberiaci).

xxj maii, in ecclesia de Burgeto, contulit primam tonsuram 2.

xxij maii, in ecclesia de Mota, contulit primam tonsuram 1.

xxiij maii, in ecclesia de Couz, contulit primam tonsuram 1.

xxiiij et xxvj maii, in domo dom' Aymonis Bonivardi condam, militis Chamberiaci, contulit primam tonsuram 5.

xxvii maii, in ecclesia de Toyriaco, contulit primam tonsuram 2.

xxviij maii, in ecclesia S¹ Georgii in Sabaudia, cont. pr. tons. 8. (Johanni fil. dom¹ Petri de Verdone, militis condam de Chenino).

iij junii, in ecclesia Albini et in ecclesia Montis Meliani, contulit primam tonsuam 9 et 5 (Hymberto fil. dom¹ Johannis Marescalci, de Albino; .... diocesis Viennen., causa privilegii concessi per papam domino meo quod illis qui steterint per annum infra suam diocesim possit conferre primam tonsuram).

iiij junii, in ecclesia Crosi, contulit primam tonsuram 5.

v junii, in ecclesia S¹ Petri de Albiniaco, cont. prim. tons. 4 (fr. Ogerio Cordurerii, Augustinen. dicti loci).

vj junii, in ecclesia de Grosiaco, contulit primam tonsuram 1.

vij junii, in ecclesia de Marchiis, contulit primam to suram 2 (Guigoni Echemperii, can. S¹ Georgii).

ix junii, in ecclesia S¹ Xpistofori prope Scalas, cont. prim. tons. 2.

x junii, in ecclesia de Scalis, contulit primam tonsuram 5.

xj junii, in ecclesia Mirabelli, contulit primam tonsuram 1.

xiiij junii, in ecclesia de Moyrenco, contulit primam tonsur. 2.

xv junii, in ecclesia de Ripis, contulit primam tonsuram 1.

xvj junii, in ecclesia Tullini, contulit primam tonsuram 10.

xviij junii, in ecclesia de Albenco, contulit primam tonsuram 5.

xix junii, in ecclesia de Vinayco et in ecclesia de Belloloco, contulit primam tonsuram 5 et 1.

xx junii, in ecclesia S¹ Romani de Grenenco, cont. prim. tons. 9.

xxiij junii, in ecclesia de Ponte in Roanis, cont. prim. tons. 8.

xxv junii, in ecclesia S¹ Quintini, contulit primam tonsuram 4.

xxvj junii, in ecclesia de Saysinis, contulit primam tonsuram 2.

Reversi apud Grationopolim de visitatione.

iiij et xviij julii, in aula domus episcopalis Grationop. c. p. t. 2 (Guigoni fil. dom¹ Rodoni de Comeriis, militis).

xvij augusti, in capella S¹ Hilarii, contulit primam tonsuram 1.

xxvj augusti, in aula domus episcopalis Grat. cont. prim. tons. 2.

xvij octobris, in capella S¹ Michaelis dom. epis. cont. pr. tons. 1.

In visitatione.

xxij octobris, in ecclesia Vilaris de Lancio, cont. prim. tons. 5.

xxix octobris, in ecclesia de Vivo, contulit primam tonsuram 12.

v et vj novembris, in capella S¹ Michaelis dom. ep. Grat., c. p. t. 5.

xx decembris, in dicta capella, celebravit ordines sacros et minores.... Acoliti 14 (fr. Vincencius Pelati, can. S¹ Georgii in Sabaudia; Soffredus de Arciis, Jocerandus Berlionis, can¹ S¹ Martini de Miser.; Henricus Odisi, cur. de Pasqueriis; Johannes de Alta

Bessa, cur. S¹ Boneti de Chavagnis, Viennen. dioc.; Hugo de Alto
Vilari, mon. S¹ Petri de Alavardo; fres Guill° Clementis, Petrus
Oliverii, Bartolomeus Reventini, Minores Gronopolis; fr. Petrus
de Metis, ord. Predicator.). Subdiaconi 9 (Odo dou Champit, mon.
Bellarum Vallium; fr. Hymbertus Escoferii, mon. Mirabelli; fres
Gofrid. Mistralis, Guigo Ranerii, mon¹ S¹ Laurencii Gronopolis).
Diaconi 7 (fr. Anton. Brocherii, can. S¹ Martini de Miser.; Johan.
Gautereti, Cartusien. de Cartusia; fres Guill° Coste, Guill° Durandi.
mon¹ Domene). Presbiteri 8 (Guigo Chivallerii, can. S¹ Georgii in
Sabaudia; Gonet. Molaris, cur. de Vatilliaco; fr. Jacobus Cassardi,
mon. de Mura; Julian. Ruffi, mon. S¹ Michaelis de Connessa; fres
Guigo Berengerii, Petrus Esserti, de ecclesia de Scalis, ord. S¹
Johannis Jeresolimitani). — Clerici 10.

ANNO M° IIIJ°.

xxiij januarii, in dicta capella, contulit primam tonsuram 1.

xij et xiij febroarii, in dicta capella, contulit primam tonsuram 2.

xiij marcii (post Cineres), in capella B¹ Michaelis domus sue episcopalis, celebravit ordines.... Clerici 9 (fr. Antonius Robe, can.
S¹ Antonii c. dim.; fr. Stephanus Simondi, Carmilita Bellivisus; ...
d¹ Petri Gauterii, curati Herbesii). Acoliti 6 (Johachim Lovati, fr.
Anton. Robe, can¹ S¹ Antonii Vien. c. dim. fr. Stephan. Simondi,
Camilita Bellivisus), Subdiaconi 13 (Vincenc. Pelati, can. S¹ Georgii in Sabaudia; Henric. Odisi, cur. de Pasqueriis; fres Guill°
Clementis, Petrus Oliverii, Bartholom. Reventini, Minores Grationop.; fr. Hugo de Alto Vilario, mon. S¹ Petri de Alavardo; fr. Petrus Rancuralli, mon. S¹ Roberti; fres Johannes Castelloni, Petrus
de Metis, Petrus Militis, Predicatores Grationop.; Petrus Ramberti
alias Porret, rect. cap. S¹ Bartholomei in eccl. Grationop.) Diaconi
9 (Franciscus de Plaustro, can. Romanis c. dim. sui capituli; fr.
Johan. de Mussiaco, can. S¹ Georgii in Sabaudia; fr. Hymbert.
Escoferii, mon. prioratus Mirabelli). Sacerdotes 7 (fr. Anton. Brocherii, can. S¹ Martini; fr. Anton. Raymberti, Carmilita Bellivisus;
fr. Guill° Coste, mon. Domene).

xvij aprilis, in dicta capella, contulit primam tonsuram 4 (...
dom¹ Francisci Beatricis, curati S¹ Agri(pani).

xxiiij jullii, in capella castri S¹ Hilarii, contul. prim. tonsur. 1.

vij et xiij augusti, in capella S¹ Michaelis d. ep. Gr., cont. pr. t. 4.

xxvij octobris, in dicta capella, contulit prim. tonsuram Yveto
fil. dom¹ Rodeti de Comeriis.

xij decembris, in dicta capella, cont. pr. tonsuram 1; ordinavit
et promovit ad iiij°ʳ minores ordines 7 (fr. Aymonen de Chissiaco,

can. B' Marie Gronopolis; Jacobum Avetelli, cur. S' Pauli de Incocio; dom. Aymarum de Arciis, priorem de Thoyriaco).

xvɪɪɪ decemb., in *dicta* capella, contulit primam tonsuram 3.

ANNO M' IIIJ' J°.

v januarii, in *dicta* capella, contulit primam tonsuram 1.

xxɪ januarii, in ecclesia de Herbesio, cont. pr. tonsuram 1.

xɪɪ *et* xxvɪɪ febroarii, in capella B' Michaelis domus episcopalis
Grationopolis, contulit primam tonsuram: Antonio filio dom' Hugonis Grinde militis, domini de Molario; Jacobo filio dom' Jacobi
de S' Germano, advocati fiscalis dalphinalis.

xxvɪ febroarii (cineres), in *dicta* capella, selebravit generales
ordines.... Acoliti 5 (Petrus de Chissiaco, can. S' Andree Gratio-
nop.). Subdiaconi 7 (fr. Aymo de Chissiaco, can. Grationop.;
Guill' Veteris, can. S' Martini de Miser.; Johannes Bontosi, cur.
de Vinayco). Diaconi 13 (fr. Rodetus Henrici, can. Grationop.; fr.
Glaudus de Creco, can. Magdalene Grationop.; Jacob. Avetelli, cur.
S' Pauli de Incocio; Leuso Pugnatoris, cur. castri Varcie; tres
Jofred. Mistralis, Guigo Ranerii, mon' S' Laurencii Grationop.;
Petrus Rancurelli, mon. S' Roberti). Presbiteri 2 (fr. Francisc. de
Comeriis, decanus ecclesie Grationop.). Clerici 25 (Antonius fil. dom'
Artaudi de Arciis; Petrus fil. dom' Petri Rascacii, Grationopolis).

ɪɪ *et* xx martii, in *dicta* capella, contulit primam tonsuram 3.

xɪx marcii (Scicientes), in *dicta* capella, celebravit generales ordines.... Acoliti 4 (fr. Petrus Grinde, can. Grationopolit.; fr.
Guill' Bonerii, mon. S' Roberti). Subdiaconi 2 (fr. Johannes Martini,
mon. S' Roberti). Diaconi 5 (fr. Guill' Veteris, can. S' Martini de
Miser.; Geraldus Guioneti, cur. de Interaquis; Johan. Bontosi, cur.
de Vinayco). Presbiteri 7 (fr. Glaud. de Cresto, can. Magdalene
Grationop.; Jacob. Avetelli, cur. S' Pauli de Incocio; Leuso Pugnatoris, cur. castri Varcie; fr. Petrus Rancurelli, mon. S' Roberti).
Clerici 8.

ɪɪ, ɪɪɪɪ *et* vɪɪɪ aprilis, in *dicta* capella, cont. pr. tonsuram 6.

xxvɪɪɪ maii (sabbato post Pentecostes), in *dicta* capella, cele-
bravit sacros ordines.... Acoliti 4 (fr. Petrus Laterii, mon. S' Roberti).
Subdiaconi 2. Diaconi: fr. Aymo de Bellacumba, can. Grationo-
polit.; Arnaudus Gerardi, curatus Brocii; fr. Johan. Martini, mon.
S' Roberti; fr. Philipus Sornini, mon. Vorapii. Presbiteri 4 (fr.
Ademarus Laterii, can. S' Antonii Vien.; Gerald. Guioneti, cur. de
Interaquis; Johan. Bontosi, cur. Vinayci). Clerici 11.

Penult. maii, in capella predicta, cont. prim. tonsuram 1.

ɪ', ɪɪɪ *et* xxv junii, in capella predicta, cont. prim. tons. 3 (Georgio
fil. dom' Volandi de Alto Vilario).

1J jullii, in *dicta* capella, contulit primam tonsuram *1*.

IIIJ *et* penult. augusti, in capella castri S' Hylarii, c. p. t. *2*.

XXVIIJ novemb., in capella B' Michaelis d. ep. Grat. c. p. t. *3* (Guigoni fil. nob. Guigonis Mistralis, parochie B* Marie d'Aloy).

III* decemb., in *dicta* capella, contulit prim. tonsuram *1*.

XVII* decemb. (Lucie), in *dicta* capella, celebravit sacros ordines... Acoliti *5*. Subdiaconi *2*. Diaconi : Petrus Ramberti al. Porret, cur. S' Andree in Roanis; fr. Guill* Ponsardi, monach. Vallisbonesii; fr. Aymar. de Arciis, prior Toyriaci; fr. Hugo de Alto Vilario, sacr. S' Petri de Alavardo. Presbiteri : fr. Johan. Martini, monach. S' Roberti. Clerici *15* (Rolandus, fil. dom' Hugonis de Comeriis, domini de Manso; fres Petrus Cristalli, Jacobus Crolla Bucc, Petrus Garcini, Henricus de Malhiis, Glaudius Ramus, Petrus Rana, ord. Minor. Grationop.).

ANNO M* IIIJ* IJ*.

XVIJ, XX *et* (x)XJ februarii, in *dicta* capella, contulit prim. tonsuram *6*. (Guigoni fil. Guigonis de Comeriis, domini de Vors).

XVIIJ februar. (Cinerum), in capella B' Michaelis domus episcop. Grationopolis, celebravit ordines.... Acoliti *3*. Subdiaconi *5* (fres Petrus Laterii, Petrus Pilonis, mon' S' Roberti). Diaconi *4*. Sacerdotes *4* (Petrus Ramberti, cur. S' Andree in Roanis; fr. Guill* Porreti, ord. Minor. Grationopolis; fr. Johachim Lupo, preceptor de Marnans, ord. S' Antonii). Clerici *27* (Hugo fil. Guigonis de Comeriis, domini de Vors).

VIJ *et* XXIJ marcii, in *dicta* capella, contulit prim tonsuram *5*.

XJ marcii (Scicientes), in *dicta* capella, celebravit ordines.... Acoliti *3*. Subdiaconi *4* (Antonius Viraudi, rect. cap. S' Martini fundate in eccl. S' Laurencii Grationop.). Diaconi 7 (fr. Amedeus de Altovilario, can. Grationop.; fr. Artald. de Arciis, infirmarius ecclesie Grationop.; fratres Petrus Laterii, Petrus Pilonis, mon' S' Roberti). Presbiteri *8* (fr. Aymar. de Arciis, prior T(o)yriaci). Clerici *15* (Jacobus fil. dom' Johannis Alamandi, domini de Sechelina).

XIX, XX *et* ult. aprilis, in capella prefata, cont. pr. tons. *7*.

XIIJ, XX *et* XXJ maii, in *dicta* capella, cont. prim. tonsuram *6*.

XX maii, in *dicta* capella, promovit ad ordines quatuor minores *2* (fr. Petrum Guioti, priorem Albini).

VI *et* XXV junii, in *dicta* capella, contulit prim. tons. *5* (Guillelmo fil. nob. Petri de Chissiaco, Gebennen. dioc., auctoritate summi pontificis dom' nostri pape Benedicti).

XX jullii, in camera sua dom. episc. Grationop., cont. prim. tons. Dominico fil. Amedei de Bardo, burgensis Chamberiaci.

xviij septemb., *in capella* B¹ Michaelis d. ep. Gr., c. p. t. /.

x *et* xix octob., in *dicta* capella, contulit prim. tons. 2 (; Johanni Alamani, domino Uriatici).

viij novemb., in *dicta* capella, contulit prim. tonsuram 2.

xxiij decemb. (Lucie), in *dicta* capella, celebravit general. ord... Acoliti 9 (fr. Petrus Buxerie, can. S' Martini de Miser.; fr. Guill' Velluti, can. Ulcien.; Rodetus Berengarii, mon. S¹ Michaelis de Connexa; Hymbertus Bajuli, mon. S¹ Roberti). Subdiaconi 6 (Johannes Tecle, clericus S¹ Andree et magister cantus; Guill' Masse, cur. S¹ Justi; Hugo Richardi, vic. Varcie). Diaconi 5 (Guill' Silvestri, cur. de Savello). Presbiteri 6 (Petrus Pilouis, mon. S¹ Roberti; fr. Aymo Pesti, ord. Minor.; fr. Andreas de Nento, ord. Predicator.; fr. Hugo de Altovilario, sac. S¹ Petri de Alavardo). Clerici 15 (Antonius fil. Guigonis Alamandi, domini de Campo; Johannes fil. dom¹ Jacobi de S° Germano, advocati fiscalis Dalphynatus).

Anno M° IIIJ° IIJ°.

xᵉ marcii (post Cineres), in ecclesia Grationopolitana, celebravit sacros et minores ordines.... Acoliti 10 (fr. Glaudus Eysarterii, can. de Comeriis; Hugo Foresterii, can. S¹ Andree Grationop.; fres Aymo Carterii, Johannes Rostagni, ord. S¹ Antonii Vien.). Subdiaconi 10 (fres Jacerandus Berlionis, Petrus Buxerie, can¹ S¹ Martini de Miser.; fr. Stephan. Symondi, Carmilita Bellivisus; Guigo Grossi, cur. de Osso; Johannes Disderii al. Clareti, cur. S¹ Xpistofori in Oysen.; Guill' Rigaudi, mon. Domene; fr. Johannes de Luxa, ord. S¹ Antonii Vien.; Antonius Espa, rect. cap. B° Marie fund. in eccl. de Barralibus). Diaconi 6 (Guill' Massi, cur. S¹ Justi in Roanis; Hugo Richardi, vic. Varcie). Presbiteri 7 (fr. Julian. Robini, Carmilita Bellivisus; fr. Hymbert. Eme, can. Ulcien.; Guill' Silvestri, cur. de Savello; fr. Petrus Laterii, mon. S¹ Roberti). Clerici 28.

Ult. marcii (Scicientes), in capella B¹ Michaelis domus episcop. Grationopolis, celebravit ordines minores et sacros.... Acoliti 6 (fr. Hugo de Bellomonte, S¹ Antonii Vien.). Subdiaconi: fr. Aymo Quarterii. can. S¹ Antonii. Diaconi 9 (fres Jocerand. Berlionis, Petrus Boyserie, can¹ S¹ Martini de Miser.; Guigo Grossi, cur. de Osso; Johan. Disderii al. Clareti, cur. S¹ Xpistofori in Oysen.; fr. Guill' Rigaudi, mon. Domene; Anton. Espa, rect. cap. B° Marie de Barralibus). Presbiteri 9 (fr. Aymo de Bellacumba, can. ecclesie Grationop.; fr. Bertrandus Colerii, can. S¹ Antonii; Guill' Masse, cur. S¹ Justi in Roanis; Gononus Richardi, vic. Varcie). Clerici 12.

xxvij aprilis, in *dicta* capella, contulit primam tonsuram *1*.

ix² et xiij maii, in capella prodicta, contulit prim. tonsuram *8*.

xx maii, visitavit ecclesiam de Mura Matassene et ibidem fuerunt tonsorati *16* (Michael Fabri, Formundus de Tanco, mon¹ prioratus Mure).

xxij maii, in ecclesia de Nanta, contulit primam tonsuram *1*.

ij² junii, in capella S¹ Michaelis d. ep. Gr., cont. pr. tonsuram *8*.

iiij, vij, x, xx et xxj septemb., in dicta capella, cont. pr. tons. *5* (Johanni fil. dom¹ Rodoni de Comeriis, civitatis Grationopolis).

iij² et vij novem., in dicta capella, contulit primam tonsuram *4*.

xiiij et ult. decem., in dicta capella, contulit prim. tonsuram *2*.

Anno M° CCCC° IIIJ°.

x januarii, in capella predicta, contulit primam tonsuram *1*.

xxiii² februarii (post Cineres), in capella B¹ Michaelis domus episcopalis Grationopolis, celebravit ordines... Acoliti *8* (fr. Formondus de Tanco, mon. Mure; fr. Antonius de Viriaco, mon. Vorapii). Subdiaconi *6* (Franciscus Fabri al. Foresii, cur. de Aureis et de Syvol; fres Franciscus Berlionis, Francisc. Boteon, ord. S¹ Antonii Vion.) Diaconi *3* (fr. Odo Nigri, can. S¹ Antonii Vion.) Presbiteri *1*. Clerici *40* (Adoumardus fil. dom¹ Johannis Alamandi, domini de Sichillina; Jacometus fil. Roleti de Chissiaco, nepos domini; Johannes fil. dom¹ Antonii Guiffredi, Grationopolis; fres Johan. dou Charme, Antonius de Drap, Ludovicus Fresquet, Johannes Guiffrodi, Minores Grationopolis; fres Glaudus de Aurasica, Petrus Borardi, Petrus de Thesio, mon¹ Domene; fres Johannes Benedicti, Johan. Guierii, Predicatores Grationop.).

xxviij februarii, in dicta capella, contulit primam tonsuram *1*.

xv marcii (Scicientes), in *dicta* capella, celebravit ordines.... Acoliti *9* (Henricus Aquini, can. S¹ Martini de Miser.; fres Glaudus de Aurasica, Petrus Berrardi, Petrus de Thesio, mon¹ Domene; fres Johannes Ben(e)dicti, Hugo Fabri, Johan. Guieri, Predicatores Grationop.). Subdiaconi *8* (fr. Franciscus Vigorosi, Vallis S¹ Hugonis Cartus.; Formund. de Taco, mon. Mure; fres Petrus Barberii, Johannes Lalos, ord. Predicator. Grationop.). Diaconi *6* (Johannes Garnorii, can. S¹ Martini de Miser.; fr. Durandus Alberti, can. Ulcien.; Francisc. Fabri, cur. de Aureis et de Sevol). Presbiteri *5*. (Johannes de Espesses, de Romanel, cur. d'Orsens dioc. Lausannen., c. dim.). Clerici *8*.

xxi et xxix marcii, in dicta capella, contulit primam tonsuram *4*.

j°, xxiij et xxiiij aprilis, in dicta capella, cont. prim. tonsur. *7*.

.xij, xxiiij, xxv, xxvj et xxvij maii, in dicta capella, c. p. t. *5*.

xxvj junii, in *dicta* capella, contulit primam tonsuram *1*.

Ult. junii, in ecclesia B' Leodegarii Chamberiaci, cont. p. t. *13* (Johanni fil. dom' Lamberti Odineti, legum doctoris ; fr. Johanni Girardi, ord. Minor. fratrum de Chamberiaco).

iiij, v *et* vi julii, in capella castri S' Hilarii, cont. prim. ton. *5*.

xvj augusti, in capella B' Michaelis d. ep. Gr., cont. pr. tons. *1*.

xxj septemb., in ecclesia Herbesii, contulit primam tonsuram *1*.

xviij *et* xx octob., in capella B' Michaelis d. ep. Gr., c. pr. t. *4*.

vᵉ *et* xxij novemb., in dicta capella, contulit primam tonsuram *4*.

xviij decemb., cont. pr. tons. fr. Jacobo Cravino, ord. Cartusie.

xx decemb. (post beatam Luciam), in capella B' Michaelis domus episcop. Grationop., celebravit ordines.... Acoliti *9* (Johannes Macareti, cur. de Garda ; fr. Hymbertus de Maladoria, mon. Mure ; fr. Jacobus Cravinus, ord. Carthusie). Subdiaconi *7* (fres Guill° Velluti, Johannes Raymundi, can' de Comeriis ; fr. Henric. Aquini, can. S' Martini ; Bartholomeus Olardi, cur. Venonis ; fr. Rodetus Berengarii, mon. S' Michaelis de Connexa ; fr. Johannes Boveti, ord. S' Antonii). Diaconi *6* (fr. Guigo Eschamperii, can. S' Georgii in Sabaudia ; fr. Girardus Chavillardi, Carmelita de Rupecula ; Petrus Pullicis, rect. capelle Capellorum eccl. Goncellini). Presbiteri *3* (Petrus de Villanova, cur. SS. Ypoliti et Sigismondi ; Petrus Bruni, rect. cap. B' Katherine in eccl. Coguini in Sabaudia). Clerici *7*.

Anno M° CCCC° V°.

x *et* xxiij januarii, in dicta capella, contulit primam tonsuram *5* (fil. Petri de Rivo de Mesatico, mon. Domene).

xviij februarii, in dicta capella, contulit primam tonsuram *1*.

xviij marcii, in *dicta* capella, contulit primam tonsuram *1*.

iiij aprilis, die sabbati ante dominicam de Passione (Sciientes), in capella B' Michaelis domus episcop. Grationopolis, celebravit generales ordines.... Acoliti *13* (..., atitulatus in civit. et dioc. Grationop. ; Guill° de Chissiaco, cam. Grationopolis ; Michael Fabri, mon. Mure ; Antonius Pererii, mon. S' Michaelis de Connexa ; Petrus de Burgundio, fr. Johannes Pastelli, ord. S' Antonii Vien.). Subdiaconi *13* (Hugo Foresterii, can. S' Andree Grationop. ; Guill° Roerii, cubicularius dom' episcopi ; Johannes Machareti, cur. de Garda ; Hymbert. de Maladoria, mon. Vorapii ; Jacob. Cravinus, ord. Carthusie ; fres Petrus Eymionis, Johan. Rostagni, Gerard. de Thesio, ord. S' Antonii Vien.). Diaconi *10* (fres Johan. Raymundi, Guill° Velluti, can. Ulcien. ; Bartholom. Olardi, cur. Venonis ; fr. Roletus Berenguarii, mon. Vivi ; fr. Johannes Vinoti, ord. Minor. Chamberiaci ;

fres Francisc. de Botcone, Johan. Boveti, Petrus Symonis, ord. S¹
Antonii Vien.) Presbiteri : fr. Odo Nigri, ord. S¹ Antonii Vien.; Girardus Agatani, rect. capelle S¹ Michaelis de Lemenco. Clerici 25.

x, xvj, xviij, xx, xxvij et penult. aprilis, in dicta capella, cont.
primam tonsuram 14 (Glaudio fil. Petri Marci, civis Gratianopolis).

iii°, xiij et xiiij maii, in dicta capella, cont. prim. tonsuram 6.

iii° et xxiij junii, in dicta capella, contulit primam tonsuram 2
(Johanni fil. Johannis de Marolio, magistri camere compotorum
dalphinalium).

xiij junii, sabbato iiii°° temporum post Pontecosten, in *dicta* capella, celebravit ordines .... Acoliti 4 (fr. Johannes Ruffi, mon.
Vallisbonesii; fr. Johannes Jallieti, ord. Minor.). Subdiaconi 8
(...., clericus dom¹ Rodulphi de Comeriis; fr. Michael Fabri, mon.
Mure; fr. Hymbert. Bajuli, mon. S¹ Roberti; fres Richardus La-
gerii, Petrus Michaelis, ord. Minor.; Michael Rolandi, rect. cap
S¹ Petri in eccl. Montismelliani). Diaconi 5 (Johan. Macareti, cur.
de Garda; fr. Hymbert. de Maladeria, mon. Vorapii; fr. Jacob. Cra-
vinus, ord. Cartusie; fr. Bartholom. Vitonis, ord. Minor.). Presbiteri 6
(Guill° Rotarii, cubicularius dom¹ nostri episcopi; fr. Laurencius
Vignardi, ord. Minor.; fr. Thomas Pollynti, ord. S¹ Antonii Vien.).
Clerici 6 (fr. Petrus Carroli, ord. Minor.).

iiii° et xj julii, in dicta capella, contulit primam tonsuram 2.

xij et xxvij augusti, in capella S¹ Hilarii, contulit prim. tons. 2.

x et xxvij septemb., in capella S¹ Hilarii, contulit prim. tons. 2.

vij octob., in capella S¹ Michaelis dom. ep. Grat., con. pr. tons. 2.

vi° decembris, in *dicta* capella, contulit primam tonsuram 1.

ANNO M° CCCC° VJ°.

xiij, xvj, xviij et xxij januarii, in dicta capella, cont. pr. tons. 5.

iij, xvj et xxvj februarii, in dicta capella, contulit prim. tons. 5
(...2 filiis Francisci Santarelli, castellani de Moyrenco).

vj marcii, sabbato iiii°° temporum post Cineres, in capella B¹
Michaelis domus episcop. Grationop., celebravit ordines....Acoliti 11
(fr. Bomparonus, can. Gratianopolis; Jacometus de Chissiaco, can.
S¹ Andree Gratianopolis; fr. Petrus de Tanco, can. Ulcion.; fres
Petrus Barberii, Gofridus Gillini, mon¹ S¹ Laurencii Grationop.; fr.
Bertonus Guerci, mon. S¹ Roberti; fres Petrus Amedei, Hugo de
Corbesio, ord. Cartusie domus majoris). Subdiaconi 12 (fr. Petrus
Mojonis, can. S¹ Martini; fr. Glaudus Eysarterii, can. Ulcien.; fr.
Antonius Pererii, mon. S¹ Michaelis de Connexa; fr. Parsavallus
Melle, ord. Cartusie; fr. Guill° de Chissiaco, sacrista Grationopolit.).
Diaconi 16 (fr. Stephan. Symondi, Carmilita Bollivisus; fres Michael

Fabri, Fromond de Tanquo, mou' Mure ; fr. Hymbert. Bajuli, mon.
S. Roberti ; fres Michael Bonerii, Ricard. Legerii, ord. Minor. Grationop. ; fres Petrus de Burgundio, Johan. Ruffi, Geraldus de Thesio,
ord. S¹ Antonii Vien.). Presbiteri : fr. Amed. de Alto Vilario, can.
Grationop.; fres Jacob. Craninis, Henric. Ulmeti, ord. Carthusion.;
fr. Petrus Girardi , ord. Minor. Grationop. Clerici 20 (Jofredus fil.
dom' Johannis Veteris, judicis appellationum tocius Dalphinatus ;
fr. Johannes de Majoribus, ord. Predicator.).

xxvıı marcii (Scicientes), in dicta capella, celebravit ordines....
Acoliti 2 (Guill⁰ Burgesii, cur. Albe Ripe). Subdiaconi 5 (fr. Petrus
de Tanco , can. Ulcien.; fres Petrus Amedei, Guigo de Crovesio,
ord. Cartusie). Diaconi 11 (fr. Petrus Mojonis , can. S¹ Martini de
Miser.; Matheus Chatini, cur. Vilarii Lancii ; fr. Glaudus Eysarterii, mon. Bollimontis de Visilia ; fr. Anton. Pererii, mon. S¹ Michaelis de Connexa; fr. Parsavallus Merli, ord. Cartusie). Presbiteri 3
(fr. Hymbert. Bajuli, mon. S¹ Roberti). Clerici 5 (Odo fil. nob. Guigonis Alamandi, domini de Campo; Ponsonus fil. dom' Soffredi To-
loni, consiliarii dalphinalis).

xxvııı marcii , in dicta capella, contulit primam tonsuram 3.

ııı et xııı aprilis , in dicta capella, contulit primam tonsuram 3.

v, vıı⁰ et ıx maii, in dicta capella, contulit primam tonsuram 6.

ı⁰ junii, in dicta capella, contulit primam tonsuram 2.

v junii, in dicta capella, celebravit ordines.... Acoliti 3 (Johannes
Viveti, cur. Moyrenci ; fr. Petrus Garcini , ord. Minor. Grationop. ,
fr. Guill⁰ de Trave, ord. S¹ Antonii Vien.). Subdiaconi : Johan. Ruffi
mon. Vallisbonesii ; fr. Eustachius de Valle Pelato, ord. Cartusie.;
Diaconi 3 (Guill⁰ Burgensis, cur. Albe Ripe ; Petrus Amedei, Guigo
de Provesio, ord. magne Cartusie; fr. Johan. Pastelli, ord. S¹ Antonii). Presbiteri 7 (fr. Steph. Symondi, Carmilita Belli Visus; fres
Michael Fabri, Formond. de Tanco, mon' Mure ; fr. Petrus de Burgundio, ord. S¹ Antonii Vien.; Johannes Lori de Clusa, vic. Varcie).
Clerici 7 (..clericulus...; fr. Johannes fil. Johannis Vilarii, mon.
Domene).

xı julii, in dicta capella, contulit primam tonsuram 1.

Ult. julii, in capella castri S¹ Hilarii , contulit prim. tonsuram 3.

xxı augusti, in dicta capella, contulit primam tonsuram 1.

xvı septembris , in dicta capella , contulit primam tonsuram 1.

Penult. sept. in capella B¹ Michaelis dom. ep. Grat. con. pr. tons. 1.

vı octob. in dicta capella, cont. pr. tons. Stephano fil. magistri
Johannis de Marollio, auditori compotorum dalphinalium, de Grai .
cionopoli oriundo.

x *et* xıȷ novemb. In *dicta* capella, contulit primam tonsuram *6*.

xvıȷ decemb., sabbato ıııᵒʳ temporum post festum bᵉ Lucie, in *dicta* capella, celebravit generales ordines....Acoliti *16* (fr. Franciscus de Malliis, can. Sⁱ Martini de Misor.; fres Bertoldus de Auria, Parsavallus ejus frater, Petrus de Queren, Johannes Scolp, monⁱ majoris domus Cartusie; fr. Johannes de Mura, ord. Predicator.; fr. Aymericus de Arclis, prior Sⁱ Benigni Auguste). Subdiaconi *8* (fr. Petrus Cestarii, can. Sⁱ Martini de Misor.; Johan. Vinoti, cur. Morenci; fr. Petrus Barberii, mon. Sⁱ Laurencii Grationop.; fr. Petrus Garcini, ord. Minor. Gratlonop.). Diaconi *9* (fr. Laurencius Bermundi, can. de Comeriis; fr. Amedeus de Passu, can. Grationop.; fr. Petrus de Cugno, majoris domus Cartusie; fr. Heustacius de Valle Pellata, Cartusien.; fr. Philibertus de Barris, mon. Cistarcien.; fr. Petrus de Thesio, mon. Domene). Presbiteri *9* (dom. Claudius de Montemajori, abbes Sⁱ Ragneberti Lugdunen. dioc., c. dim.; Guillᵗ Burgensis, cur. Albe Ripe; fres Petrus Amedei, Petrus Certani, Guigo de Corvexio, majoris domus Cartusie; fr. Johannes Chapuli *1* ord. Predicator. Montis Meliani; fr. Jacobus Compatris, ord. Si ohannis de Scalis). Clerici *21* (Johannes *et* Petrus, illii Artaudi Armueti, secretarii dalphinalis Grationopolis; fr. Johannes Clunoti ord. Predicator.)

xxıııȷ decemb., in *dicta* capella, contulit primam tonsuram

ANNO Mᵉ CCCCᵉ VIJᵉ.

xxȷ januarii, in *dicta* capella, contulit primam tonsuram *1*.

xıx februarii, sabbato ıııˢᵗ temporum post Cineres, in capella Bⁱ Michaelis domus episcop. Grationopolis, celebravit ordines.... Acoliti *2*. Subdiaconi *12* (fres Antonius Coche, Francisc. de Malbiis, canⁱ Sⁱ Martini de Misor.; fres Karolus Auria, Johan. Scolp, domus majoris Cartusie; fr. Aymeric. de Arciis, prior Sⁱ Benigni). Diaconi *3* (Johan. Vinoti, cur. Moyrenci; fr. Petrus Barberii, mon. Sⁱ Laurencli Grationop.). Presbiteri: fr. Anton. Bermundi, can. de Comeriis; fr. Glaudus Escharterii, can. Ulcien. Clerici *5*.

x, xvıȷ, xıx *et* xxvȷ marcii, in dicta capella, cont. pr. tons. *7*

xıȷ marcii (Scicientes), in ecclesia Grationopolitana, celebravit ordines.... Acoliti *6* (fr. Guigo Merlati, mon. Sⁱ Michaelis de Connexa; fres Dominicus Boseti, Johannes Fabri, Dei Filius Girardi, ord. Predicator. Montismeliani). Subdiaconi *3* (fr. Johannes de Stagno, ord. Predicator. Montismeliani; fr. Antonius de Montibus, ord. Sⁱ Antonii Vien.). Diaconi *17* (Hugo Foresterii, can. Sⁱ Andree Grationop.; fr. Franciscus Didaroti, ord. Sⁱ Antonii Vien.; r. Aymeric. de Arclis, prior Sⁱ Benigni). Presbiteri *9* (Johan. Vineti, cur. Moyrenci; fr. Artald. de Arciis, infirmarius ecclesie Grationop.; Johan. Ruffi, mon. Domeyne). Clerici 28.

xx et xxiii aprilis, in capella B¹ Michaelis, cont. pr. tons. 5.

iiii et xviii maii, in capella predicta, contul. prim. tonsur. 2.

xxi maii, sabbato iiii⁰ᵉ temporum post Pentecosten, in *dicta* capella, celebravit ordines generales.... Acoliti 12 (fr. Johannes de Arciis, can. Montis Jovis; fres Petrus Blancheti, Aymo Horceti, Aymo de Osta, Petrus Potinoti, Carmelite Rupicelle; Hynardus de Arciis, fr. Petrus Bondoini, mon¹ S¹ Roberti; fr. Johan. Cluneti, ord. Predicator. Grationop.). Subdiaconi: fr. Petrus Grinde, can. Crolitonop.; fres Petrus Farnerii, Guill⁵ Loveti, Carmelite Rupicelle; fres Parsaval. de Auria, Petrus de Quercu, Cartusiani; fr. Guigo Merlati, mon. S¹ Michaelis de Connexa. Diaconi: fres Karol. de Auria, Johan. Scolp, Cartusiani. Presbiteri 9 (fr. Aymer. de Arciis; Raymundus de Sollepniaco, Cartusian.; Symeon Daruti, cur. de Cras). Clerici 4.

xii junii, in *dicta* capella, contulit primam tonsuram 1.

xv et xxi julii, in capella predicta, contulit primam tonsuram 5.

xix augusti, in capella castri S¹ Hilarii, contulit prim. tons. 1.

xxvii augusti, in capella B¹ Michaelis d. ep. Gr. cont. p. t. 1.

ii⁰ octobris, in capella S¹ Hilarii, contulit primam tonsuram 1.

ix novemb., in capella B¹ Michaelis d. ep. Gr., cont. pr. tons. 3.

xv decemb., in *dicta* capella, contulit primam tonsuram 1.

xvii decemb., sabbato iiii⁰ᵉ temporum post festum b⁵ Lucie, in *dicta* capella, celebravit ordines.... Acoliti 5 (fr. Glaudus de Turre, can. de Comeriis; fr. Glaudus Maerii, can. Vallismavigii). Subdiaconi 10 (fr. Guichardus Charvasii, can. Magdalene Grationop.; fr. Johan. de Arciis, can. S¹ Martini de Miser.; fres Michael Colle, Petrus Renevelli, majoris domus Cartusie; fres Petrus Bondoini, Guill⁵ Bonerii, mon¹ S¹ Roberti). Diaconi: Petrus Rolandi, cur. Genebreti; fr. Guigo Merlati, mon. S¹ Michaelis de Connexa. Presbiteri: fr. Amedeus de Passu, can. Grationop.; fr. Petrus de Quercu, ord. Cartusie. Clerici 11.

Anno M⁰ CCCC⁰ VIII⁰.

v et vi januarii, in capella predicta, contulit prim. tonsuram 2.

v et xxii februarii, in dicta capella, cont. prim. tons. 2 (Guillelmo fil. nob. Ludovici de Bardonenchia, Gebennen. dioc., c. dim.)

x marcii, sabbato iiii⁰ᵉ temporum post Cineres, in capella B¹ Michaelis domus episcop., celebravit ordines.... Acoliti 7 (fr. Amedeus Grangerii, Carmelita civit. Vienne; fr. Antonius de Podio, mon. Domene; fr. Antonius Rolini, mon. S¹ Roberti). Subdiaconi 7

(fr. Glaud. de Turre, can. de Comeriis; fr. Hugo de Bellomonte, can.
S¹ Antonii Vien.; fr. Petrus Berardi, monachus Domene). Diaconi 9
(fr. Johan. de Arciis, can. S¹ Martini de Miser.; fr. Petrus Jocula-
toris, Carmilita Bollivisus; Guill⁰ Bonerii, fr. Petrus Bondini, mou¹
S¹ Roberti). Presbiteri: fr. Petrus Johannes, Carmilita Viennen.
civit.; Petrus Rolandi, cur. Genebreti. Clerici 9 (Johannes fil. nob.
Francisci Galesii al. de Revello, de Visilia quondam).

xij et xiiij marcii, in capella predicta, cont. prim. tonsuram 6,
Ult. marcii (Sciсientes), in ecclesia Gronopolitana, celebravit ord.
. . . .Acoliti: fr. Eynardus de Chissiaco, can. Gronop.; fr. Johannes
Berardi, ord. Minor.; fres Poncius de Boyceto, Glaudus de Orliaco,
ord. S¹ Antonii Vien. Subdiaconi: fr. Andreas Topelli, Cartusien.;
fr. Johannes Payani, mon. S¹ Marcellie Dien., c. dym. Diaconi 10
(fr. Petrus Conaudi, can. Belli Loci; fres Michael Collie, Petrus Renevelli, Cartusien.; fr. Petrus Berardi, mon. Domene; fr. Petrus
Garcini, ord. Minor.; fr. Hugo de Bellomonte, ord. S¹ Antonii). Presbiteri 5 (fr. Johan. de Arciis, S¹ Martini de Miser.; fr. Guill⁰ Bo-
neril, mon. S¹ Roberti). Clerici 17 (Antonius fil. Gironi de Arca
baylivi Grisovaldani).

Additions.

P. 112, l. 33: Antonius Raymberti, Carmilita.

P. 143, l. 40: fr. Johan. Philomene, de ord. Predicator.

P. 144, l. 33: Petro fil. dom¹ Guichardi Marchiandi, de Chamberiaco.

P. 147, l. 14: Geraldus Guioneti, cur. de Interaquis; l. 18: fres Rodulphus de Orliaco, Johannes de Torvono, S¹ Antonii Chamberiaci.

INDEX ALPHABETICUS

PERSONARUM, LOCORUM, RERUM.

———◆◆◆———

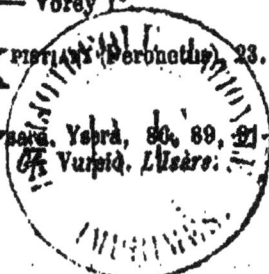

www.ingramcontent.com/pod-product-compliance
Lightning Source LLC
Chambersburg PA
CBHW070601100426
42744CB00006B/375